西南大学教育学部
现代教育文库

有效教学策略论

张家军 钱晓坚 著

人民出版社

图书在版编目（CIP）数据

有效教学策略论 / 张家军，钱晓坚 著. —北京：人民出版社，2017

ISBN 978-7-01-018689-4

Ⅰ. ①有... Ⅱ. ①张... ②钱... Ⅲ. ①课堂教学－教学研究

Ⅳ. ①G424.21

中国版本图书馆CIP数据核字(2017)第310447号

有效教学策略论
YOUXIAO JIAOXUE CELUE LUN

著　　者：张家军　钱晓坚
责任编辑：阮宏波　韩　悦
出版发行：人　民　出　版　社
地　　址：北京市东城区隆福寺街99号
邮政编码：100706
印　　刷：廊坊市海涛印刷有限公司
版　　次：2018年6月　第1版
印　　次：2018年6月　河北第1次印刷
开　　本：710毫米×1000毫米　1/16
印　　张：22.5
字　　数：298千字
书　　号：ISBN 978-7-01-018689-4
定　　价：68.00元
销售中心：(010) 65250042 65289539

目　录

第一章 有效教学策略的理论分析

理论是人们对教学实践活动的认识的不断深化和丰富的成果。在长期实践中，任何一项教学活动都会呈现出其自身特点，人们通过对教学经验的总结，形成了反映该教学活动的理论。有效教学策略也不例外，人们通过对其理论基础、制约因素、分类等进行理论分析。

第一节　有效教学策略的理论基础

自 20 世纪 60 年代教学策略这个概念提出以来，国内外教育专家对有效教学的教学策略进行了大量的研究与讨论，众多文献资料及实践经验表明，有效教学策略的理论基础基于"有意义接受学习"理论、建构主义学习理论、信息加工理论及动机理论。

一、"有意义接受学习"理论

从学习论的角度，有效教学策略的意义是促进学生有效学习，在教育心理学中，有效学习即有意义学习。从教学论的视角来看，有效教学策略是教师提高教学效果的工具，最终目的是促进学生对教学内容的理解与掌握。因此，有意义接受学习是有效教学策略的一大理论基础。

美国认知教育心理学家奥苏伯尔认为，人类的学习分为多种类型。但从学习的内容和学习者已有的知识经验的关系来看，可以把人类学习分成有意义学习和机械学习；按学习方式把学生的学习分为接受学习与发现学习。机械学习是指不理解学习材料，或者学习材料本身无意义的学习。所谓有意义学习是针对机械学习而言的，它是指在知识学习过程中，符号所代表的新知识与学习者认知结构中已有的适当观念建立实质性和非人为性的联系的过程。[1] 奥苏伯尔认为，接受学习和发现学习的区别在于，发现学习比接受学习多了一个"发现阶段"。[2] 接受学习主要由教师讲授与呈现知识，学生只要接受并予以内化即可；发现学习则不给学生提供要学习的具体内容，而是让学生对知识进行自主探究，发现要学习的结论和学会推导的方法，培养学生的探究和发现的能力，并在锻炼能力的同时进行知识的学习。每种学习都有利有弊，其中有意义接受学习最为奥苏伯尔提倡。

有意义接受学习是指学生把以定论形式呈现给自己的新学习材料与其头脑中原有的认知结构联系起来，通过理解所学新材料的本质属性而掌握新的学习材料，使新的学习材料所代表的观念与学习者认知结构已有的适当观念之间建立实质性的非人为联系的一种学习方法。[3] 认知水平的发展制约着接受学习的意义性。在教学活动中，学生既是教育过程中的客体，又是学习活动中的主体，教师要把学生培养成具有一定的知识和技能的人才，接受学习不仅是有意义的，而且是一个积极主动的心理过程。

有意义接受学习的条件是：第一，有意义接受学习须满足内、外条件。内部条件是指学习者须有意义学习的心向，即学习者积极主动地把新知识与认知结构中原有的适当知识加以联系的倾向性；同时学习者认知结构中必须具有适当的知识，以便与新知识发生联系，此外，学习者还要积极主动地使这种具有潜在意义的新知识与其认知结构中有关的旧知识发生联系。而外部条件是指学习材料本身必须具有逻辑意义，材料间应是有可能建立起非人为的、实质性的联系。非人为的联系是指新知识与认知结构中原有内容之间有某种合理的或逻辑基础的联系；实质性

---

[1]　莫雷：《教育心理学》，广东高等教育出版社 2002 年版，第 117 页。
[2]　莫雷：《教育心理学》，广东高等教育出版社 2002 年版，第 118 页。
[3]　汪凤炎、燕良轼：《教育心理学新编》，暨南大学出版社 2006 年版，第 212 页。

的联系是指新的符号或符号代表的观念与学习者认知结构中已有的表象、有意义的符号和概念的联系。第二，设计与采用"先行组织者"策略。所谓"先行组织者"是先于学习任务本身呈现的一种引导性材料，它在概括与包容的水平上高于要学习的新材料，但以学习者易懂的通俗语言呈现。设计"先行组织者"，就是为新的学习提供观念上的固定点，给学习者已知的东西与需要知道的东西之间架设一道知识之桥，以便更有效地学习新材料。"组织者"可分为两类：一类是陈述性"组织者"，应用它的目的在于为新的学习提供最适当的类属者，它与新的学习产生一种上位关系；另一类是比较性"组织者"，用于比较熟悉的学习材料，目的在于比较新材料与认知结构中相类似的材料，从而增强似是而非的新旧知识之间的可辨别性。①

二、建构主义学习理论

建构主义起源于瑞士心理学家皮亚杰的儿童认知发展理论。皮亚杰认为知识获得和智慧发展的机制是双向建构的，"传统的认识论在解释认识发展的机制时不是只看到理智，就是只看到感觉，'偏偏忘了动作'"。② 由于学习过程伴随着个体的发展，因此，建构主义可以较好地说明人类学习过程的认知规律。建构主义认为，尽管世界是客观存在的，但是每个人对于世界的理解及赋予世界的意义都是不同的。知识并不是对客观世界的绝对正确的表征，也不是固定不变的，它们处在不断的发展之中，而且在不同情境中，它们需要被重新建构。

（一）建构主义的知识观

建构主义认为，知识不是对现实的纯粹客观的反映，也不是对现实的准确表征，它只是人们对客观世界的一种解释、一种假设，它会随着人类认识的发展而不断地变化并随之出现新的解释和假设，它具有情境

---

① 冯忠良等：《教育心理学》，人民教育出版社 2000 年版，第 137－140 页。
② 高觉敷主编：《西方心理学的新发展》，人民教育出版社 1987 年版，第 108 页。

性、临时性和相对性。① 知识不可能外在于主体而存在，不同的人对知识的理解不尽相同。传统的教学把知识看作稳定的和客观的，知识正确地反映了事物的本质属性或者准确地表征了这个世界，因而，知识与个体的关系是隔离与分离的，知识不涉及主题的兴趣、情感、态度、价值观等。建构主义知识观认为，所有的知识都是一种"暂时的"理论，都是一种对现在问题的"猜测性解释"，其中"混杂着我们的错误、我们的偏见、我们的梦想、我们的希望"。② 知识并非一成不变，是随着人们的认识而不断深入、变化的。

对于学生而言，知识在被他们原有的认知结构同化以前都是毫无意义、毫无权威的。教师不能将知识灌输进学生的头脑之中，那样的知识就是"死知识"，对学生的个体发展并不能起到太大作用。对于知识的真正理解只能由学习者自己基于已有的经验背景建构起来。学生的学习不止是对新知识的存储，而且是对新知识的分析、检验和批判。另外，知识在各种情况下的应用并不是简单套用，具体情境总有自己的特性。所以，学习知识不能满足于教条式的掌握，而是需要不断地深化，把握它在具体情境中的复杂变化，使学习走向"思维中的具体"。③

（二）建构主义的学习观

建构主义者认为，学习不是由教师把知识简单地传递给学生，而是由每个学习者以自己原有的知识经验为基础，根据先前认知结构而主动地对外部信息进行选择、加工和处理，建构自己的理解，学习者原有的知识经验因为新知识经验的进入而发生观念改变和结构重组，所以学习是一种同化和顺应双向性的建构过程。同时个体的建构活动要在一定的

---

① 施良方主编：《学习论——学习心理学的理论与原理》，人民教育出版社 1994年版，第 177 - 178 页。

② 石中英：《知识转型与教育改革》，教育科学出版社 2001 年版，第 149 页。

③ 陈琦、张建伟：《建构主义学习观要义评析》，《华东师范大学学报（教育科学版）》1998 年第 1 期。

社会文化背景中进行，而且必须与学习共同体的建构相结合，否则很难达到对事物的合理解释。学习是主动地建构意义，学生根据自己的经验背景，对外部信息进行主动地选择、加工和处理，从而获得对自己有意义的知识。并且学习意义的获得，是学习者在自己原有知识经验的基础上，对新信息重新认识和编码，建构自己的理解，学习者原有的知识经验因新知识经验的融入而发生调整、改变，在学习者的认知结构内不断发生着同化和顺应，同化是认知结构的量变，而顺应则是认知结构的质变。经过同化—顺应—同化—顺应……循环往复的发生，学生头脑内的认知结构不断重组与深化，认知水平不断提高。

建构主义学习过程包括情境、协作、交流和意义建构四个要素，即学习是在一定的情境（即文化背景）下，通过他人的帮助（即协作活动）而获取知识意义的建构过程。

1．情境，学习环境中的情境应与现实情境相类似，教会学生解决现实生活中遇到的问题。在教学设计中，创设有利于学习者建构意义的情境是最重要的环节或方法。

2．协作，指教师与学生之间、学生与学生之间为完成学习任务所进行的协同合作。协商主要有自我协商和相互协商。自我协商是指自己通过内心的考虑与比较做出比较合理的决定；相互协商是指学习小组内部之间，同学之间的商榷、讨论和辩论。

3．交流，是协作过程中最基本的方式或环节。交流是学习过程中不可或缺的一环，师生、生生之间通过对话交流来商讨如何完成规定的学习任务达到意义建构的目标，怎样更多地获得教师或他人的指导和帮助等。交流对于推进每个学习者的学习进程，都是至关重要的。

4．意义建构是教学的最终目的。意义建构是指在事物的性质、规律以及事物之间建构起内在联系。在学习过程中帮助学生建构意义就是要帮助学生对当前学习的内容所反映事物的性质、规律以及该事物与其他事物之间的内在联系达到较深刻的理解。①

（三）建构主义的学生观

皮亚杰关于建构主义最核心的概括是：以学生为中心，强调学生对知识的主动探索、主动发现和主动建构。学生并不是空着脑袋进入教室，在进入课堂之前，学生已经掌握了一些知识，形成了自己的经验和看法。只是这些认识和看法不成体系，但是当问题呈现在他们面前时，他们还是能够基于以往的经验，依靠已有的认知能力，做出对问题的回答，提出他们的假设。教师在教学中，不能无视学生已有的知识与经验，它们是学生新的知识增长点，因而也是教学的起始点。

每个学生的背景和已有经验都是不同的，如果教师用统一的标准来培养和要求学生，而忽略学生之间的差异，这对于学生的发展非常不利——起点高的学生失去主动探索的兴趣，而起点低的学生则没有能力进行自主探索。由于经验背景的差异无法回避，学习者对问题的看法和理解各有不同，然而这些差异本身就是一种宝贵的现象资源。因此，教师与学生、学生与学生之间需要共同针对某些问题进行探索，并在探索的过程中相互交流和质疑，了解彼此的想法。建构主义在重视个体的自我发展的同时也不拒绝和否认外部引导，亦即教师的影响作用。教师在建构主义教学中发挥引导作用，角色从传统的知识的讲授者变为学生学习的帮助者和引导者，应当积极帮助学生，激发他们的学习动机，保持学习热情。通过创建符合教学内容要求的情景和提示新旧知识之间的联系，帮助学生建构当前所学知识的意义。

（四）建构主义的教学观

传统教学理论把教学视为一种教师（知识的传授者）与学生（知识的接受者）之间的双边活动，只看到了教学过程中师生之间的关系，

---

① 陈磊：《中学物理课堂有效教学策略研究》，硕士学位论文，山东师范大学 2008年，第 26 页。

而忽视了作为认识主体的学生同伴之间的社会互动。① 而建构主义教学观强调发展学生的主体性，注重教学的理解性，重视对教学情境的建构，重视主体间的交往，提倡转变传统教学的中心，把学生放在教学工作的中心地位。以学生为中心，意味着在整个教学过程中由教师起组织者、指导者、帮助者和促进者的作用，充分利用情境、会话等要素激发学生的主动性、积极性和首创性，最终使学生成功地实现对当前所学知识的意义建构。学校教育的目的除了使学生掌握各类知识和能力外，还应培养学生进行社会协商或合作建构意义的能力，并使他们了解到自身在知识建构中的作用。

建构主义认为教学是一种特殊社会交往过程。雅思贝尔斯在《什么是教育》中说："所谓教育，不过是人对人的主体间灵肉交流的活动（尤指老一代对年轻一代），包括知识内容的传授、生命内涵的领悟、意志行为的规范、并通过文化传递功能，将文化遗产交给年轻一代，使他们自由地生成，并启迪其自由天性。"② 因为教育是主体间的灵肉交流，因此，教师和学生的交往交流不是普通意义上的交谈，而是触及灵魂的精神交流，也是一种特殊的社会交往过程。教学还是一种师生合作、共同发展的过程。师生双方就某一项目或问题，创设一定的环境，让学生主动地去探究和尝试，谋求其创造潜能的挖掘和个性的张扬，使教学更贴近周边的现实世界。具体表现在进行单元主题的研究时，学生在实际生活中根据自己的兴趣、爱好特长自主地选择研究课题，从选题、收集资料、提出方案直到最后的成果展示，都是由学生"自作主张"，教师在这个过程中的作用是对学生进行积极有效的引导，发挥协

---

① 傅维利、王维荣：《关于行为主义与建构主义教学观及师生角色观的比较与评价》，《比较教育研究》2000 年第 6 期。

② 雅斯贝尔斯：《什么是教育》，邹进译，生活·读书·新知三联书店 1991 年版，第 3 页。

助者的作用，而不是取代学生来进行这些活动。①

三、信息加工理论

1974 年，美国著名心理学家加涅将行为主义学习理论与认知主义学习理论很好地结合在一起，同时吸取整合了行为主义、认知主义等相关理论，重点用信息加工的理论来解释学习，对学习的信息加工过程及条件做了系统分析，形成了自己的学习理论——信息加工理论。② 信息加工学习论（或信息处理学习论）（information - processing theory of learning），简称信息加工（信息处理），是特为解释人类在环境中，如何经由感官觉察、注意、辨识、转换、记忆等内在心理活动，以吸收并运用知识的历程。学习实质上是由习得和使用信息构成的。主要关注这样两个问题：人类记忆系统的性质；记忆系统中知识表征和贮存的方式。人的记忆系统有瞬时、短时、长时三阶段，不同阶段的记忆在信息保持时间和储存容量方面有一定的限度。③ 记忆系统的有限性，限制了信息加工的容量，进而影响学习的效果。因此，有效教学策略的选择与制定需建立在信息加工的理论基础之上。

（一）信息加工理论对学习过程的解释

加涅信息加工学习理论主要侧重于用信息加工的这个模式来解释学习者的学习活动，他指出学习过程其实就是信息接受与使用的过程，同时他认为学习是主体与环境互相作用的结果。其理论的核心注重实际应用，将学习理论运用于具体的教学实践。④ 加涅认为学习过程是来自学习者所处的外部环境中的刺激激活了感受器，从而产生了神经冲动模式，这些模式在感觉登录器里保留很短的时间，选择性知觉在这里将它们加工为可理解的物体、物体特性或特征。这一"信息"会在短时记

---

① 艾兴：《建构主义课程研究》，博士学位论文，西南大学 2007 年，第 46 页。
② 沈丽娜：《加涅信息加工学习理论概述》，《中国校外教育》2009 年第 1 期。
③ 李晓文、王莹：《教学策略》，高等教育出版社 2000 年版，第 67 页。
④ 沈丽娜：《加涅信息加工学习理论概述》，《中国校外教育》2009 年第 1 期。

忆里以听觉的、发声的、视觉表象的形式储存，并且这些信息受到复述。当信息进入到长时记忆后则从语义上进行编码，并以这种形式储存下来。提取和搜索开始，此时信息被调入到短时记忆中，有些信息也可直接从长时记忆中直接提取出来，被提取出来的信息刺激反应发生器，从而生成一种合适的反应组织。来自该结构的信息流激活了表现人的行为的效应器，可以通过学习者对行为的观察提供反馈。[①] 加涅将学习过程看作是动机、领会、获得、保持、回忆、概括、动作、反馈八个阶段组成的一个系统，他认为学习的过程是加工、执行、预期三个系统协同作用的过程，具体过程如图 1.1：

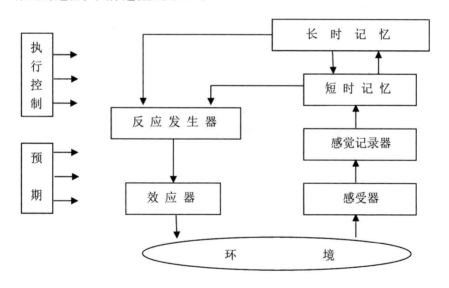

图 1.1 信息加工学习理论典型模式图

从图 1.1 可以看出，来自环境中的刺激对学习者的感觉器产生作用，转为神经信息并通过感觉记录器进入神经系统。信息最初在感觉记

---

① 罗伯特·M.加涅：《学习的条件》，傅统先、陆有铨译，人民教育出版社 1985 年版，第 59－60 页。

录器中进行编码，保留时间为 0.25—2 秒，这是非常短暂的记忆贮存，又称工作记忆。工作记忆可以被定义为一个信息的同时保存和操作的系统。[1] 信息进入短时记忆后再次被编码（暂时整理），以语义的形式作短暂的储存。短时储存的信息量称为"短时记忆广度"。短时记忆广度是有限的，超过了可能承担的负荷，信息的短时储存就会出错。[2] 因此，学习者会进行内部的复述、精细加工和组织编码等，这样短时记忆便会被转移到长时记忆中进行储存。短时记忆和长时记忆不是不同的结构，只不过是同一结构起作用的不同方式而已。然后，从短时记忆或长时记忆中检索出来的信息通过具有信息转移或运动功能的反应发生器使效应器活动起来，对学习者的学习环境产生影响。这种操作体现出最初的刺激发生了作用，即信息得到了加工。人在对这些信息加工流程进行不断的执行控制时，通过各种策略来调节，促进自己对记忆信息的获取、编码、存储和提取。[3]

（二）信息加工理论中的预期和执行控制

学习的信息加工模式中，还包含着预期与执行控制。预期是信息加工过程中的动力系统，通常不包括在完整的信息加工过程中，但是对信息加工过程起着指向作用。预期是指学生期望达到的目标，即学习的动机。这些目标有些是学校和教师制定的，有些是学生自我设定的，这些目标影响着学生的努力程度和专注水平，也是学生对学习产生期望的原因之一。正是因为学生对学习有某种期望，教师给予的反馈才会具有强化作用。换言之，反馈之所以有效，是因为反馈能肯定学生的期望。

执行控制即加涅学习分类中的认知策略，执行控制系统不与加工过

---

① Logie . R. H, Gilhooly. K. J. (ed), *Working Memory and Thinking*, Hove: Psychology Press, 1998, p. 23.

② 李晓文、王莹：《教学策略》，高等教育出版社 2000 年版，第 68 页。

③ 陈琦、刘儒德主编：《当代教育心理学》，北京师范大学出版社 2007 年版，第 133 页。

程中的任何一个操作行为直接相联系，它对整个加工过程起着调节和控制的作用。执行控制决定哪些信息从感觉登记进入短时记忆，如何进行编码、采用何种提取策略等。此外，学习作为一个信息加工过程也需要自我的调节和控制。比如，通过感觉系统的调节可以选择适当的信息加以注意；对记忆的编码进行调节，可以提高信息的储存质量等，这种对信息加工过程的内在调节控制能力是认知策略的体现。[1] 由此可见，预期与执行控制在信息加工过程中起着极为重要的作用。

四、动机理论

从学习者的角度来看，教师采用有效教学策略需通过激发学生的学习动机与学习兴趣，进而促进教学的有效性与学生学习的有效性。因此，动机理论也是有效教学策略的理论基础之一。

目前，学界对动机的定义尚未给出确定的解释。一般来说，动机包括内在起因、外在诱因和自我调节等三个因素，正是这三个因素的相互作用才形成了人的动机。[2] 动机的产生过程如图 1.2 所示：

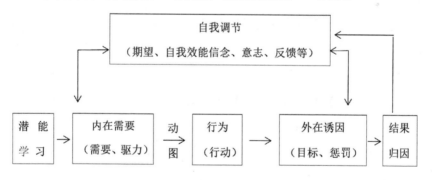

图 1.2 动机模式（资料来源：Gagne，1998）

---

① 陈磊：《中学物理课堂有效教学策略研究》，硕士学位论文，山东师范大学 2008 年，第 22 页。

② 张爱卿：《论人类的行为的动机——一种新的动机理论构理》，《华东师范大学学报（教育科学版）》1996 年第 1 期。

所谓动机，是指在自我调节的作用下，个体使自身的内在要求与行为的外在诱因相协调，从而形成激发、维持行为的动力因素。①

动机理论大致可以分为三种：行为主义动机观、人本主义动机观和认知主义动机观。

（一）行为主义动机观

行为主义是西方现代心理学重要流派之一，产生于 20 世纪初，代表人物主要有华生、桑代克、斯金纳和班杜拉。行为主义者们认为动机是受到某种强化的结果，人的某种行为倾向完全取决于先前的这种学习行为与刺激因为强化而建立的牢固联系。② 强化分为正强化和负强化。正强化是行动过后受到令人满意的刺激导致行为增加，而负强化则是通过撤销令人不悦的惩罚导致行为增加。因此，行为主义者认为动机是由强化产生，即通过"行为——刺激"的反应模式增加行为发生的概率，而与个体的需要、情绪、认知等没有联系。行为主义观强调外在动机，如表扬、赞赏等。

但是近来很多研究发现由于外部奖励的作用，很多原本对任务本身非常感兴趣的学生却降低了兴趣。③ 这说明外部奖励可能会降低学生对任务的内在动机，尽管强化对行为会产生重要影响，但绝不是唯一的影响因素。因而，教师在选择有效教学策略时要慎用表扬、奖励等手段。

（二）人本主义动机观

人本主义理论的代表人物是亚伯拉罕·马斯洛和卡尔·罗杰斯。主张"以人为中心"，强调人的责任、人的成长，认为每个个体都有自我实现和成长的需要。人本主义者不赞同行为主义者的动机来自外部的强化的观点，他们认为所有的行为都是有意义的，都有其自身的目的，这

---

① 霍思顿：《动机心理学》，辽宁人民出版社 1990 年版，第 168 页。

② Schunk Dale H., *Learning Theories: an Educational Perspective*, Englewood Cliffs, N. J.: Merill, l996, p. 284.

③ 郭德俊：《动机心理学：理论与实践》，人民教育出版社 2005 年版，第 211 页。

种目的来源于个体的需求。不同的人有不同的需求，并且这些需求会随着时间、环境等因素的变化而变化，这就是两个不同的人在相同的情境下会产生不同的行为的原因，以及同一个人在不同的时间里产生不同行为的理由。需求影响着人们的行为的方式和行动的方向。这在马斯洛著名的需求层次理论中充分体现。需求层次理论将人的需要分为七个层次，包括生理需要、安全需要、归属与爱的需要、尊重的需要、认知需要、审美需要及自我实现需要，一般情况下，只有在前一个需求满足之后，人们才会追求下一层次的需求。因此，人本主义动机观强调动机的内部和内在因素。

（三）认知主义动机观

认知主义关注的是个体内不可认知的内在因素，而不是外显的可关注的行为。认知论的动机作用理论模型为 S—O—R，其中 O 为中介变量，包括思维过程、观念冲突、期望和意图、以及对周围环境的理解和认识等。① 中介变量的不确定性，导致心理学家的不同理解，也形成了包括成就动机论、归因论、成就目标理论等不同的动机论。

心理学家默里提出，成就动机是一种"克服障碍，施展才能，力求尽好尽快地解决某一难题"而学习的内在推动力量，即对成就的追求。② 成就动机理论认为人在追求成就时，有两种不同的倾向，一种是对成功的渴望，另一种是避免失败的倾向。所谓归因论，是指人们对自己的行为所做的解释，推断其原因的过程。韦纳的归因理论分析了个体对其行动成败的归因，有如下四种因素：能力、努力、任务难度、运气，这四种因素又可分为 3 个维度：③

1. 控制源：相对于个体而言的内部或外部，内部原因是个人内部

---

① 彭琼、王警可：《学习动机理论综述》，《社会心理科学》2013 年第 5 期。
② 邵瑞珍主编：《教育心理学》，上海教育出版社 1997 年版，第 290 页。
③ ［美］J. 布罗菲：《激发学习动机》，陆怡如译，华东师范大学出版社 2005 年版，第 11－13 页。

的因素，如能力、努力，外部原因是外在于个人的因素，如任务难度、教师偏见等；

2. 稳定性：某个因素随着时间如何变化，如能力往往是稳定的，但情绪或一时的运气是不稳定的；

3. 可控性：是个人控制成功或失败的原因的程度，分为可控与不可控。

综上，认知主义动机观认为学习者是一个有反应会思考的生物，动机主要通过目标设置、自我效能感、自我期待及成就归因等对学习进行自我调节。

第二节　有效教学策略的内涵与特征

顾名思义，有效教学策略就是为了有效教学而采取的教学策略。经过多年的研究，学者对其内涵和基本特征进行总结，认为有效教学策略是教师为了实现教学目标，根据教学情境的状况，对教学实施的具备系统性、生成性、易操作性、开放性和灵活性的综合决策活动。

一、有效教学策略的内涵

自 1964 年 Taba 等人正式提出教学策略（Teaching Strategy）这个概念以来，教育学者对其进行了大量研究，但学界对教学策略概念的界定至今未形成统一的看法。综观已有研究，比较有代表性的观点主要有以下几种：

《简明国际教育百科全书》从对策略的认识出发，对教学策略做出了具有演绎特色的比较全面的定义："策略"一语是指大规模军事行动的计划和指挥。（"战术"是指部队的调遣。）从更一般的意义讲，策略是为达到某种目的使用的手段或方法。在教育学中，这个词一直是与"方法"、"步骤"同义。"策略"还用来指教学活动的顺序排列和师生间联系的有实在内容的交流。在本条目中，"策略"用来表示为达到某种预测的效果。①

邵瑞珍在其主编的《教育心理学》一书中对教学策略下的定义是教师在教学过程中，为达到一定的教学目标而采取的相对系统的行为。②

较早研究课堂教学策略的美国学者埃金等人认为教学策略就是根据教学任务的特点选择适当的方法。③

张大均在《教与学的策略》中认为教学策略是教学设计的有机组成部分，是在特定教学情境中为实现教学目标和适应学生学习的需要而采取的教学行为方式或教学活动方式。④

还有学者认为教学策略可以看成是一种教学观念或原则，通过教学方法、教学模式和教学手段得以实现。⑤

从以上论述中可以发现，学者对教学策略大致作如下理解：第一，教学策略是一个整体概念，是为达成一定教学目标所采取的综合性方案。第二，教学策略是一定的教学方法和行为模式，既有观念驱动功能，更有实践操作功能，是将教学思想或模式转化为教学行为的桥梁。第三，教学策略是教学观念或原则的表现形式。教学策略是教师对教学活动在实践层面的理解与看法，通过一定的教学方法和手段实施。第四，教学策略以教学活动和师生交流为基础。教学是教师的教与学生的学的双向活动，教师教的策略与学生学的策略具有密切联系。因此，教学策略的主体包括教师与学生，内容包含教师对教学内容、教学手段和教学方法在教学活动中的调控，并且通过师生间的对话交流而实现。基

---

① 《简明国际教育百科全书》教学卷（下），教育科学出版社 1990 年版，第261 – 262 页。
② 邵瑞珍主编：《教育心理学》，上海教育出版社 1997 年版，第 80 页。
③ 埃金等：《课堂教学策略》，王维诚等译，教育科学出版社 1990 年版，第 1 页。
④ 张大均：《教与学的策略》，人民教育出版社 2003 年版，第 5 页。
⑤ 时俊卿：《教学策略——当今教学改革的新热点》，《教育·管理·社会》1995 年第 1 期。

于上述对于教学策略的理解，我们认为，有效教学策略就是在一定的教学观念的指导下，为了有效地达成预定的教学目标，完成教学任务，教师所采取的具体教学措施。

二、有效教学策略的特征

有效教学策略具有以下特征：

（一）系统性

教师在选择和制定有效教学策略时，必须对教学目标、教学方法、教学内容、教学媒介及组织形式等进行综合考虑。实际教学中，每位教师都会有意识或无意识地利用自身所掌握的教学理论来制定适当的教学策略。在这一过程中，不能从静态单一的角度来考虑构成有效教学策略的诸如教学方法、教学原则、教学模式等要素，否则就会陷入僵化枯燥无效的教学行动中。有效教学策略在内容构成上具有三个层次：① 第一层次指影响教学处理的教育理念和价值观倾向；第二层次是对达到特定目标的教学方式的一般性规则的认识；第三层次是具体的教学手段和方法。有效教学策略的三个层次不是割裂开的，而是有机地整合为一个系统、一个整体。教育理念、教学方式、教学手段分别是有效教学策略中的一项不可或缺的要素，但当它们各自为独立的部分时，则不能称为有效教学策略。有效教学策略是把各种要素组织成为一个融会贯通的整体，是对具体教学行为的系统考虑与规划。因而，有效教学策略是一种相对系统性的行为。

（二）生成性

在有效教学中，教师是"育人者"，同时也是"学习者"、"研究者"。不论时代如何演变，不论是自发的或是受外力驱动的，教师始终都是持续的"学习者"。此外，教师更是一名研究者，教师有能力对自己的教学行动加以省思、研究、改进，教师有能力针对自己的实践情境

---

① 李晓文、王莹：《教学策略》，高等教育出版社 2000 年版，第 6 页。

加以批判改进，或是提出更具建设性的建议。因而，有效教学策略是在教学中不断改进与生成。教师在"反省性思维"的影响下对有效教学策略进行监控与调整。"在'反省性思维'的作用下，有效教学策略的操作将以'问题—尝试—反思—新问题—调整（即再尝试）—再反思……'不断调试的方式展开。"① 有效教学策略的选择和制定需考虑实施主体的发展与自我更新，因而，有效教学策略同样具备不断更新与生成性。

课堂教学的基本属性之一是动态生成性，在师生对话交流、生生合作探究中，实时生成的超出教学预设的新问题、新信息、新方法、新情况。除此之外，学生在学习中不断地发展与自我建构。人在本质上是自己的创造者，自觉的人更是有意识地创造理想的自我。② 实际教学中，教师、学生与教学三者都处于动态发展的状态。因此，课堂教学既需要预设，也需要生成。教师在实施有效教学策略时既要注重课堂的生成，合理利用生成性教学资源，达成优质高效的教学效果，也要不断地生成与制定更加合理贴切的教学策略。

（三）易操作性

有效教学策略行为是在教学活动中的有效行动。要达到这种程度，有效教学策略自身需具备一定程度的概括性，即它是对有效教学方式的归纳和推理。有效教学策略往往以教学原则和教学行动方式的形式对具体的教学观念、方法、技能等进行抽取，并且以这种形态反映和保持在教师的头脑中。③ 尽管有效教学策略是对教学方法等的提取与概括，但它不等同于抽象的教学原则，也不是在某种教学思想指导下建构的教学模式，而是能够供教师和学生在具体教学中参照执行或操作的详细方案。有效教学策略不仅应是能够实施的，而且对于教师来说还应该比较

---

① 高慎英：《论教学策略的实质、生成与建构》，《教育理论与实践》2000 年第 7 期。
② 李晓文、王莹：《教学策略》，高等教育出版社 2000 年版，第 159 页。
③ 李晓文、王莹：《教学策略》，高等教育出版社 2000 年版，第 6 页。

易于实施（毕竟一堂课的时间及教师的精力是有限的）。若一项教学策略对于教师是难以理解甚至需要十分复杂的准备工作才能执行，那这项教学策略难以称之为是有效的。

有效教学策略需有具体明确的内容，是实施教学的基本依据。而教学原则、教学模式、教学观念等均不涉及这一层面。教学原则超脱于教学内容，笼统地阐释教育规律；教学模式只是给某种教学内容的一般教学程序做了规定，并不包括对每一步骤的具体指导；而教学观念则是对教学"是什么"的认识及其思维方式。因此，教学原则、教学模式、教学观念注重的是指导性、理论性，而有效教学策略侧重的是教学的技术和方法，不仅具有指导性，更具易操作性、实用性，通过一定的训练和练习，教师更易理解和掌握，并且能够将它们运用到教学实践中去。

（四）开放性

贝塔朗菲认为，一切有机体之所以有组织地处于活动状态并保持其活的生命运动状态是由于系统与环境处于相互作用之中，系统与环境不断进行物质、能量和信息的交换，就是所谓的开放系统。[①] 有效教学要求课堂是一个开放、有序、有活力的课堂，因此在选择教学策略时，应与课堂开放的氛围相融合。德国著名教育家第斯多惠说："如果使学生习惯于简单地接受或被动的工作，任何方法都是坏的；如果能激发学生的主动性，任何方法都是好的。"[②] 有效教学策略就是能激发学生学习自觉性、主动性和学习兴趣的教育方法。因此，只要是能激发学生的学习主动性，提高课堂教学效果的教学策略就是好的、有效的。有效教学策略外延的广泛性给予了其开放性的内涵。

因此，从外部要求来说，课堂开放、轻松的氛围要求有效教学策略

---

① 陈磊：《中学物理课堂有效教学策略研究》，硕士学位论文，山东师范大学 2008 年，第 27 页。

② ［德］第斯多惠：《德国教师培养指南》，袁一安译，人民教育出版社 1990 年版，第 78 页。

也具备与之相适应的特点；对有效教学策略自身而言，开放、包容是其应有之义。

（五）灵活性

教学策略具有动态的教学活动维度和静态的内容构成维度。在动态的教学活动过程维度上，它指教师为提高教学效率而有意识地选择筹划的教学方式与灵活处理的过程，其明显特征是：对教学目标的清晰意识和努力意向；具有对有效作用于教学实践的一般方法的设想；在目标实现过程中对具体教学方法进行灵活选择和创造。[①] 因而，有效教学策略并不是固定不变的，也许对某一教学目标来说是有效的教学策略，但是变换了时间、内容和学生，这个教学策略可能就失效了。因此，有效教学策略必须因地制宜，因人而异，灵活施用。

具体的教学环境是复杂的，在课程准备过程中所计划的教学策略可能在实施过程中无法践行。有效教学策略的灵活性表现为：根据不同的教学目标、内容和任务的要求，参照学生的初始状态，将最适宜的教学方法、媒体和教学组织形式组合起来，保证教学活动的进行，以便实现特定的目标，完成特定的教学任务。当教学目标、内容和教学对象发生变化时，教学策略也随之而改变。同一个教学策略对不同的学习群体会产生不同的教学效果；而不同的教学策略面对同一学习群体也会有不同的效果。[②] 课程计划实施过程之中行动的变化和教学方法的灵活选择是必然，并且有效教学策略常常需要打破一定的教学模式的束缚，根据教学活动的具体状况不断完善与调整，因此有效教学策略具有很大的灵活性和变通性。

（六）指向性

有效教学策略的出现就是为了解决实际教学中产生的问题，掌握具体的教学内容，达到预期的教学目标，实现预期的教学效果。任何有效

---

① 李晓文、王莹：《教学策略》，高等教育出版社 2000 年版，第 5 页。
② 周军：《教学策略》，教育科学出版社 2003 年版，第 18－19 页。

教学策略都指向特定的情况、特定的教学内容、特定的教学目标，规定着师生的教学行为。教学过程中，师生每时每刻遇到的问题严格来说都是不一样的，问题的本质、问题的内涵，解决问题的途径、手段、方式和条件也不尽相同，这样每一种教学情境都是特殊而具象的，内容可能既熟悉又陌生，目标发生了新的变化，这就使得解决问题的办法、策略要视具体情况而定。根据不同的问题、不同的内容、不同的背景条件制定、选择和应用有效教学策略。不存在无目标，无内容、无方向的教学策略，也不存在适合一切问题和内容的有效教学策略。因此，有效教学策略是一项指向性十分明确的策略，教师选定的某一教学策略就是适合当下的教学内容，对于解决当前遇到的问题能够产生效果，而变换一种情境或学科，该教学策略可能就失效了。

综上所述，有效教学策略是一种提倡系统性、生成性、易操作性、开放性、灵活性指向性并重的教学策略。形象地说，有效教学策略是一种"多快好省"的教学策略。所谓"多"是指在单位时间里，教师采用某种有效教学策略，学生进步快，收获多；所谓"快"是指单位教学时间短；所谓"好"是指教学质量好，是通过某种有效教学策略，整个教学对象对所教内容的理解；所谓"省"就是花的时间、精力与所取得的成就相符合，当然，理想结果是事半功倍。①

第三节　有效教学策略的分类

划分教学策略类型的意义在于对教学策略进行更为系统深入的研究，也在于为教学设计人员和教师提供几种可以选择或参照的模式。美国教学设计专家梅里尔（M. David Merrill）曾提及教学策略的类型问

---

① 王鉴：《课堂教学的有效性问题研究》，《宁夏大学学报（人文社会科学版）》2006 年第 1 期。

题，指出不同类型的教学策略可以增进不同种类的知识和技能的学习。[①] 国内外学者从不同角度对有效教学策略进行了划分。根据对国内外对有效教学策略研究的梳理，本书将有效教学策略依据四个标准划分，分别是认知过程、教学过程、教学活动和其他。

一、根据认知过程划分

在具体教学中，学生的认知过程对教师安排有效教学策略有很大的影响。许多学者因此从认知过程的角度对有效教学策略进行划分。顾泠沅从认知过程的四个要素的角度讨论了有效教学策略。

激起认知动机的策略。真实的学习需要学生全部身心的参与，然而学生很难整堂课都保持着高昂的热情，但是为了使学生的学习热情保持在最佳水平，应该从几个方面提高策略：组织和指导学生的学习活动，使他们真正参与到教学过程中来；以实际行动关心全体学生的成长，使他们"亲其师，信其道"。

组织认知内容的策略。学生头脑里的知识体系是由课程内容、教材的结构和序列转化而来，因此必须追求最便于学生理解和应用的呈示方式。对此，下列策略值得注意：根据学生的年龄特征和不同发展阶段的特点，有步骤地提高所呈示的知识和经验的结构化程度；组织最佳的有序累积过程，并注重知识的问题化。

安排认知方法的策略。学习是获得知识经验的学与进行行为实践的习相结合的活动范畴，学生的行为结构与心理结构具有不可分割的密切联系。以前的教学常有偏颇，现在应该特别重视学生的主体活动：最有效的学习方法应是让学生在体验和创造的过程中学习；实现最佳教学过程的关键是接收式与活动式互相补充、合理结合。

利用认知结果的策略。教学目标达成的最佳控制必须依赖于反馈策略。实际上，反馈作为适应技巧，可以调节学生的学习行为和调整教师

---

① M. D. Merrill, "Constructivism and Teaching Design", *Educational Technology*, 1991, (2), pp. 45 – 53.

的施教行为，以使教学相长；作为运行机制，则有助于掌握各个教学过程始末的因果联系。在这方面至少有下述策略可供选择：即是了解教学效果，随时调节教学；改善控制机制是高效学习的现实途径。[①]

此外，美国教育心理学家加涅认为，学习过程是发生在学生头脑中的内在认知活动，当一些外在条件按照引发、维持、促进学习的内部活动的目的加以计划和执行时，就是教学。教学活动是一种旨在影响学习者内部心理过程的外部刺激，故教学程序应该与学习者的内部心理过程相吻合。他从这一学习观和教学观出发，提出如何根据不同类型的学习来设计与之相匹配的教学要素，从而形成了著名的九段教学法，即九种基本教学策略。如表1.1所示：

表 1.1　加涅九段教学法

阶段	内部学习过程	外部教学策略
1	接受	唤起注意
2	预期	告知学习目标
3	提取到记忆中	刺激回忆前提性知识
4	选择性知觉	呈现刺激
5	语义编码	提供学习指导
6	反应	引出作业
7	强化	提供反馈
8	提取和强化	评价行为
9	提取并概括化	促进保持与迁移

1. 唤起注意：学习开始时，学生的注意力与记忆力都不在学习的状态上，需将注意力从别处吸引至学习，而且要从长时记忆中提取知觉、注意内容等至工作记忆中。这时教师可利用改变刺激的方式引起学生的注意。

----

① 周军：《教学策略》，教育科学出版社2003年版，第22–23页。

2. 告知学习目标：当学生了解所学内容需要达到的学习预期，认清教学的重要性和相关性时，可能会对教学内容产生学习的兴趣。

3. 刺激回忆前提性知识：通过提醒学生，回忆先前学习过的内容，帮助他们建立起新旧知识的桥梁。可以采用与学习主题相关的学生熟悉的情景做例子，刺激学生的记忆，把它们同新知识结合起来。

4. 呈现刺激：教师以适当的方式向学生呈现刺激材料。

5. 提供学习指导：指在学生学习新知识的过程中，根据所学内容的难易和复杂程度，以及学生的现有知识储备，提供学习指导。

6. 引出行为：又叫"做练习"，让学生对习得的知识进行训练，引出所期望的学习行为。

7. 提供反馈：做出正确与否的反馈，强化正确的行为，矫正错误行为。

8. 评价行为：就是对学生的行为做出评价，激活提取学生行为表现，并给予强化。

9. 促进保持与迁移：帮助学习者把新建构的意义进行归类和重组，促进保持与迁移。

二、根据教学过程划分

这类划分标准是以教学过程的推进和展开的顺序来对有效教学策略进行分类的。其中以施良方、崔允漷和张大均的研究较有代表性。

施良方和崔允漷在其主编的《教学理论：课堂教学的原理、策略和研究》一书中将教学过程划分为了三个阶段：教学前、教学中和教学后。具体探讨了课堂教学准备策略、主要教学行为策略、辅助教学行为策略、课堂管理行为策略和课堂教学评价策略。

课堂教学准备策略。教学是一种有目的、有计划的行动，因此在教学正式开始之前，教师需进行教学准备，亦即通常所谓的"备课"，是指教师在教学活动实施之前，在心理和物质等方面为教学的顺利开展所预先做的各种工作。在有限的课堂教学时间里，教师希望合理地分配时间，科学地预设教学过程，明确地把握教学目标，既可增强教学的方向性与安全性，又能保证教学行为的成功，促进学生的发展。教学准备策略涵盖了课堂教学的基本要素：教学的目标、内容、行为和组织形式。

主要教学行为策略。主要教学行为指的是教师在课堂教学中为了完成某一特定的教学目标或教学内容所表现的各种行为的总和。文中探讨的主要教学行为策略主要包括呈示行为策略、教学对话策略、指导行为策略三种。呈示行为策略主要有四种：讲述行为、板书行为、声像呈示行为、动作呈示行为。对话策略是在课堂上师生共同活动的过程。教师的指导行为策略是教师的辅导学生的行为，教师在学生学习中仅仅起辅助作用。每种教学行为都是整体教学过程的一个不可或缺的部分。教师在实际选用教学行为时有一个选择和重组的过程，从而制定出最适合的教学行为或行为组合。

辅助教学行为策略。辅助教学行为是相对主义教学行为而言的，辅助教学行为是指教师在课堂上为完成那些以学生学习状况或教学情境问题为定向的任务所表现出来的行为，具备内隐的、间接的和偶发性的特定。① 辅助教学行为通常表现为间接的、内隐的及偶发的。主要包括学生的学习动机的培养与激发，包括外在和内在动机；有效的课堂交流；课堂强化技术和积极的教师期望。教学在一定程度上就是师生之间的交流过程，交流包括言语和非言语的交流，言语交流即教师和学生的描述性的对话过程，非言语交流是包括彼此的面部、体态、服饰、空间和运动语。课堂强化指的是增强教师希望学生某种课堂行为重复出现可能性的过程，课堂强化或对学生课堂理想行为的强化是教师教学的一项重要技术。

课堂管理行为策略。课堂管理是教师通过协调课堂内的各种人际关系，从而有效地实现预定教学目标的过程。② 主要包括课堂中的行为管

---

① 施良方、崔允漷主编：《教学理论：课堂教学的原理、策略与研究》，华东师范大学出版社 1997 年版，第 233 页。
② 顾援：《课堂管理刍议》，《教育理论与实践》2000 年第 12 期。

理和时间管理策略。课堂行为管理指的是制定课堂规则，对出现的问题行为进行管理，不仅有助于维持良好的课堂教学秩序，约束和控制有碍学习的问题行为，而且有助于激励学生潜能的释放，引导学生从事积极的学习活动，提高学习效率。时间管理最主要是指教师要利用好最佳时域问题。据心理学家研究指出，学生思维的最佳时间是上课开始后的第5分钟到20分钟，这一时间段可以说是课堂教学的最佳时域，教师要充分利用好这段时间。

课堂教学评价策略。课堂评价策略是课堂教学的最后一个阶段，也是下一个教学环节的开始阶段，通过课堂教学评价，可以对课堂教学的成果进行总结，在教学过程中取得了哪些成绩，还存在哪些不足，以便在下一阶段的教学中进行改进。主要涉及学生学业成就的评定与教师教学工作业绩的考评，此外还涉及家庭作业的布置。

张大均在《有效教与学的策略》一书中根据教学过程的环节和学生的特点为指标，将有效教学策略划分为教学准备策略、教学实施策略、因材施教策略和教学监控策略四种类型。教学准备策略主要包括确定教学、设计教学内容、分析学生起始状态的策略、选择教学方法和媒体的策略、教师自我心理准备策略、设计教学环境策略；教学实施策略包含先行组织者策略、概念教学策略；因材施教的策略主要有针对年龄差异的策略、针对能力差异的策略、针对认知方式的策略；教学监控策略主要是主体自控策略、课堂主动策略、教学反馈策略、现场指导策略等。

三、根据教学活动划分

构成教学活动的要素有很多，如教师的行为、教学管理行为、教学方法、内容等。盖奇（Gage）于1978年针对70年代以来大量的有关教师行为与学生成绩的相关研究，提出了七种基本教学策略，称为"教师七要"：教师要制定一整套规则；教师要在教室中来回走动；教师要布置有趣和有意义的作业让学生独立完成；教师要减少对学生的集中教诲；教师要叫出学生的名字再进行提问；教师要不断鼓励落后学生回答问题；教师要尽可能提供反馈。库宁（Kounin）根据教学管理提出了几项有效的教学策略：制订留有空间的学习计划；安排进度，确定难度和使学习活动具有多样性；顺利开展教学活动，并使其毫不松懈地发展下去；在课堂同时应付几件事情；观察并对各种不同的事情做出反应；把教学活动向适当的目标引导；始终注意学生的集体活动。① 可以看出，盖奇和库宁的有效教学策略的划分仅仅只是根据教学活动中的某一要素来划分，并没有涵盖教学活动中的主要几项要素。

我国学者李康通过分析目前国内外有关教学策略的现状发现，教学策略均是以某个构成教学活动的主要因素为中心，形成其策略的框架，然后将其他相关要素有机地依附于这个中心上，形成一类相对完整的教学策略。② 据此他归纳出方法型、内容型、方式型和任务型等四种类型的有效教学策略。

方法型有效教学策略。方法型教学策略就是教学以方法为中心，搭建其教学策略的框架。在实际教学中存在着大量的教学方法和技术，根据这些方法和技术在呈现教学内容和引导学习活动上的不同侧重点，将它们划分为讲授性策略和发现性策略。讲授性策略，注重的是向学习者系统地传授知识，这是一种历史悠久的教学策略，是进行教学、传递知识的重要途径。发现性策略，主要倾向促使学生自己发现问题，并掌握知识。从教学设计的要求来看，方法型的教学策略较为笼统，在具体教学中，要将它们具体化，并辅以恰当的教学媒体。

内容型有效教学策略。该策略就是以教学内容这个要素为中心，通过分析和处理教学内容来构成框架。这种类型的策略主要是根据教学内容的性质、内在的逻辑结构及各教学内容之间的联系，安排教学活动的步骤，一般可分为直线式、分支并行式、循环式和综合式等。直线式就是按照教学内容的内在逻辑顺序，把教学划分成几个相互密切联系的阶

① 周军：《教学策略》，教育科学出版社 2003 年版，第 22 页。
② 李康：《教学策略及其类型探析》，《西北师大学报（社会科学版）》1994 年第 2 期。

段或步骤。分支并行式就是把教学内容分为若干平行的单元，针对这些平行单元分别采用相应的教学方法和媒体，将内容逐一解决，最后再进行综合与总结。而综合式策略就是将上述几个策略综合起来使用。

方式型有效教学策略。即是以教学中师生活动的方式为中心，展开其教学策略。英国教育技术学家弗·波西瓦尔（F. Percival）提出两种基本策略，即：以教师/学校为中心的策略和以学生为中心的策略。[①]教师中心策略指学习内容由学校和任课教师决定，教学时间的安排以及对任课教师的选择均由学校决定，学校和教师在这种教学活动中起很大的决定性作用。这种策略的优点是：教师有能力为学生们提供不同的学习环境，以适应所涉及的教材类型以及学习者的水平，能确保教师发挥其主导作用，便于对教学活动的管理和控制。然而缺点也是显而易见的，这种策略过分依赖教师，容易忽视学生的主体性与个体差异性，教学过程中易出现"一刀切"的现象。学生中心策略的主要目的是为适应学生个人学习方式而提供高度灵活的教学策略，在这个策略中，教师和学校是起支持或辅助的作用，而不是起决定的作用。优点是能够充分发挥学生的主体作用，利于学生选择适合自己水平的学习内容和方法；缺点则是对教师有很大的挑战。

任务型有效教学策略。任务型教学策略是由美国明尼苏达大学教授罗伯特·坦尼森（Robert D. Tennyson）依据认知学习理论提出。这种教学策略以教学任务或学习类型为中心，在分析任务、创设学习条件的基础上，展开其教学策略。又可细分为讲解性策略、练习性策略、问题定向性策略、综合能动性策略等。

四、其他分类

申继亮和辛涛依据与解决问题的一般教学过程模式的联系来对教学策略进行分类，将教学策略分成两个层次。第一层次是监控策略，主要

---

① F. Percival, *A Handbook of Educational Technology*, London : Kogan Page; New York: Nichols Pub. 1988, p. 29.

指操作原则的知识，其功能是指示策略运用者"应该做什么"，包含四个步骤：支配、控制、监控和调节。第二层次是应对策略，由操作程序的知识构成，其主要作用是告诉策略运用者"应该怎么做"，由判断策略、计划策略、执行策略和评价策略组成。黄高庆等人以两重标准划分为一般性教学策略和特殊性教学策略、问题指向型教学策略和自我指向型教学策略。一般性教学策略是一般情况下都要运用的，用以解决一般性教学问题，如教材呈现策略、课堂管理策略等。特殊性教学策略是只有在特殊问题情境中运用，是具有个人特点的策略。问题指向型教学策略主要指向于教学策略活动的作用对象——教学问题，针对不同的问题就有不同的策略，如动机激发策略、态度改变策略、合作教学策略等。自我指向型教学策略主要指向于教学策略运用者自身的思维活动，如思维方式变换策略、知识类型替换策略。

上述对有效教学策略的分类主要是以突出某个要素的方式进行的，不同类型的策略突出的重点不同。也可以看出，教学策略可以从不同角度和侧面来分类，角度和标准不同，就会产生不同的分类结果。从表面上看，试图找出一种统一的有效教学策略模式是困难的，也给概括教学策略的实质造成一定的困难。但如果从教学策略具有综合性、多因素的角度分析，就豁然开朗了。无论哪种类型的教学策略，从实质上看，它们均具有为教学设计者提供构筑教学策略的思路和框架的性质，可以为教师实施教学活动提供依据。

根据上述分析及本人对有效教学策略的理解，本书拟根据教学过程的展开来进行讨论，主要教讨论有效教学的准备策略、有效教学的实施策略、有效教学的辅助策略、有效教学的管理策略和有效教学的评价策略。

第二章 有效教学的准备策略

对于教学准备策略的界定，目前学界一般有两种角度和观点。一种是从宏观层面解释，李康、李强等人认为教学准备策略是"依据教学需要，对教学材料或活动的开端所做的一种安排及表现方式，其实质为教学材料如何开头，或如何开始教学的策略"。① 这里所讲的教学准备策略侧重从教材或教学活动开端着手准备，重视教学之前的设计开发。另一种是从微观角度分析，美国学者加里·R.莫利森等人在《设计有效教学》一书中将教学准备策略解释为："涉及做好各项教学准备工作，使得学习者既能积极参与到学习活动中，又能准确把握学习材料中的要点。"② 微观角度的教学准备策略更关注的是教学活动中的主要对象——学习者，注重使学习者做好各项学习准备工作。

教学由教与学两部分组成，这两部分在实际教学中处于同等重要地位。因此，教学准备也由为教的准备和为学的准备构成。教师为教而准备，意味着教师需要为教学的顺利进行提前做一些工作而不只对教材进行简单的分析，这个过程包含对教材、教学目标及对教学过程进行设计。为学而准备，即将学生视为具有独立人格的个体，置于教学的中心，这就要求教师在备课时，要仔细分析学生的心理状况、现有知识水平与认知能力等。因此，本书认为有效教学的准备策略是指教师为顺利开展各项教学活动，在教学开始之前，在心理和物质方面等方面所做的

① 李康、李强、侯永广：《试论教学的前策略》，《电化教育研究》2009 年第 12 期。
② ［美］加里·R.莫里森，史蒂夫·M.罗斯，杰罗尔德·E.肯普：《设计有效教学》，严玉萍译，中国轻工业出版社 2007 年版，第 155－159 页。

各项工作，包括教材分析策略、学情分析策略、教学目标确定策略和教学过程设计策略。

第一节　教材分析策略

教材是教师进行教学的主要依据，是学生学习的对象及建构认知结构的来源。教师对教材的有效处理程度直接关系到学生的学习效果。教材的定义有广义和狭义之分。广义的教材指课堂上和课堂外教师和学生使用的所有教学材料，如课本、练习册、活动册、故事书等。凡是有利于学习者增长知识或发展技能的材料都可称之为教材。狭义的教材即指教科书。① 本书取广义的教材概念。

教师对教材的使用应在国家课程标准的指导下进行。2001 年，我国正式启动了基础教育改革，十多年来，取得了显著成效。2011 年，再次修订了新课程标准。课程标准是国家课程的基本纲领性文件，是教材编写、教学评价和考试的依据。对各门课程的性质、教学目标、教学内容等都做出了明确规定。因此，教师要认真研读新课程标准，通过分析课程内容标准，可以使教师明确教材具体内容在学习水平上应达到怎样的要求，进而利用好教材提供的素材，有针对性地实施教学，指导学生达到内容标准规定的目标要求。②

一、通览教材，纵观全局

新课标的教材观致力于提高学生的整体素质，其最大特点是"用教材教"而不是"教教材"，"用教材教"就意味着教师要深入研究教材，读懂教材在讲什么、有何教学要求，再根据学生的知识水平和其他课程资源，对教材进行增补、删减、重组，确定教什么，用什么方法教，以

---

① 陈迪姝：《化学课程与教学论》，科学出版社 2013 年版，第 15 页。
② 吕宪军、王延玲：《新课程标准和教材的分析与把握》，《中国教育学刊》2004 年第 2 期。

达到教学上的有效性。教材只是实现知识的传授、技能的培养的手段，而不是目的，新课标的目标是最大限度地发挥课程的功效，实现育人的目的。通读教材就是整体把握课程的整体框架。教师在拿到教材后，第一件事情就是要泛读通览，熟悉书中的所有内容，从而把握知识的联系编排，主要是需要弄清教材的纵向联系，所谓纵向联系就是教材中课与课之间的知识联系。了解教材的纵向联系有利于以旧知识引出新知识，由旧托新，以便选择设计最佳呈现新内容的教学方法和步骤。

　　同时教师还要了解该教材中的内容与不同年级、不同学期知识之间的联系，弄清楚新旧知识间的关联，以便学生能够将新知识在头脑中寻找到固着点。例如：人教版七年级上册的数学第七章学习过三角形，八年级上册的第十一章学习"全等三角形"时，可以以学生的知识积累为设计起点，通过比较三角形和全等三角形的异同点，更容易让学生明白"全等"的含义，顺利进行新旧知识的建构。然而实际教学中，教师往往忽略这种联系。开始进行教学的基本假设就是所有的内容都必须讲解到位，否则学生不能理解，这么做最大的问题是教学滞后于学生的发展能力和学习能力。具体而言，是教师在教学准备阶段，对教学内容的把握不到位，没有弄明白各部分的教学内容各属于学生哪个发展区，即哪部分内容是学生可以独立学习进而掌握的，哪些知识是需要同伴互助和教师指导才能理解，使得在课堂教学环节往往层次不分明，教师经常需要花费大量的时间解决学生能够独立解决的问题，这不仅导致教学水平和效益低下，更为严重的是阻碍了学生学习能力的发展以及学生责任感的形成，这样的备课往往事倍功半。所以，教学准备阶段，教师要反复阅读教材，了解教材编写的指导思想、主要特点、结构体例，掌握教材的知识体系和编排意图，明确每个单元的教学目标和重难点，建立起知识之间的联系，确保备课可行性。在此基础上，教师可以根据教学需要，科学地、创造性地使用好教材，从而确保备课有的放矢、切实可行。以地理教材为例来说明如何通览教材。

从图 2.1 中可以看出通览教材分为宏观和微观两个层面。宏观分析整套教材，可以整体了解地理教材或者其他学科的教材。微观分析又称局部教材分析，是指对于教材部分的知识内容，如章（单元）、节、课、目进行分析，对其内部联系、外部联系及特点、结构和功能的分析的过程，得出该部分内容在整体中所处的位置和作用。通过宏观和微观层次的分析，教师基本可以从整体上理解把握教材，由此确定正在着手准备的教学准备是可行的。

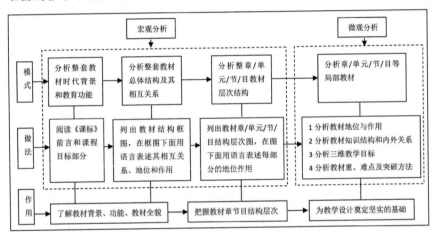

图 2.1　地理教材分析模式示意图[①]

二、研读教材，细致分析

教师在通读教材，了解课程编写的意图与教材的整体结构后，就应准备走进教材，即研读教材。有深度地阅读教材是理解教学内容的过程，是准确设计教学内容的前提。教师在进行教学准备时，一定要细致地分析教材内容，包括：每一章、每一节之间的内在联系；分析每个知识点学生应该要掌握的程度；确定每个部分、每一章、每一节的重难点等内容。要仔细分析教材的编写意图：教材的结构体系、内容顺序是反

---

① 张卫青、徐宝芳：《中学地理教材分析方法研究》，《内蒙古师范大学学报（教育科学版）》2011 年第 8 期。

复考量的，语言是字斟句酌的，例题是反复打磨的，习题是精挑细选的。因此，在处理教材时，内容顺序的调整要十分小心（否则容易导致教学目标的偏离），例子可以根据学生基础和当地教学环境替换，但所换的例子要反映教材的意图，要能承载书上例子的教学任务。[1] 教材作为课程的载体，承载着课程的目标、内容、实施和评价四大要素。因此，从课程的角度分析教材，主要指对教学目标与意图、教学内容及其编排和课后练习等的研读。由于教学目标和课后练习在后文中有详细介绍，因此本节主要对教学内容的研读进行深入分析。

（一）教学内容分析的内涵

所谓教学内容是指为实现教学目的，在教与学的过程中有意传递的内容，包括知识、技能和行为经验的总和。教学内容有一定的结构体系，存在不同层次，通常用"章"、"单元"、"节"来表示。教学内容的各组成部分不是孤立存在的，相互之间具有一定的联系。教学内容之间的联系一般有三种类型：第一种是并列型，其特点是各学习内容之间相对独立，先后顺序可以随意安排；第二种是顺序型，特点是前一个内容构成了后一个内容的基础，所以它们的顺序不能颠倒；第三种是综合型，包含了并列型和顺序型。[2]

分析教学内容是对学生起点能力变化到终点能力所需的各种知识和技能的分析。学习者进入教学过程前的学习状态，即原来具有的知识、技能和态度等，一般称之为起点能力。通过一个时期的教与学的活动，学习者获得了知识、提高了技能，改变了态度。这种通过教学活动以后形成的知识、技能和态度等，一般称之为终点能力。[3] 教学内容分

---

① 章建跃：《"创造性使用教材"≠"脱离教材"》，《中小学数学》（高中版）2008 年第 12 期。

② 杨九民、梁林梅：《教学系统设计理论与实践》（第二版），北京大学出版社2014 年版，第 54 页。

③ 徐英俊：《教学设计》，教育科学出版社 2003 年版，第 81 页。

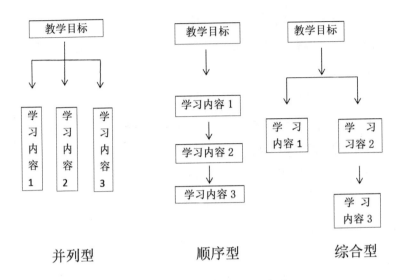

图 2.2 教学内容之间的关系

析主要是对学生学习状态改变过程中出现的知识和技能的分析，即教师是根据学习需要确定教学内容。教学内容分析包括：选择教学内容，确定其广度和深度。广度指学生须掌握的知识范围，深度则指学生应达到的对知识深浅、复杂程度的了解；揭示教学内容中各项知识与技能之间的相互关联，以便于安排教学内容呈现的顺序。因此，教学内容分析主要是对教学中应该"教什么"和"如何教"问题的解答。尽管教学内容分析的过程会因教学内容的不同而有所变化，但大多遵循一些基本步骤：确定教学的基本目标；首次评估教学内容；确定单元教学目标；教学内容的具体分析；再次评价教学内容。

（二）教学内容分析的方法

对如何分析教学内容，许多学者依据不同理论，提出了不同的分析方法。这些分析方法有的简单，有的复杂，有的按线性顺序进行，有的则是以组合的方式进行。具体的分析方法有归类分析法、图解分析法、层级分析法、信息加工分析法、索引卡片法和解释结构模型法（ISM 分析法）。

1. 归类分析法

归类分析主要是指对有关知识进行分类，使其能按照一定规律排列。实际上就是要理清教材的知识体系，各个知识点之间的相互联系。

实例1：对"电磁现象"这一单元的知识体系归类如图2.3所示。

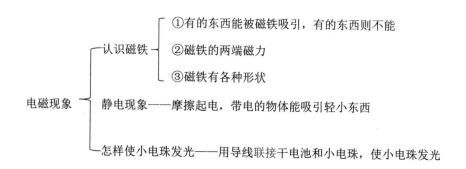

图 2.3　电磁现象的归类分析①

确定分类方法或标准后，就是确定知识点。分为两个步骤：首先从知识体系中划分出学生须掌握的，哪些只需学生知道即可的；然后在所确定的知识内容中引出知识点。可以用图示或列提纲的形式将这些内容归纳分类，简洁明了。

2. 图解分析法

图解分析法是用直观形式展示教学内容各要素及相互之间关系的分析方法，这种方法主要适用于认知学习内容分析。具体步骤是：② 列出与教学目标相关的事实、概念、原理等；把所列内容按顺序排列；用线条把各要素连接起来；图解成型后，全面核查内容的完整性、要素之间的逻辑性，如有必要，补充或修改；补充实例，提出教学建议。

---

① 钱建昌等主编：《现代教育技术教程》，湖南师范大学出版社1998年版，第175页。
② 徐英俊：《教学设计》，教育科学出版社2003年版，第92页。

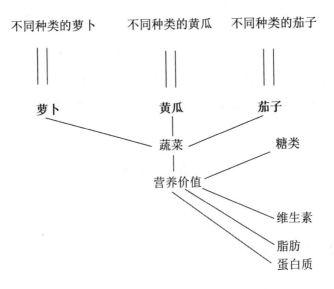

图 2.4　营养食品的选择的图解分析

3．层级分析法

层级分析法，主要用于描述教学目标所要求掌握的从属技能的一种内容分析法。这是一种逆向分析的过程，即首先确定学习者需达到的终点能力，然后确定次一级能力，接着确定再次一级能力……依此类推。各层级的知识点的复杂程度和难度均不同，呈逐级递减趋势。这种方法不易操作，需要教学设计者、课程专家和教师等对学科内容十分熟悉，并且对学生的学习能力和水平也有相应了解。（见图 2.5）

4．信息加工分析法

这种内容分析法是以加涅的信息加工理论为基础的，是将教学目标要求的心理操作过程揭示出来的一种教学内容分析法。信息加工分析不仅能将心理过程显示出来，还能显示动作技能的操作过程。下面用信息加工分析法使用流程图来表现操作过程。（见图 2.6）

5．索引卡片法

教学内容分析的工作繁琐细致，经常需要修改和删减，因此，使用

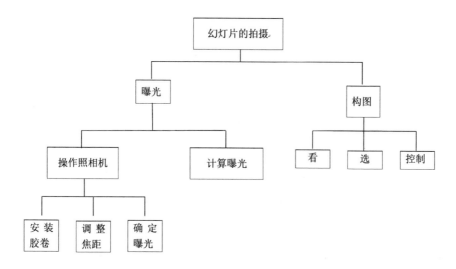

图 2.5 幻灯片拍摄的层级分析（部分）

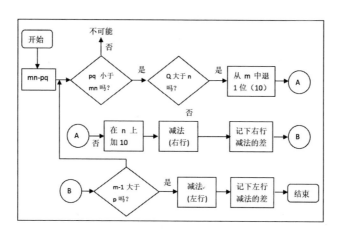

图 2.6 两位数减法学习任务的信息加工分析

卡片来记录要点十分方便，便于查找。具体方法是：在每张卡片上写一个重点，便于增删内容、调整位置；使用彩色卡片，同一类别或层级的内容使用相同颜色；选用专门的展示板，一目了然的同时便于调整和补充内容；建立一套编号系统，有助于整理。如第一层级用一、二、三……第二层级用（一）、（二）、（三）……

6. 解释结构模型法（ISM 分析法）

解释结构模型法（Interpretative Structural Modeling Method，简称 ISM 分析法）用于教学内容之间的结构和关系比较复杂的情况下，它能够将系统中各要素间复杂、零散的关系分解成清晰的多级递阶的结构。它包括三个步骤：抽取知识要素——确定子目标确定各个子目标之间的直接关系，做出目标矩阵图；利用目标矩阵求出教学目标形成关系图。

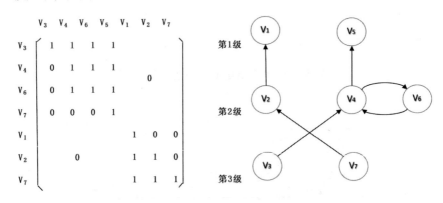

图 2.7　解释结构模型

综上，研读教材就是要理解透彻教材的内涵和外延，体会文本布局和文字运用的准确性，找准每个章节的"章眼"；研读教材就是要尊重教材、源于教材、超越教材和质疑教材；研读教材就是要领会教材特色，与教材平等对话；研读教材就是要了解教材编排的体系和主旨，对教材进行个性化和创造性的意义建构；研读教材就是要掌握重难点，抓住核心内容；研读教材就是要采用适当的方法分析教学内容，从不同角度解读教材，融会贯通。

三、整合教材，解构重组

新课改提倡的"用教材教"即要对教材进行一定的补充解构，重新整合。整合教材即是在对教材进行深度解读，在对教材的整体构架和具体内容都有了相当程度的了解之后，对教材内容进行的解构，补充编排。教师在教学过程中，如果仅仅只是将教材中的教学内容不做任何调整，按照教学内容的原有结构、原有顺序进行教学，这样的教学虽不能称之为是"坏"的，但一定是没有创造性的。一项针对课堂教学目标、内容、方式、生成等内容进行的问卷调查（对 41 所样本校随机抽样，回收 140 份，5 份无效）表明，将教材内容转化为教学内容时，7.9%的教师对教材调整了 50%，54%的教师调整了 20%，33.6%的教师调整了 5%，仅有一人选择"没有做任何调整"。① 7.9%的教师对教材调整了 50%，这说明有些教师对教材的改动很大，这会存在两种截然相反的结果，一种是对教材的整合和重组很成功，有利于学生的发展，另一种则是教师的专业能力并没有达到相对应的水平，而是对教材的随意盲目调整，可能会阻碍学生对教学内容的学习和掌握。因此，整合解构教材需遵循一定的原则。

（一）教材整合的基本原则

1. 从整体到部分

教师在考虑进行整合教材时，首先要从宏观上进行选择和重组。现在很多学科，如历史、生物、地理等都划分为专题或模块，每个专题和模块都有明确的教学内容；数学、语文等学科的教材则是根据单元划分，每一个单元中的各小节内容都是相互联系，层层递进。教师在了解了本专题或本单元的内容和各课时内容之间的联系后，必须从整体上认识某课内容在本专题或模块的地位和作用，从整体上进行单元整合。就某一具体课时内容而言，可以对比专题或单元教学目标与本课教学目标，然后对教材内容进行选择解构。教材中非重点的或者以前已经接触过的，与教学目标无关的内容可以少讲，甚至不讲，而重点、难点内容

---

① 赵艳平：《为学而教：中小学课程改革实践与思考》，知识产权出版社 2015 年版，第 112 页。

则要根据具体的学习情境和学生需要增加内容，重点分析讲解。

此外，如果学习是以掌握科学概念为主的，则基本原理和概念应放在中心地位。① 先陈述学科中最概括的观点，然后按内容具体性不断进行分化。因为教学内容的编排往往是从那些最基本，即有最大包容性的概念开始，这样能在多样化的学习情境中为学习者的认知结构提供固着点。

2. 由具体到抽象

人对事物的认识经历着从感性具体到抽象，再从抽象到实践。教师在解构教学内容，重新整合教材时也必须要遵循学习者的认识规律。如果教学内容的概括程度高于学习者现有的概念或者要学习的新的命题与学习者认知结构中已有的概念不能产生从属关系时，在重整教材时，就应采取由浅入深、由易到难、由具体到抽象、由简单的先决技能到复杂技能的排序，整合成一个有层次或有关联的系统，使前一部分的教学内容为后一部分的内容提供基础。②

教师在重组教材时，需要合理安排内容。在开始进入教学时，教学内容的安排应多为简单具体的内容，由此鼓励学生学习的信心。随着教学过程的逐步展开，教学内容的难度和抽象程度也应随之加大加深。有了先前的学习内容做铺垫，学习者对抽象内容的理解就不会显得那么吃力和困难。如果教师在整合教材时，不顾这一原则，呈现的教学内容可能就是难易混杂、具体中含有抽象，十分不利于学习的接受与理解教学内容。

3. 重视教学内容之间的横向联系

最后一个原则是要注意教学内容之间的横向联系。横向联系指的是概念原理、主题单元之间的联系以及知识、技能、情感各部分内容之间

① 杨九民、梁林梅：《教学系统设计理论与实践》（第二版），北京大学出版社2014年版，第59页。

② 杨九民、梁林梅：《教学系统设计理论与实践》（第二版），北京大学出版社2014年版，第60页。

的协调衔接，以帮助学习者融会贯通地学习。例如，英语教材中的横向联系指的是词汇、语法、课文和课后练习之间的关联，一般以词汇和语法贯穿全文。找到这种横向联系后，才能理解编者设计教材时的重难点。有些单元内容虽然是独立的，但也不能忽视横向的联系，学习者开始学习新知识时，必须同已知的、熟悉的知识进行联系和比较，因为学习者在学习过程中总是不自觉地会对学习内容进行迁移，同一概括水平的经验会相互影响。

（二）教材整合的具体方法

1. 增减细节，完善内容

课堂教学准备时，教师应注意对教材内容进行增补或替代，注重细节。编者在编写教材时，根据实际情况及文本篇幅对教材中的许多内容进行缩减，这样可能会导致对一些概念的形成过程和内容的发现过程一笔带过，甚至一些背景知识都略去不提。编者在编写书本时，省去这些内容是可以理解的，但是教师不能将这些内容视为无关紧要的。因为背景知识和具体的过程步骤，对于学生理解公式、概念及文章主旨等有重要作用。例如，背景知识为学生创设了和作品相同或相似的情景，学生可以更好地进入到作品的情境中，跨越时空的阻隔，与作者一起体悟生命的真谛，感悟澎湃的激情，产生心灵的碰撞。而公式的推导过程既有"隐性价值"，又有"显性价值"。"隐性价值"主要体现在对学生数学能力的提高、数学素养的提升、数学观念的形成等方面的影响，这种影响通常不是立竿见影，而是潜移默化的。"显性价值"主要体现在从公式推导中提炼出解题思想、解题方法，进而用于解决其他数学问题，它对学生来说具有显著的现实意义。①

因此在课堂教学准备时，教师可以通过查资料、与有经验的教师交谈等方法对教材中省略的内容进行补充。这样不仅可以帮助学生更好地

---

① 陆学政：《挖掘公式推导过程的"显性价值"》，《中国数学教育》2013 年第 11 期。

学习和理解教学内容，也可以拓展学习者的知识面。例如：在初中数学教材"扇形统计图"一节中，画法的给出是以填空的方式，而为什么需要中心角，或者那些中心角与每个扇形所占的百分率的关系，都未做出详细的说明，这时候教师在教学准备时要及时发现这一点，补充这方面的内容，并且在教学设计时留出一定的空白，教学中留时间去引导学生思考其省略的内容。

此外，教材中有些教学内容是重复出现的，虽然内容上做了些微的改变，难度也有所提高，但是出现的形式和背景资料等是似曾相识。对这一部分内容，教师在备课时，就要注意教学内容之间的横向联系了，及时对内容进行缩减。学习者的一个普遍心态即是对已经熟悉和学习过的内容不予重视，也没有兴趣。因此，教师在准备时，就要从整体上审视教学内容，把相似的内容或者可以组合在一起的学习内容加以整合。尽量使新的教学内容没有重复，各个内容之间联系紧凑、层层递进。

2. 取长补短，突破束缚

现用全国各中小学使用的教材有各种版本，人教版、苏教版、北师大版、人民版等，各省市现在基本都有了自己研发的教材。这些不同版本的教材各相应学段安排的教学内容大体上是差不多的，但是教材的编排却各有特色，这就要求教师广泛地了解这些知识在各种教材都是如何设置的。以初中物理为例，力的内容分别安排在人教版教材中八年级下册的第七章（力）和第八章（运动和力），北师大版力的内容也是安排在八年级下册的第七章（运动和力）和第八章（压强和浮力），虽然这两个版本力的内容都安排在八年级下册，章节也是相同的，但是内容的设置有所不同。因此，教师在课堂教学准备时，就可以充分利用这些教材内容设置的不同，选取其他版本中的内容来充实自己教材的不足之处，从而提高教材内容的实用性。

通过对比不同版本的教材，教师还可以借鉴其他教材的有益之处，重组整合教材，使其更贴合学生的实际生活。例如：相比人教版教材中对"抽样调查"内容的设置，北师大版对这个知识的处理更有特色，它采用三个动漫人物的对话完成一次抽样调查，从中引出认识冲突，充分吸引学生的注意力，自觉地去探讨应该怎样去抽样，怎样去避免样本的局限，使得抽取的样本能够具有代表性，教师可以在进行人教版教材教学时，合理地将北师大版的教材内容加入到教学设计中。将动漫人物的对话引入自己现有的教学内容中，无疑增加了趣味性，学生对动漫人物的喜爱与熟悉无形中使他们增加了对该知识点学习的热情。在处理教材时，教师不必拘泥于给定的内容和材料。在实际教学中，可以取长补短，参考借鉴，以使教学内容更生动，更有趣味性。

四、活化教材，建构生成

活化教材即是将文本教材情境化，将静态知识动态化、可操作化，将教材知识生活化、科学知识通俗化，构建合理的学科知识层次，使学生学充分利用自己的经验和知识储备，对教材进行加工。新课改背景下，由以静态教案为本位的备课观转向以动态方案为本位的教学设计观。但强调以动态方案为本位的设计观并非要全盘否定静态方案，而是要以一定的"静态教案"为基础，根据课堂上学生学习实际的反馈情况再做出动态的、实时的调整。①

传统的教学准备多是根据教材、教学参考书和学生的认知水平进行设计，授课就是"照本宣科"，如果课堂教学出现偏离教案的情况，教师便想方设法将它拉回"正轨"。教师无法预设教学所产生的成果的全部范围，亦无法预先设计好所有的细节及成果。因此，教学是一门预设与生成并存的艺术。学生是有灵魂，有思想的个体，带着自己的知识、经验、灵感、兴致参与到课堂教学中，各种各样的问题会不断生成，灵感的火花随时迸发。教师如果忽略这一事实，以教案为中心，对于学生的问题与疑惑视而不见，长此以往，必定会窒息学生的思维，扼杀学生

---

① 赵艳平：《为学而教：中小学课程改革实践与思考》，知识产权出版社 2015 年版，第 115 页。

的灵性。教学准备不是为了将一切牢固地规划好，按部就班地执行，而是为了使教学更具有方向性和实效性。教师在教学准备过程中应该将教材变成开放性教材，将课堂变成开放性的课堂，为了使学生更好地理解所学的知识，可以对教材进行活化和恰当的调整，并且在教学准备时留有一定的空白，为课堂中的建构生成教学内容留出空间。

综上，教师在教学准备中要以自己背景性认知结构为基础，一方面理解透彻教材的内在知识结构，另一方面分析掌握学生背景性认知结构的现有发展水平，在综合上述两方面工作的基础上灵活地处理教材，通过对教材内容进行适当补充和解构、更新部分教学内容和活动或拓宽某些教学内容或增减某些活动安排、适当调整教学内容的顺序和方法等方式，将教材内容"活化"、"动化"为"教学内容"和学生的"学习内容"。

第二节　学情分析策略

有效教学策略的适用对象、学习者，教学目标能否实现，教学任务能否达成，都与学生息息相关。美国著名认知教育心理学家奥苏伯尔（D. Ausubel）在其名著《教育心理学》的扉页中写道："如果我不得不将教育心理学还原为一条原理的话，我将会说，影响学习的最重要的因素是学生已经知道了什么，我们应当根据学生原有的知识状况去进行教学。"[①] 学生与学生之间在生理、个性心理、智力和能力发展等方面都是存在差异的。每个学生的内心世界都是不同的，这种独特是在自然基础上，经过家庭、学校、社会环境的影响并通过自身的建构而形成的。这些差异就是学生个体的一般特征，"学生一般特征是指对学生学习有关学科内容产生影响的心理的和社会的特点，它们与具体学科内容虽无直接联系，但影响教师对教学内容的选择和组织，影响教学方法、教学

---

① ［美］奥苏贝尔：《教育心理学：认知观点》，任夫松译，人民教育出版社 1978 年版，序言。

媒体和教学组织形式的选择和运用，是教学准备工作中一项重要内容"。① 因此，教师在进行教学准备时必须了解学生的真实状况，即学情，包括知识水平、学习需要、个体差异等，确定学生原有的知识基础和学习的现实需要，为学生找准学习的起点，确保学生的学习效果。

一、学生的起点能力分析策略

教学前，教师应了解学生的学习准备状体。学习准备（Readiness），又可称为学习的"准备状态"或学习的"准备性"，指的是学习者在从事新的学习时，他们原有的知识水平和原有的心理发展水平对新的学习的适合性。这里的适合性有两层含义：一是学生的准备应保证他们在新的学习中可能成功，二是学生的准备应保证他们的学习在时间和精力的消耗上经济而合理。学生的原有准备状态是新的教学的出发点。根据学生原有的准备状态进行新的教学，这就是教学的准备性原则，我国教育学中也称为"量力性原则"或"可接受性原则"。运用准备性原则，首先要确定学生的准备状态，即了解学生的知识准备和认知发展准备。还意味着根据学生的准备状态进行教学。②

（一）学生知识起点的分析

学习的两种重要方式同化和顺应，同化是利用原有认知结构对新知识进行改造重组，将其纳入原有认知结构中；顺应则是新知识在原有认知结构中找不到固着点，而需将原有认知结构进行改组，使之与新知识内容相适应。学生的学习都与原有认知结构有关。认知结构是指"学生现有知识的数量、清晰度和组织方式，它是由学生眼下能回想出的事实、概念、命题、理论等构成的"。③ 因此，要促进学生对新知识的理

---

① 杨九民、梁林梅：《教学系统设计理论与实践》（第二版），北京大学出版社 2014 年版，第 59 页。

② 皮连生主编：《教育心理学》（第三版），上海教育出版社 2009 年版，第 137 – 138 页。

③ 转引自施良方：《学习论》，人民教育出版社 1994 年版，第 235 页。

解与掌握，就是要增强学生认知结构与新知识的相关联系。了解学生的知识起点就是要判断学生所具有的认知结构。

可以通过绘制"概念图"来判断学生原有的认知结构。"概念图"是美国学者约瑟夫·D. 瓦诺克提出的，它是一种知识结构的表现方式。知识可以被视为由各种各样的概念和这些概念所形成的各种关系（一般称之为命题和原理），其形式是一种等级结构。由于学生的个体差异，每个学生绘制的概念图也是不同的。概念图的绘制方法如下：可以让学习者根据已学过的知识内容，利用关键概念，列出概念一览表；然后从最一般、最广泛的概念开始排列，按照金字塔结构排列一直排列到最上位概念；在每一对概念间画一条线，并选定符号，表示两概念的关系。线条可以随着学生认识的深化而改动；找出图中不同部分概念之间的关系；经过学习后，重新绘制。① 因此，为了确定学生的原有认知结构，教师可以尝试让学生绘制某一学科的概念图。教师可以根据学生绘制的概念图的不同了解他们的起点知识的状况。图2.8、图2.9是两张不同知识水平的学生绘制的概念图。

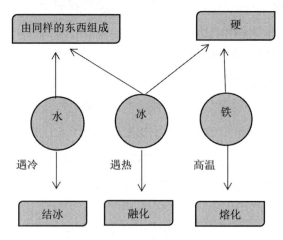

图2.8 小学二年级自然常识的概念图

---

① 徐英俊：《教学设计》，教育科学出版社2003年版，第101页。

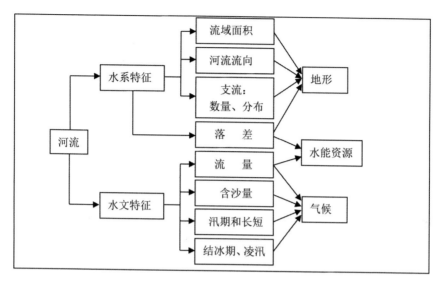

图 2.9　高中河流特征的概念图

此外，还可以利用预备知识测试了解学生起点知识水平。教师可以先在教学内容分析结果图上设定一个起始点，并用一条线将起始点以上和以下的知识分析，将起点线以下的知识作为预备知识，并以此编写一套测试题，通过测试了解学生的起点知识。

（二）学生技能起点的分析

加涅和布里格斯等人提出的"技能先决条件"的分析方法，是对学习者技能起点能力进行分析判断的常用方法。这种方法是从终点能力着手，逐步分析达到终点能力所需要的从属知识和技能，一层一层分析下去，直到能够判断从属技能确实被学生所掌握。教师可通过学生能否完成这些最简单的技能，来判断学生的技能起点能力水平。也可通过测试，了解学生的掌握程度，并据此确定学生的技能起点水平和教学起点。①

以教学目标是"辨认一段文章中的动词和名词"为例说明如何使用"技能先决条件"分析法判断学生的起点技能。首先，教学目标是

——————————

① 徐英俊：《教学设计》，教育科学出版社 2003 年版，第 104 页。

"辨认文章中的动词和名词";次级目标就是能够将句子中的动词和名词归类;要将动词、名词归类就要求学生能够分辨动词和名词;再次的目标就是能够将句子归类、辨别词性;最基础的能力就是认识字母。如果学生已具备最基础的三个能力了,那么学生的技能起点就是辨别动词和名词。如图2.10:

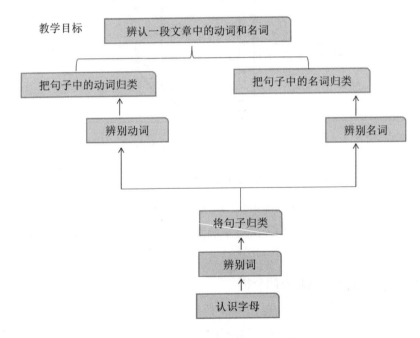

图2.10 学习起点的确定②

二、学生的学习态度分析策略

态度往往也会影响人的行为习惯,表现为喜爱与厌恶、接受与排斥,是在特定情况下人们对某一事物或某件事的内心感受,通常会反映

① 张祖忻等编著:《教学设计——基本原理与方法》,上海外语教育出版社1994年版,第106页。

在人们的行为之中。态度是习得的、影响个人对特定对象做出行为选择的有组织的内部准备状态或反应的倾向性。[①] 学生的学习态度主要表现为对学习内容是否存在疑虑、偏爱或误解，对学习活动所表现出来的情感及学习动机如何。学生的学习态度如何与教师能否顺利地进行教学及教学效果怎么样有密切联系，因而，在教学准备阶段，教师必须要认真分析学生的学习态度。

学习态度一般包括认知成分、情感成分和行为倾向成分。认知成分与学生对所要学习的概念和命题所在情境的了解和认识程度有关；情感成分则伴随与概念或命题的情绪和情感有关，也与学生个人的偏好有关，它是学习态度的核心成分；行为倾向与对行为的期待或准备有关，如果与期待一致或准备充分，学生就会表现出积极的行为倾向，反之，则是消极的行为倾向。学习态度还受到这三种成分间关系的影响，严格意义上，对态度的策略是多维度的，因而难以精确衡量学习态度。一般可以采用问卷、采访、面试、观察、谈话、态度量表等方式简洁地了解学生的态度。例如，教师可通过与学生、任课教师及其他相关人员的谈话，了解学生对某一学科或某一教学内容的态度。其中，态度量表是最常用的方法。态度量表一般分为五个等级，分别记为 1、2、3、4、5，具有排序功能，每一个数字表示一类等级。表 2.1 是一份有关初中数学的态度量表。

---

① 邵瑞珍主编：《教育心理学》，上海教育出版社 1997 年版，第 181 页。

表2.1　态度量表实例①

下面每一种陈述表达了一种对数学的态度，请从五种答案中选择最适合您的情况的，这五种答案分别是：1 代表非常同意；2 代表同意；3 代表无法确定；4 代表反对；5 代表及其反对。

序号	题目	您的选择
1	数学能训练人的思维能力	1　2　3　4　5
2	数学使我变得更聪明	1　2　3　4　5
3	为了我未来的工作我需要学习数学	1　2　3　4　5
序号	题目	您的选择
4	数学在我的实际生活中没有多大用处	1　2　3　4　5
5	数学能增强我的推理能力	1　2　3　4　5
6	数学语言被看成是一种统一的科学语言	1　2　3　4　5
7	数学是人们认识世界的一种工具	1　2　3　4　5
8	哪里有数学，哪里就有美	1　2　3　4　5
9	对我来说，数学很有意思	1　2　3　4　5
10	数学能引人思考	1　2　3　4　5
11	数学课比其他课更能让我快乐	1　2　3　4　5

三、学生的风格偏好分析策略

除了要掌握了解学生的起点能力和学习态度，教师还需要对学生的风格偏好有所了解。不同学生的对学习环境因素的偏爱不同，思维风格和表达风格也有所差异。

---

① 何小亚、李耀光：《初中生数学态度量表的编制及信度效度检验》，《数学教育学报》2013 年第 2 期。

（一）学习环境偏好分析

学习环境因素包含群体学习和单独学习、学习时间、环境的声音与光线。学习的形式有群体形式、个人学习、两个人学习、以小组为单位或与成人一起学习，这在某种程度上反映了学生合群学习的倾向。当学生能够自由选择学习形式时，他们寻求群体接纳的程度几乎总能反映他们偏爱的社交方式。[1] 实际教学中，教师不可能真的按照学生自由选择的学习形式进行教学，但是教师可以以问题的形式询问学生，如果让他们选择，他们会选择哪一种方式。了解到学生偏好的学习形式，教师就能够在实际教学中利用学生的习惯安排教学，教师还可以鼓励偏爱单独学习的学生尽量多参与小组或者群体学习（视具体情况处理）。还有一点需要注意的就是学生偏好的学习环境会随着学习内容的不同、任务难度不同和现有的同伴交际圈的改变而变化。

每个人都有较为固定的生物节律，在学习时间上也有不同的倾向。根据个体对于学习时间的偏爱，一般分为四种类型：清晨型、上午型、下午型、夜晚型。清晨型者清晨学习效果最好，一般习惯早睡早起，但是在中午前后就会进入疲劳期，学习效率下降。上午型在上午9时左右学习效率最高。下午型即学习效果在下午最好，这种情况比较少。夜晚型即到晚上八点以后大脑开始进入兴奋状态，注意力十分集中，学习效率比白天高。

安静的学习环境确实是适合学习的，但是并不是所有的人都喜欢在安静的氛围中学习。有人在安静的环境中注意力特别集中，学习效果显著；而有人则在有声音的环境下反而更能集中注意。有研究表明，在柔和的音乐伴随下可以促进学习效果。但是，熟悉的音乐会干扰学习的注意力。[2]

环境中还有许多其他因素会对学生的学习产生影响，如灯光的明亮

---

① 周军：《教学策略》，教育科学出版社2003年版，第65页。

② 李晓文、王莹：《教学策略》，高等教育出版社2000年版，第190页。

程度，有的人在明亮的光线中感到精力充沛，而有的人觉得刺眼；较暗的光线会让有些人觉得舒服，另一些人可能觉得压抑。桌椅的摆放也会有所影响，有些人喜欢离讲台距离近一点，而有的人偏爱桌椅摆放得密集些。此外，学习环境中的很多因素都与学生的学习效果有关联，教师在时间和精力充足的情况下，可以对其他因素再做一番分析。

（二）思维风格偏好分析

英国著名文体学家福勒（Fowler）于 1977 年在《语言学与小说》中首次提出了"思维风格"这一新的概念，而斯腾伯格（Sterberg）则对思维风格进行了深入的研究。他把思维风格看作是"一种指导一个人智力"的方式，并运用心理自控理论解释思维风格，并形象地将思维比作政府机构。按功能划分为立法型（Legislative）、执法型（Executive）和评判型（Judicial）。立法型风格的人喜欢富有创造性地、有计划地解决问题；执法型风格的人喜欢按给定的程序和规则做事，喜欢循规蹈矩；评判型风格的人喜欢分析和评价已有的办事规则、程序、事物和观念。按形式划分为君主专制型（Monarchic）、等级制型（Hierarchic）、寡头政治型（Oligarchic）和无政府型（Anarchic）。君主专制型风格占主导的人倾向于在同一时间内只关注一个目标或一项活动；等级制型风格占主导的人可同时面对多种任务，处理事情有轻重缓急之分；寡头政治型风格占主导的人也能同时面对多种任务，但在处理时却无主次之分；无政府型风格占主导的人会极其灵活地、随心所欲地工作，他们在无结构、无清晰程序可循的环境中表现得最好。按水平划分为整体型（Global）和局部型（Local）。整体型风格占主导的人喜欢处理整体的、抽象的事物，做事情喜欢从整体着眼；局部型风格占主导的人喜欢处理具体的任务，做事情倾向关注细节。按范围划分为内倾型（Internal）和外倾型（External）。内倾型风格的人喜欢独立工作，不太关注外界世界，比较关注内心世界；外倾型风格的人是人际导向的，喜欢与他人合作，关注外部世界。按倾向划分为自由型（Iiberal）和保守型（Conventional）。自由型风格的人喜欢有新意的、不确定的情境，做事喜欢标新立异；保守型风格的人喜欢熟悉的情境，做事喜欢墨守成规。[1]

由此可以看出，思维风格与学生的性格、创造性、对规则的遵守等都有密切关系。学生的思维风格会在日常学习和生活中表现出。因此，教师在教学准备前，应考查学生的思维风格，因材施教。教师应理解思维风格不是能力而是运用能力的偏好，所有的思维风格都是平等的，没有好坏之分。尽管个人偏好的思维风格可以通过学习活动的选择而被确认，教师也应该提供各种思维风格给学生学习和练习，因为在现实世界的学习环境中需要使用各种思维风格。学生喜欢的思维风格也可能随着时间的变化而变化，所以教师应该定期评定学生的思维风格以确定联系的倾向和变化。

（三）学习风格差异分析

在实际学习中，学生必须由自己来感知信息，对信息做出反应和加工。每个学生在生理和心理上都存在差异，导致了他们对信息的感知和反应加工的步骤和速度不同，这就是个人学习风格的差异。学习风格是学习者持续一贯的带有个性特征的学习方式，是学习策略和学习倾向的综合。[2] 学习风格的差异主要包括认知风格的差异；个性意识倾向性因素，如控制点、焦虑水平等；生理类型的差异，如左右脑功能优势等。

1．早期认知风格研究

认知风格是学习风格最主要的成分，学界对认知风格的定义尚未形成统一的看法，其中以拉埃丁（Riding）等人的定义较为完整，"认知风格可以被理解为个体所喜好和习惯的组织与表征信息的方法"[3]。对

①　林丰勋、孟庆茂：《中学生的思维风格与人格特质的关系》，《心理发展与教育》2003 年第 4 期。
②　邵瑞珍主编：《教育心理学》，上海教育出版社 1997 年版，第 260 页。
③　Riding R.，Rayner S.，*Cognitive Style and Learning Strategies*，London：David Fulton Publisher，1998.

认知风格的研究分为早期研究和近代研究。20 世纪 90 年代之前的比较典型、研究较多的认知风格有：场依存—场独立型、沉思—冲动型、同时性—继时性。

场依存——场独立型

关于认知风格的理论研究起源于 20 世纪 40 年代初，美国著名的心理学家威特（Witkin）和他的同事阿希（Asch）合作进行了有关视觉定向的传统实验研究。他们在垂直视知觉的一系列研究中，发现了认知风格的个体差异，即场独立型和场依存型认知风格的差异。这种差异主要表现在人对外部环境（"场"）的不同依赖程度上。场独立性的人在信息加工中对内在参照有较大的依赖倾向，他们的心理分化水平较高，在加工信息时，主要依据内在标准或内在参照，与人交往时也很少能体察入微。而场依存性的人在加工信息时，对外在参照有较大的依赖倾向，他们的心理分化水平较低，处理问题时往往依赖于（场），与别人交往时较能考虑对方的感受。[①] 用隐蔽图形或镶嵌图形测验可以有效地测量场独立性和场依存性的人格差异。

场依存型的学生对人文社社会学科比较感兴趣，他们本身也喜欢和同伴呆在一起，喜欢交流；而场独立型者擅长数学和自然学科，倾向独立思考，不善人际交往。场依存型和场独立型者最大的区别不在能力，而在学习过程上。场依存者容易受外界影响，易于接受外界的建议且学习的努力程度往往会受到外来因素影响。因此，对这类学生，教师可适时地给予建议或鼓励，派发的学习任务以小组或集体任务为佳，经过整合和组织完好的学习材料较好，但是也应锻炼他们的独立学习能力。而场独立型学生较少受外界影响，遵从自己内心的想法，受内在动机的影响较大，贯于独立思考。对这类学生可以多挖掘他们在自然科学方面的兴趣，学习资料可以是未经充分组织好的，不过也应多鼓励他们和同伴

---

① Witkin H. A., Origins of Cognitive Style, In: Sheerer C. (Ed), *Cognition, Theory, Research, Promise*, New York, NY: Harper and Row, 1964.

进行交流学习。

沉思——冲动型

卡根（Kagan）等人于 1964 年提出，是用来描述个体在不确定的条件下做出反应的速度。沉思型的人在作出选择前，会谨慎检查各种假设，确定当前决定时当下的最优选择时才作出选择；而冲动型的人则不会在考查整体情况后作出决定，而是立即作出选择。沉思和冲动的认知方式反映了个体加工处理信息、解决问题和做出选择的速度和准确性。沉思型的学生在遇到问题时倾向于沉思熟虑，考虑全局，利用充足的时间思考，权衡各方面的信息，因而错误较少；而冲动型的学生遇到问题就迫不及待地作出回答或选择，反应速度很快，但容易发生错误。

这一认知风格类型可以通过匹配相似图形测试（Matching Familiar Figures Test）加以评定。该测验要求被试从给出的 6 个图形中选出一个与标准图形相似的图形，由此判断出差异的两极这两种认知方式的学生，在学校中解决问题的有效性是不同的。研究者对该认知方式维度与其他认知因素的相关进行了研究，结果表明，冲动型的认知方式妨碍对问题的有效解决，冲动型的学生在各项认知任务中的表现均不如沉思型的学生。[1] 沉思型的学生与冲动型的学生相比，在解决问题的策略方面表现得更成熟，提出更多的假设。并且沉思型学生有较强的自控能力和约束力，能忍受满足的延迟性，比冲动型的学生更能抗拒诱惑。尽管对于要求细节的作业中，沉思型学生做得更好；而在要求整体性的作业中，两者表现一样好。许多研究者建议，训练儿童可以减少其冲动性，如自我指导训练。教师还可以将沉思型学生立为学习榜样，让冲动型学生进行练习并给予反馈。而沉思型的学生虽然学习认真缜密，但是教师还是要提醒他们在学习速度和效率上多努力，可提供一些必要的反应速度练习。

---

[1]　宋广文等：《学生认知方式及其教育应用的研究与进展》，《华东师范大学学报（教育科学版）》2000 年第 4 期。

同时性——继时性

达斯等人根据脑功能的研究，区分了同时性和继时性两种认知风格。他们认为，左脑优势的个体表现出继时性的加工风格；而右脑优势的个体表现出同时性的加工风格。同时性认知风格的特点是，在解决问题时，采取宽视野的风格，同时考虑多种假设，并兼顾到解决问题的各种可能性。其解决问题的风格是发散式的。许多数学操作、空间问题的操作都要依赖于同时性加工方式。继时性认知风格的特点是，在解决问题时，能一步一步地分析问题，每一个步骤只考虑一种假设或一种属性，提出的假设在时间上有明显的前后顺序，第一个假设成立后再检验第二个假设，解决问题的过程像链条一样，一环扣一环，直到找到问题的答案。言语操作和记忆都属于继时性加工。①

继时性者积极主动，爱用言语的、逻辑的方式处理信息，如归纳分析；对细节问题也很敏感，做事有计划，有责任感；爱做客观评价。同时性者对新事物持开放心态，易于接受；善于用知觉的方式处理信息；不善用逻辑思维，有大局观；喜欢灵活的规则和活动，因而缺少自律精神；爱作主观评价。对于不同类型学生，教师应掌握他们各自的特征并加善加利用。

2. 综合认知风格研究

目前关于认知风格的研究又有了新进展，关于先前关于认知风格研究的概念合并，主要有"洋葱"模型和二维认知风格模型。

"洋葱"模型

卡瑞（Curry）根据研究提出，人格、认知风格和行为风格是相互作用、有机结合的。他把这三者的关系形象地比喻为一个洋葱，处于最深层的人格类型，是人最稳定、最不易改变的特征，它是个体改造和同化信息的倾向，不直接与环境相互作用，但它是基本的、相对稳定的人

①　彭聃龄：《普通心理学》，北京师范大学出版社 2001 年版，第 129 页。

格维度，在观察个体行为时只有通过许多学习材料才能发现。中层是信息加工风格或认知风格，它受人格因素的制约，受环境影响可以改变，该层比最外层稳定，但仍能被学习策略加以修改。它处在基本人格水平的个体差异和学习环境的交叉上，是个体处理信息的加工方式的特征。[①]

二维认知风格模型

英国心理学家里丁（Riding）等人对前人提出的各种认知风格进行综合考察后认为，所有的认知风格都可以从两个维度上加以分析：整体—分析和言语—形象。

整体—分析型。里丁等人认为，整体型的人倾向于领会情境的整体，对情境能够有一个整体的看法，重视情境的全部，对部分之间的区分是模糊的或者不区分部分；倾向于将信息组织成整体。相反，分析型的人把情境看作是部分的集合，常常集中注意一两个部分而无视其他方面，可能曲解或夸大部分，倾向于把信息组织成轮廓清晰的概念集。

整体型的人的积极一面是他们考虑当前情境时，看到了整体的"图景"，他们对整体有均衡的看法，能够在整体中理解情境。其消极一面是他们将信息划分成有逻辑的部分时有困难，对图形和言语形式的信息去隐蔽能力都较差。对于分析型的人，其积极面是他们能将信息分析成部分，并善于找出相似性和差异性，这使得他们能够快速地进入问题的核心。其消极面是他们不能形成整体的均衡的观念，将信息整合成整体时有困难。他们或许注意了一方面特征而不顾其他，并且以不适当的比例夸大这一特征。[②]

言语—形象型。心理学家帕维（Paivio）提出了长时记忆信息如何被加工存储的理论，即双重编码说。认为长时记忆中的信息是以视觉表

---

① Curry L., An Organization of Learning Styles, *Theory and Constructs*, (ERIC Document 235), 1983.

② 沃建中等：《认知风格理论研究的进展》，《心理与行为研究》2004 年第 4 期。

象和言语表征两种形式存储的。里丁等人认为，大多数人能够利用视觉表象和言语表征两种形式，但是，有一些人具有或用视觉或用言语一种方式的倾向。那些倾向于以视觉表象的形式思维的人被称为形象型的人，倾向于以词的形式思维的人被称为言语型的人。

许多研究表明，言语型的人在言语作业方面做得更好；形象型的人在具体的、描述性的和形象性的作业上做得更好。当言语—形象方式与呈现的学习材料不匹配时，获得的成绩往往也较差。里丁和戴亚（Dyer）还考察了言语—形象方式和内—外向之间的关系，发现言语型的人往往是外向的，形象型的人是内向的。里丁等人认为这两种认知风格是彼此独立的，个体在一个认知风格维度上的位置不影响其在另一维度上的位置。其他各种认知风格都可以在这两个维度里加以分析。①

面对学生间的差异，教师在平时教学中注意留意分析学生学习的特点。根据学生的认知风格有针对性地提供风格相配的教学方式。研究表明，当教师的教学风格与学生的认知风格互相匹配时，对提高学生的成绩最有利。例如，对于同时性学生，教师可以多采用语言讲解的方式进行教学。此外，不仅教师自身要了解掌握学生的学习风格，而且要引导学生认识自己的学习风格，促进他们将学习风格转化为学习策略。

四、个性意识倾向分析

学生学习风格的另一个比较重要的组成元素是个性意识倾向。人的心理活动可分为三种状态：心理过程、心理状态和个性心理，其中个性心理主要就是对个性倾向意识的描述。学生的个性意识主要表现在态度、兴趣、焦虑水平等。学生的焦虑水平是衡量个性意识良好与否的重要指标。适当的焦虑水平能够提高学生的学习动机和紧迫感，然而一旦超出学生能够承受的水平，就会成为焦虑障碍。所谓焦虑，在心理学上是指某种实际的类似担忧的反应，或者是对当前或预计对自尊心有潜在

———————

① 李寿欣、宋广文：《西方认知方式研究概观》，《国外社会科学》1999 年第 1 期。

威胁的任何情境具有一种担忧的反应倾向。① 学生当前是否处于焦虑状态，是会直接体现在学生的行为活动和言语表情中。因而，分析学生的焦虑水平相对于其他心理活动较为方便、直接。

按焦虑的性质，可分为正常水平的焦虑和过敏性焦虑。正常水平的焦虑，是指客观现实可能对个体的自尊心构成威胁而引起的个体处于正常范围的焦虑，如学生面临重要考试而又准备不充分时产生的考试焦虑，上台演讲前害怕忘词引起别人的嘲笑产生的上台前焦虑等。正常焦虑是大部分人都会经历的一种心理状体，并且正常水平的焦虑可能出现过高或过低的不同水平，这取决于个体感到的威胁的大小。

过敏性焦虑是由遭到严重伤害的自尊心本身引起的。自尊心受伤害程度越高，过敏性焦虑水平越高。对于某些儿童或学生，由于他们在成长过程中没有得到外界主要是父母的内在认可和评价，从而导致缺乏内在的自尊心和价值感，当他们遭受失败和挫折时，就极易引发神经过敏性焦虑。②

无论是正常焦虑还是过敏性焦虑对学生的学习过程都会有一定的影响，但是是促进学习还是抑制学习，与许多因素有关，如学习材料的难易程度、学生自身的能力及原有焦虑水平，其中学生自身的能力起关键作用。研究表明，能力中等而低焦虑的学习者，其学习成绩比同等能力而焦虑水平高的学生好；能力低的学生，无论焦虑水平的高低，成绩都差，但是低焦虑更有利些；能力高的学生相对于能力低者，不管焦虑高低，成绩都比较好，但高焦虑更能促进学习，而低焦虑会学习产生一些消极影响。一般来说，随着学生能力水平逐渐提高，焦虑对学习成绩的

---

① 杨九民、梁林梅：《教学系统设计理论与实践》（第二版），北京大学出版社2014 年版，第 71 页。
② 杨九民、梁林梅：《教学系统设计理论与实践》（第二版），北京大学出版社2014 年版，第 71 页。

影响会日益失去其消极作用。①

因此，教师在课前准备时，在对学生的学习能力和知识水平已有一定了解的状况下，还应通过观察、谈话等方式了解学生是否处于焦虑水平及处于何种程度的焦虑水平。对于不同学生要有不同应对方式。对于成绩较好的学生，可以适当地给予他们一些压力，使其产生焦虑感；而对于学习能力较差的学生，也不能放任自流，不给他们压力，而是相对成绩好的学生，设置的要求和目标应低一些，这样学生会因为外界的压力而感到焦虑，但又不至于导致焦虑障碍。

五、学生潜在状态分析

学情分析除了对学生现实能力与状态的分析还要关注学生的发展潜能。潜在状态是指学生的潜能不断被激活，由潜在状态转变或现实状态的可能性，即学生的发展需求与可能，有待在学习活动中被发掘与激活。学生的潜能是不可估量的，教学的意义不仅在于巩固现有的能力和知识，还在于促进学生的整体提升。因此仅仅分析学生现在的认知结构和状态是远远不够的，还需要对学生在学习过程中可能出现的各种问题和状态进行预设。在对学生的潜在状态进行思考和分析，在教学准备和设计时教师就不止应将注意力集中在教学目标和知识技能上，而会更多地考虑发展学生的潜在能力，并为学生实现这些潜能创造条件。分析学生潜在状态包括对学生学习需求和发展可能的分析。

首先，是对学生的学习需要的分析。需要是由现实和理想之间的差距所引起的。学生的需求是指学生学习的目前状况与所期望达到的状况之间的差距。即学生的学习需要一般由差距引起。目前状况指的是学生在知识、技能、态度、学习动机等方面的不足，期望达到的状况就是学习需要。学习需要可以有不同的表现形式，如困惑、好奇、问题、期望、兴趣等，此外不同年龄阶段、不同认知水平的学生在学习过程中所

---

① 杨九民、梁林梅：《教学系统设计理论与实践》（第二版），北京大学出版社2014年版，第72页。

产生的学习需要是不同的。成绩中等的学生期望成绩达到优秀，而成绩靠后的学生可能只要求考试及格。因此，对不同的学生要具体学生具体分析。学生学习需要分析的主要目的是发现学生学习中存在的问题难题、问题产生的原因及学生的学习兴趣。例如，有些学生希望能够提高英语口语，提高口语就是学习需要，教师可以通过分析其学习需要，找出学生口语差的原因，可能是发音不标准、词汇不够或者是听力有待提高。分析完问题的产生缘由后，教师在教学过程中就可以对症下药，有的放矢。

其次，是学生发展可能性的分析。学生的发展是一个持续变化的过程，即教师根据学生的现实状态和学习需要，分析其发展方向及达到目标的可能性，通过教学活动创建合适的教学情境使学生在"走进"课堂后的状态与其"进入"课堂前的状态之间发生改变。每个学生身上都具备无限的可能性，但是这些潜能不会主动暴露，要不断挖掘和激发。教师不仅要相信学生潜能的存在，还要通过教学活动不断发现和开发他们身上的"增长点"，把他们身上存在着的多种潜力变成现实的能力和成长。关于教学和发展的关系，维果斯基曾提出"最近发展区"。教师在教学时，必须考虑儿童的两种发展水平，一种是儿童现有的发展水平；另一种是在他人尤其是成人指导的情况下可以达到的较高的解决问题的水平，这两者之间的差距就叫作最近发展区。[①] 最近发展区为学生的成长提供了可能性。那些对学生来说没有任何挑战性的任务是不会促进学生认知的发展的，只有当前的学习任务高于学生的现有能力时，学生的认知能力才能得到促进、发展。但是高于学生的现有能力的任务必须要处在最近发展区，若任务太难，超出一定范围，学生完成不了。当学生经过教师的引导，并且为之付出一定的努力，就可能从原来的"现实发展水平"提升到"可能发展水平"。"最近发展区"就是学生有待发现的潜能，是有待挖掘的能量，是有待开发的资源。因此，教师在

---

① 陈琦、刘德儒主编：《教育心理学》（第二版），高等教育出版社 2011 年版，第47 页。

对学生可能的发展状态进行认真分析之后，可以在教学活动中设计对学生具有挑战性的教学任务，给他们的思考和探索留下些弹性发展的空间，激发学生的学习兴趣并开发他们的潜力。

第三节　教学目标确定策略

教学目标是指教学活动实施的方向和预期达成的结果，是一切教学活动的出发点和归宿。在教学实践活动过程中，可以说，教师所有教的活动以及学生的学习活动，都是围绕教学目标来展开、进行的。因而，在教学过程中，明确教学目标是教师首先要面对的问题。

一、教学目标的内涵、类型与作用

教学目标是教师在教学准备时必须要考虑的因素，它是教学的出发点和归宿。教学是一种有目的、有计划的行为，首先体现在教学活动开始之前有一个预设的教学目标。

（一）教学目标的内涵

教学是人们用来培养下一代人的社会实践活动，它有着明确的目的性。换句话说，就是通过教学达到预设的目标。许多人将目的和目标混为一谈，其实目的和目标各有其意义。教学目标是预期的，是在具体情境下学生行为变化的结果，用"学生学会了什么"的说法来表示；而目的的涵义往往与教育者主观愿望等同，它通常是指某一社会或国家为实现教育目的，在教学领域给教师提出的一种概括性的、总体的要求，因此它是一种应然状态的理想，一种方向、指针，而且还隐含着有可能无法实现的意思，时间跨度也比较长。目标通常是策略性的，是可观察、可明确界说、可测量、可评价的，而且还有时间、情境等条件限制，它是目的的具体化。[①] 因此，教学目标是教学目的的具体化，教学

---

① 施良方、崔允漷主编：《教学理论：课堂教学的原理、策略与研究》，华东师范大学出版社 1999 年版，第 139 页。

目的是教学目标的应然状态。教学目标是"目前达不到的事物，是努力争取的、向之前进的、将要产生的事物"。①教学目标是对教学活动所预期达到的结果的一种主观预测。

教学目标有不同的层次，第一层次是国家课程标准中规定的总目标，如现如今新课程提出了"知识与技能、过程与方法、情感态度与价值观"的三维目标，这个三维目标就是第一层次的目标。第二层次就是某门学科的课程目标，如九年义务教育下的语文课程在总目标的指导下列出了十项课程目标。第三层次的教学目标就是操作化层面的目标，即课堂中的具体目标往往与具体的情景联系在一起。有了明确的教学目标，教师就可以以此为标准，在教学过程中有章可循，有行为实施的具体方向。

（二）教学目标的分类

教学目标在整个教学过程中起着总纲领的作用，因此，学者们对其进行了深入的研究。目前学术界一般将教学目标分成认知、动作技能和情感三个领域，较有代表性的是布鲁姆的目标分类。

1. 认知领域

认知领域是学校教育最为重视的领域，也是教学目标表述得最为普遍的形式。认知领域主要涉及的是知识和技能的学习。美国学者经过调查得出结论，中小学生在学校中，平均有80％—90％的时间是在完成认知目标。②布鲁姆将认知领域的教学目标从低到高分为六级，分别是知道、领会、运用、分析、综合、评价。

知道是认知领域里最低级的目标，主要是一个回忆过程，包括对先前学习过的材料、具体的事实、方法、结构等的记忆。知道又称知识，

---

① ［美］L. H. 克拉克等：《中学教学法》（上），赵宝恒等译，人民教育出版社1985年版，第163页。

② Jacobsen D., Eggen P., Kauchak D., *Methods for Teaching*, 4th, New York: Macmillan Publishing Company, 1993.

是对事实性信息的回忆，它所要求的心理过程主要是记忆，如能正确背出英语 26 个字母。

领会是最低水平的理解，又称理解或领悟，是对所学材料的意义的理解和把握。领会超越了知道，已经开始对所学的材料进行加工了。可借助解释、转换和推断三种方式来表达。解释指能用自己的话来对某一信息加以说明；转换是凭借自身对所学内容的理解，然后用自己的表达方式将信息表述出来，包括文字叙述、图式、操作之间的翻译等；推断则是根据已知信息推测未来可能发生的事情。如学生通过学习文中对概念的解释，区别了自然数和整数的特点。

应用指的是将所学知识使用于具体情境的能力，包括对概念、规则、方法、规律和理论的应用。它超越领会之处在于领会仅仅是对本身条件和结论的理解，而应用则需要情境构成问题，并且学生是在没有指明具体的解决方法下，运用所学知识来解决问题的能力，因而代表了较高层次的理解。如学生能够利用在数学课上所学的数学运算，到商店购物计算价格。

分析是一个结构的过程，即将一整体材料分解成它的组成因素，并理解其组织结构及各要素之间的联系。分析比应用代表了更高的能力水平，分为要素分析（如一篇文章由几个部分组成）、关系分析（如部分整体关系分析）和组织原则分析（如句子结构的分析）。

综合与分析过程相反，是一个重新组合的过程。是将各种要素组合成一个整体，或将零散的知识整理成一个知识体系。综合强调创造能力和组合能力。包括打破思维定势，想出新的解决问题的办法；能根据自己的思路整理以前的知识，对给定条件不完整的问题，能创设条件，设计一个解决问题的方法。如针对给定的内容，编写一段合理而有创造性的故事。

评价指对所学知识作出价值判断的过程。首先在综合的基础上形成对问题的看法或价值观，然后依据内在标准和外部标准作出评判。评价过程中基本设计了以上的能力，因而是认知领域中最高层次的学习水平。如分析一个试验后，能正确指出该实验的科学价值及有待改进的地方。

2. 情感领域

情感是人对客观事物的态度，表现为对事物的肯定或否定的态度，如喜欢、厌恶、排斥等。情感是人的一种内心活动，具有隐蔽性和不易察觉性，但是情感会影响学生对学习的态度、价值观、行为等，因此在教学活动中，情感因素不容忽视。情感领域的教学目标不易确定，它以潜移默化的方式渗透进教学活动的各个环节。情感领域的教学目标主要是发展学生的态度和价值观。态度是指个体对人、事物和周围世界所持有的一种持久性与一致性的倾向。态度的形成与文化传统、家庭环境和学校教育等因素有关。价值观的形成不同于态度的形成。较直观更具有综合性，它不是针对特定的事物和现象，而是涉及人的生活方式和生存的目的，价值观的形成是一个长期的过程，同时也受到社会、家庭的影响。学校、家庭和社会三方面的影响之间既存在一致性，也会有分歧或矛盾，这给教学目标的确定带来了一定的困难。[①] 目前，情感领域目标的分类以克拉斯伍的分类较为有代表性。

接受指当学生接触到新的事物或信息时表现为愿意接受的态度。当教师向学生传授新的知识或内容时，由于学生自身所拥有的经验，他们会产生某种观点和心向，这种心向促使或阻碍他们接受那些信息。接受是最低水平的价值内化。

反应在接受的基础上又进了一步，学生不仅接受了相关的信息，而且表现积极，愿意以某种方式对接受的信息做出行动。

评价又称价值内化，它意味着学生理解一种态度或价值观念，并认为它是有意义的，包括价值的接受、对某一价值的偏爱和信奉三个方面。

组织是指当学生遇到一系列的价值观念时，能够将它们组织成一个

---

① 李晓文、王莹：《教学策略》，高等教育出版社 2000 年版，第 20 页。

体系，并意识到价值和价值之间的相互关联，接受自己认为重要的价值，形成个人的价值体系。

个性化是情感领域的最高目标，意味着个体已经组织形成的价值体系变换成了自己的性格特征，学生的行为受内部价值体系的支配，价值体系已经成为学生的世界观、人生观等。

3. 动作技能领域

动作技能目标主要涉及骨骼和肌肉的运用、发展和协调。在三大教学目标领域，动作技能目标是最不受重视的，一般在体育课、实验课、表演课等科目中，这是主要的教学目标。虽然动作技能目标不如其他两类目标受重视，但是对于学生的全面发展而言，它还是不可缺少的。由于动作技能目标公布得较晚，目前还没有一个被广泛承认和认可的分类，其中辛普森（1972）等人的分类系统、哈罗（1972）的分类系统及基布勒（1981）等人提出的分类系统影响较大。动作技能领域的目标可分为如下六级：知觉、准备、反应、自动化、适应、综合运动能力。

（三）**教学目标的作用**

衡量教学是否合理有用，就是看其是否能对教学起到作用。教学目标引导着课堂教学的方向，如果教学目标设置的不合理，不能给教学活动带来积极的影响，反而影响使教学活动遭受挫折，这样的教学目标就是不合理的，未起到应有的作用。教学目标的作用主要是帮助教师指明教学的方向、激励学生朝着设定的目标前进及给教学评价设定一个标准。

1. 指导教师的教学

教学目标是教师进行教学活动的指南，对教师掌控和调整教学发挥着重要作用，因此对教学过程起着导向作用。根据教学目标，教师能够快速地厘清思路，在脑子中构建如何实现教学目标的教学设计。确立了教学目标之后，教师就能够从容不迫开始进行其他的教学活动，如选择组织教学内容、选取合适的教学策略及教学媒体。此外，教师通过教学目标来对教学活动进行反馈，找出教学过程中教师和学生所犯的错误，排除其他干扰因素的影响，使教学活动朝预设的目标有条不紊的进行。因此，具体明确的教学目标，能够有效地调控课堂教学活动，提高教学效率和效果。

2. 激励学生的学习

教学目标除了能够给教师的教学提供方向，还能激励学生的学习。对于学生来说，如果在学习的一开始就明确知道自己将通过这节课掌握的知识和技能，做到心中有数，将会激励自己将教学目标转换为内在的学习目标，产生强烈的参与感，将会更有学习的动力。因此，教学过程一旦开始，教师清楚完整的表述教学目标对教师的教和学生的学都有重要的激励作用。教师会朝着预订的教学目标精心组织教学，完成预设的任务；学生则能通过教学目标对新的教学内容产生期待，充分调动其学习的积极主动性，鼓励学生的学习。[1]

教学目标能否激励学生朝着教师希望的方向前进，还与其他因素有关，首先教学目标是否与学生的内部需求一致，如果教学目标刚好是学生喜欢的科目，那么提前知晓目标更能促进学习，如果是学生不喜欢的科目，就算提前告知，教学目标所起的激励作用也不会长久。其次是教学目标的难度要适中。我国一些优秀的教师从自己的教学经验中总结出，教学目标要难度适中，使学生"跳一跳，摘桃子"。[2] 难度适中的教学目标是学生只要努力就可以达到的，能够激发学生比较持久的学习动机。过难的目标会使学生望而却步，失去学习的信心；而太过容易达到的目标又会让学生觉得没有学下去的欲望，缺乏刺激。因此，教学目标的设定需在学生的"最近发展区"内。

3. 使教学评价标准化

教学评价是对学生达成教学目标的检验，而教学目标则是衡量教学效果的尺度。教学目标的评价作用对教学评价具有规范作用。教学目标

---

① 刘长华：《数学新课程教学设计》，辽宁师范大学出版社 2002 年版，第 27 页。

② 周军：《教学策略》，教育科学出版社 2003 年版，第 40 页。

一旦确定，就明确了教学的方向和目的地，这也就是说教学目标既是教学的出发点，也是教学的归宿。在教学效果的检测和评价中，教学目标的规范作用是显而易见的。教学检测就是以既定的教学目标为标准，用可靠的数据显示教学效果是否达到或在何种程度上达到了积极的教学目标。教学评价则是根据检测结果对教学过程进行全面分析研究，其中一项重要内容就是看教学目标是否发挥了应有的作用。[①] 因此，在具体的教学过程中，教师可以根据学生的学习进展来判断其是否达到了教学目标的要求。如果学生能够达到教学目标所界定的认知和技能要求，教师就能够判断学生已经达标，教学目标在一定程度上，使教学评价有据可循。

二、确定教学目标的原则

（一）注重教学目标的整体性

新课程强调的教学目标是"知识与技能、过程与方法以及情感态度与价值观"的三维教学目标，试图通过知识与能力、态度的结合，认知与情感的结合来实现课程三位一体的总体目标的价值追求，由以知识本位、学科本位转向了以学生为主体，致力于促进学生的发展，体现了对人的生命存在及其发展的整体关怀。三维目标在强调教学不仅是认知的同时，也强调教学最终还是要以认知为核心和基础。情感、态度教学目标比较隐蔽，很难单独进行培养，只能主要依靠在增加知识和技能为教学目标的教学中进行渗透和贯穿，而且情感目标的实现须靠一定阶段的教学积累，难以精确地分解到具体的每节课中。以思想政治课为例，思想政治教学中的情感、态度的培养和社会实践技能的教学目标，主要通过教师思想上的重视及认知教学中的渗透来体现，不大可能或也无必要每个细节都规定具体的目标。

胡塞尔认为，"生活世界与科学世界总是相互作用、相互渗透、历

---

① 周军：《教学策略》，教育科学出版社2003年版，第41页。

史地统一的"。① 学生生活的现实世界总是会对学生情感、态度、认知产生影响，因此，要实现教学目标的整体性，学科的内容与结构需突破狭隘的科学世界的框束，"立足于学生现实的生活经验，着眼于学生的发展需求，把理论观点的阐述寓于社会生活的主题之中，构建学科知识与生活现象、理论逻辑与生活逻辑有机结合的课程模块；在开设必修课程的同时，提供具有拓展性与应用性的选修课程"。② 教师在确定教学目标时，不仅要从认知、态度和情感的角度考虑，还要从过程和实施方法层面思考。因此，在选择教学目标时，要注意教学目标的整体性。

（二）教学目标要具体

教学目标是教师进行教学活动的指南，也是学生学习的方向。因此教学目标要想起到对教师的指南作用和对学生的促进作用，在确定和陈述教学目标时一定要具体明确。具体主要指知识方面的教学目标，指教学目标的确定不仅要包括教学目标中的知识与技能、解决问题、情感与态度，还应该考虑到教学目标要"达到的目标"，这样才能把确定好的教学目标践行到每一节课的教学目标中。教学目标的具体性原则主要是涉及到对象的针对性和用词的准确性。教学目标能够依据不同的标准分成很多种类，所以教师在教学准备过程中，要针对具体的对象去制定。并且对一节新授课的教学目标而言，体现的是对本节课知识点的要求掌握情况，常会用"说出、了解、理解、分析、体会、运用、掌握"等词语来表述，这样能明确指出具体的每一个知识的教学目标。

此外，教学目标的具体性指"要用学生的学习结果来表述，不要用教师或学生的行为过程来表述"。③ 例如，广州市一位小学数学教师教

---

① 张华：《论道德教育向生活世界的回归》，《华东师范大学学报（教育科学版）》1998 年第 1 期。

② 教育部：《普通高中思想政治课程标准（实验）》，人民教育出版社 2004 年版，第 10 页。

③ 周军：《教学策略》，教育科学出版社 2003 年版，第 44 页。

《分数的初步认识》时拟定了如下教学目标:①

1. 认识分数的产生,认识几分之一和几分之几;认识分数各部分的名称,掌握分数的读法和写法。

2. 能用分数表示图形里的阴影部分,也能在图中画出阴影部分表示分数;并能说出几个几分之一就是几分之几和几分之几包含几个几分之几。

3. 养成用尺画分数线的习惯,培养学习数学的兴趣、自觉性和克服困难的意志。

该教师确定的教学目标既有认知目标,也有技能目标,还有情感、态度方面的要求,既具体又全面。此外,在教学目标的表述上,使用认识、掌握、说出、养成、培养等这些反映学生学习成果的词语,对教师和学生来说都十分容易理解,便于操作。

(三)教学目标要有弹性

学生是既有差异又有共同点的群体,教师在确定教学目标时,要认识到学生的差异,设计具有弹性的教学目标。因此教师需要根据不同层次的学生编制不同水平的教学目标,满足不同学生学习的需求。现在的授课形式基本以班级授课制为主,班上学生的学习基础、认知动机、个性特征及学习能力等方面都存在差异,因此,教师企图设计出符合所有学生学习实际及学习需求的教学目标是不大现实的。教学目标的制定首先是要符合大多数学生的学习需求,但同时也要兼顾学生间的个体差异,从学生实际情况出发,根据大多数学生的"最近发展区"设计教学目标的梯度,但是在保证绝大多数学生达到基本要求的同时,对于个别特优生及后进生也应有所考虑,可以采用适度提高或降低目标梯度的办法,使教学目标具有一定的弹性,既要让理解能力好的学生感到学习的挑战性,也要让成绩稍弱的学生体会到学习的成就感,这体现了有效教学促进全体学生发展的思想。教师还要注意不能以课程内容代替教学

---

① 周军:《教学策略》,教育科学出版社2003年版,第45页。

目标。课程内容标准是课程目标的具体化，但它不是详细的教学目标。教学目标是以课程目标和课程内容标准为依据，结合教学内容学生和学校实际以及教师的个人风格进行设计的，是具有灵活性和独创性的。[①]

三、教学目标的编写策略

教师在编写教学目标时，应该考虑三方面的问题：首先，以学生的学习需求为出发点；其次，教学目标的编写要符合课程标准的理念；第三，还要进行需求评估，这里的需求评估指的是确定教学目标时要考虑本学校、本地区的特殊要求。要清晰而明确地表述教学目标，教师在编写中就要注意一些问题以及在编写过程中采用合适的表述方法。

（一）**编写中要注意的问题**

1. 兼顾长期和短期目标

教学目标本身是有层次性的，可以分为长期目标、中期目标及近期目标。教师在编写教学目标的时候，应以三维目标为总纲领，然后结合具体的学科的课程目标，紧紧围绕学年、学期总目标和单元教学目标，科学合理地设计每节课的教学目标。然而实际教学中，很多教师只将目光锁定在一节课或一个单元的目标。当只考虑到短期教学目标时，从一方面来看，虽然能够将教学目标设计得更具体和精细，但是由于将某节课或某个知识点的教学目标与整体的教学目标脱离，可能会造成教学目标偏离轨道或者重复教学的状况。因此，在编写教学目标时，教师需有整体性思维，兼顾长远和短期教学目标。

2. 教学目标编写要贴合学生实际

教学目标的设计要充分体现新课改的要求，即坚持以学生发展为中心，依据教学内容和学生的实际情况设计和编写教学目标。教学目标是学生学习的终点，因此在设计目标时必须考虑学生的起点水平，使起点

---

① 饶可扬、王延玲：《新课程教学设计——生物》，辽宁师范大学出版社 2002 年版，第 32 页。

到目标之间的跨度适当，学生经过努力可以到达终点。[1] 教学目标的编写不仅要重视学生对知识的理解和掌握，还要重视培养学生的运用能力、创新思维能力、解决问题能力，对于目标难度较大的，应将教学目标进一步分解、分散学习并适当延长课时，以保证学生的学习有效，真正践行新课改的"体现学生的主体性"的理念。以学生为主体就是在编写教学目标时不要将课程标准或者大纲要求奉为圭臬。在实际编写过程中，不同学生群体或者个体之间都存在差异。课程标准只是描述了一般性的情况，学生的实际知识水平起点或者心理准备状态都存在特殊性，因此，编写教学目标时一定要注意紧紧结合学生的实际情况。只有适合的教学目标，没有决定标准的教学目标。

3. 教学目标设定要"留白"

在教学目标的设定上要预留生成空间，保持预设的弹性，要给学生留足自主学习、自由思考的空间。充分考虑生成性目标产生的可能性，随着教学过程的展开和活动情境的需要，不断地创设新的学习目标，通过对预设目标的调整，使课堂教学目标不断地得以发展、生成、完善。[2] 学生是有思想、会发展的独立主体，就算在一节课45分钟内，他们的接受能力和心理状态也在不断的发展。教师在教学准备过程中，无法预想学生的发展状况。如果教师事先已经预设好整堂课或者整个教学单元的教学目标，并且严格按照设定好的目标执行，那么这样的课堂是没有活力的。在实际教学中，教师需要提前对教学进行规划，包括设定教学目标，但是教学目标的设定不需要也不应该事无巨细，统统都设定完备，要为学生的智慧和课堂的生成性留有一定空间。

（二）**编写方法**

编写教学目标的目的是使教师更好地把握教学目标，使学生更好地

---

① 王延玲、吕宪军：《论教学目标设计理论与实践的应用研究》，《东北师大学报（哲学社会科学版）》2004年第1期。

② 杨爱国：《高中语文"少教多学"课堂教学设计策略》，《中学语文》2014年第12期。

理解教学目标，使教学目标能发挥出其应有的功用。编写教学目标有多种方法，教师可根据教学实际选择最适合的方法或者综合使用几种方法。目前国内外较流行的陈述方法有以下几种①：

行为目标陈述法：行为目标是指用可观察和可测量的行为陈述的目标。一般由四个要素组成：陈述的主体（对象）——学生；行为产生的条件；行为，即学生在学习之后能做什么；标准，即规定评定上述行为是否合格的标准。例如"学生（主体）能用文字（条件）表示出两种制取氧气的化学反应方程式（行为），准确率应达到百分之百（标准）"。通常简写为"用文字表示出两种制取氧气的化学反应方程式。"

内部与外显行为相结合的目标陈述法：该方法是指将内部心理过程与外显行为结合起来陈述目标的方法。分两步来陈述，先用描述内部过程的术语来表述一般性学习目标，以反映理解、运用、分析、创造、欣赏、尊重等内在的心理变化，然后列举反映这些内在变化的例子以表述具体性目标，使内在心理变化可以观察和测量，一般用于陈述那些难以行为化的情感、能力方面的目标。例如，初中生物中的情感目标"欣赏花的美丽"可陈述如下：一般性目标：欣赏花的美丽；具体性目标：学生能够以愉快的心情认真地观看花的图片、录像、实物；认真观察和解剖花；团结协作。

表现性目标陈述法：该方法是指明确规定学习者应参加的活动及情境，陈述目标时只描述学习者在活动中应表现出来的行为和态度，但不提出可测量的学习结果。主要用于陈述长期才能实现的情感、能力方面的目标或无须结果化的目标，是对以上两种方法的补充。例如，实验课中"培养学生的科学态度"可以这样来陈述：学生在实验时能够认真观察和操作，遵循科学方法，能根据自己观察的情况如实画图或解释、说明现象。

---

① 皮连生主编：《教学设计：心理学的理论与技术》，高等教育出版社 2001 年版，第 59 – 61 页。

事实上，教学目标的确定过程并不仅仅局限于单向的目标设计本身，整个教学目标的实施和反思都应该涵盖在教学目标的确定过程中，确定教学目标的过程应该从"单向"到"螺旋发展"。教学目标的整体设计和确定过程并不是一个单向的设计程序，而是一个螺旋变化的过程，既包括教学目标的设计，同时也包括教学目标的实施和反思，而教师在确定教学目标时需要认真研读课程标准、教学目标、教学内容和了解学生。

第四节　教学过程设计策略

在对教材、学习者及教学目标分析完毕后，教师就开始着手设计教学过程了。过程设计是教学准备的重要组成部分，过程设计是否科学合理直接影响教学目标能否达成。教学过程是为实现教学目标，对各个教学活动的组织和安排，通常用流程图的形式来反映分析和设计的过程。下图呈现了教学过程设计的内在逻辑结构。首先是教师对课堂教学内容的导入，导入方式可以选择生动活泼、符合学生兴趣的方式。在导入过程中，教师对学生提供的信息要有所回应，剔除无效信息，选择最贴近教学内容的信息，此时，原始教学资源就生成了。教师还必须有资源生成意识，在课堂中，学生的语言、行为、情绪等都可以成为新的资源。互动深化就是对所有课堂教学资源的解构重组。教师组织师生、生生之间进行讨论、评价，在互动过程中，师生不断接近教学目标直至基本达成，并形成新的问题。

一、教学过程设计的原则

（一）遵循学生认知发展规律原则

学生的认知规律和特点，取决他们的年龄和心理特征。在皮亚杰的

---

① 于世华、谢树平：《动态生成的教学过程设计》，《天津师范大学学报（基础教育版）》2004 年第 4 期。

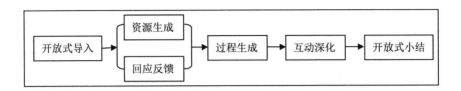

图 2.11 教学过程分析内在结构①

认知发展四阶段理论中，学生基本处于后两个时期，即具体运算阶段和形式运算阶段。年龄小的学生，在身体和心理发展还处于十分不完全阶段，缺乏知识、经历和经验，认知能力和感知能力都比较差，在学习中，对教师和家长都有较大的依赖性，以具体形象思维为主。随着年龄的增长，学生的经历、知识等都有所增加，自主学习能力、自控能力及感知能力都会不断发展，思维方式也由形象思维过渡到抽象思维。

根据学生认知发展的特点，教师在设计教学过程时，要由易到难，从具体到抽象。从教学活动的认知要求出发，知识类活动最简单，表现为细节的识别、转述，而理解领会类活动要难于知识类活动。理解表现为"转化"、"解释"和"推断"。分析类活动的难度要高于前两类，要求学生对所学材料内部各部分之间及材料之间的关系理解清楚，具体表现为识别未加说明的假说的能力，区分结论与证据的能力，领会一个段落中各种观点之间关系的能力，识别句子之间关系的能力，识别论断支撑细节的能力。① 不同学生对认知的需求不同，不同学生能达到的水平和程度也有所差异，这都是由学生的认知发展所决定。因此，在设计教学过程时，要遵循学生的认知发展规律与认知需求。

（二）支架原则

"支架"一词是从英文"Scaffold"翻译过来的，也译为"脚手

---

① ［美］B. S. 布鲁姆：《教育目标分类学：认知领域》（第一册），罗黎辉、丁证霖、石伟平、顾建明译，华东师范大学出版社 1986 年版，第 87－91 页。

架"，本来是建筑行业的一个术语，具体指工人们在建筑楼房时搭起的暂时性支持的平台、柱子等，这种支持会随着楼房的完工而被撤掉。支架原则的理论基础是建构主义、最近发展区理论。支架是一个过程，即在必要时，由教师或更有能力的同伴在最近发展区帮助学习者；不必要时，这种帮助便逐渐减少，正如建盖楼房时支架被逐一搭建和逐一拆除一样。[①] 因此，在教学过程设计中，也可以借鉴支架原则。在设计安排教学活动时要求前后教学活动相关联，前面的活动为后面的活动做铺垫，即前面的活动为后续活动的展开提供脚手架、支架，后一活动的展开需要在前一教学内容的可延伸范围之内，即可由前一教学活动发展辐射而达到。

活动所提供的支架可以是图示方面的，可以是技能方面的，也可以是策略方面的，这要视具体活动而定。[②] 以提供技能支架为例，如果所要教学的内容是有关网络的介绍，并且要求学生在课程结束后，设计一份问卷以了解中小学生的上网情况。这时，教师就要分析了解清楚学生是否知道如何设计问卷，如果学生不知道，就要在教学的某个环节中教授学生制作问卷的有关知识，最好可以给学生展示样卷。具体步骤如下：

第一步：学生阅读课文，了解现在的中小学生上网一般都做什么；

第二步：布置任务，要求学生设计一份有关中小学生上网调查的问卷；

第三步：向学生呈现样卷及制作的相关知识，组织学生讨论分析；

第四步：小组分工，根据分析讨论的结果，大概完成一份简单的问卷。

（三）**协作原则**

传统教学观以教师、课本、教材为中心，将知识视为定论，将学习过程看作是由外部灌输的过程。这种教学方法的优势是树立教师权威，便于系统地传授知识；但是在整个教学过程中，学生的主动性被扼杀了，课堂成了教师一个人的舞台。而新型的教学关系是一种开放式的关

---

① 张维民、武和平：《英语阅读课中的支架教学》，《基础英语教育》2013 年第 2 期。

② 王笃勤：《论英语教学设计中的过程设计》，《课程·教材·教法》2010 年第 10 期。

系。教师不是绝对的权威者，师生间是一种互相协作的关系。通过讨论、探究、反思、操作、表演、辩论、练习等活动，师生的思想观念不断地交流，学生在交流中不断地自我建构。师生之间只存在善意的论战关系，而没有屈从依赖关系。①

在教学过程中，教师并不是完全放弃了主导地位，只是教师的主导作用应体现为引导学习者自行获取知识和培养能力，而不是灌输知识；学习者的主体应体现在能充分发挥学习中的学习积极性，让他们有更多的参与机会，真正做到动脑、动口动手，使他们不仅学会，更重要的是会学。② 会学意味着学生要从被动学习者转变为主动学习者，这一转变就是意味着师生关系也要进行转变。雅斯贝尔斯主张教育是人与人之间精神的契合活动，"人与人的交往时双方（我与你）的对话和敞亮，这种我与你的关系是人类历史文化的核心"。③ 他主张师生之间"我你"的关系，提倡对话式教育。在教学过程的设计中，这种"我你"关系体现的就是协作原则。

二、教学过程设计的策略

（一）教学过程设计的环节

教学过程尽管具有不确定性，但是师生互动在时间上并非永无休止，在空间上也不是无边无际的。从空间上看，应该围绕预设的教学目标；从师生互动的客观存在来看，必须有互动的载体即活动；从时间上看，师生互动的教学目标何时动态生成，何时达到学生自主发展的目标，需要教师及时发现问题，及时矫正。在什么时候需要引导学生对知

---

① ［德］雅斯贝尔斯：《什么是教育》，邹进译，生活·读书·新知三联书店1991年版，第8页。
② 徐英俊：《教学设计》，教育科学出版社2001年版，第169页。
③ ［德］雅斯贝尔斯：《什么是教育》，邹进译，生活·读书·新知三联书店1991年版，第8页。

识进行扩展，加以系统化等。① 教学过程的基本环节、教学过程的内在逻辑结构都是动态的，因此教学过程设计只能形成一个"弹性化"方案。设计教学过程并非要求教师事无巨细，对教学过程中的每一个环节和可能出现的状况都提前计算好，"弹性化"教学过程设计得可以留下太多的不确定性、可变换的弹性目标、空间和时间。但是一些基本的环节还是需要教师考虑的。

1. 目标分析

分析教学目标，并确定教学过程中的相关活动及各活动的目标。教学目标是整个教学过程的风向标。只有当教学目标始终对教学过程起导向作用，教学系统的效率是最高的。在教学过程中，允许目标留白、弹性目标等，但大的教学目标是不应该被遗忘和改变的。

2. 要素分析

即分析教学过程中的基本要素和相关组成部分。基本的要素为学习者、学习活动、学习资源和认知工具、遵照一定原则形成的学习小组等。该环节就是确定学习者的准备状态及各项活动中要提供的认知工具。

3. 内容分析

即分析即将要呈现的教学材料。内容一般指教学大纲中规定的教学内容，它是学生学习的主要材料，也是教学设计过程的核心内容。对教学内容进行分析有助于教师掌握教学过程的总体节奏。

4. 策略分析

策略分析就是分析教学过程中各个活动的教学策略。当然这些教学策略不是截然分开的，有交叉现象。无论是教学过程中资源生成，还是在教学过程推进程序中，抑或是教师对信息的重组，对教学过程的深化，都要依赖教师教学机智和经验。这种教学基本功的形成既需要教师了解一些策略知识，而多则是需要在教学实践中磨炼锻造出来。

---

① 于世华、谢树平：《动态生成的教学过程设计》，《天津师范大学学报（基础教育版）》2004 年第 4 期，第 36 - 39 页。

5. 评价和修正

这个环节是教学过程设计的最后一环，即检查各步过程设计得是否合理，能否是否达到预期效果。教师可以将教学过程设计的方案拿给其他教师看，共同讨论，并进行优化修改，需要注意的一点是，评价和修正在上述几个环节中循环反复执行，贯穿了整个设计过程。

这五个基本环节反映的是一个完整过程，是教学过程设计的具体概括。基本环节设计重在由何处开始，该如何推进，如何收尾等全套计划。不是基本环节如何一步步地展开，而是更多地体现在对教学内容的选择与组织上。教学过程的展开在实际情况中并非线性展开，各个环节可以跳跃交错。

教学过程设计实质是由教师内在的策略与外在的材料（包括练习等）组成的，教师内在的策略就是能巧妙地将师生活动紧密围绕材料而产生互动。① 因此教学过程设计的最终结果是富有弹性的教学方案。教师在准备教学的过程中，如果对教学过程提前演示一遍，就能对自己设计的教学方案、目标、过程烂熟于心。在实际教学中，教师就能掌控全局，并且对教学中出现的突发问题和生成性教学资源都能应付自如。

（二）**教学过程流程图的设计**②

教学过程设计通常采用流程图来表示，把复杂的教学过程分解为相对简单的几个环节，能够清楚明了地呈现教学过程中各要素的关系。具体说来采用流程图方式表示课堂教学流程具有以下优点：可以直观地显示整个课堂活动中各要素之间的关系、比重；教师可以依据学习者不同的反应情况做出相应的教学处理，灵活性大，目的性强；教学过程流程图是浓缩了的教学过程，层次清楚、简明扼要、一目了然。

课堂流程图常见的形式有示范型、逻辑归纳型、逻辑演绎型、探究

① 于世华、谢树平：《动态生成的教学过程设计》，《天津师范大学学报（基础教育版）》2004 年第 4 期。

② 徐英俊：《教学设计》，教育科学出版社 2001 年版，第 169 页。

发现型、练习型、控制型六类。实际教学过程通常比较复杂，需综合使用几种形式。

1. 示范型

适用于技能学习，如语言失范模仿教学（如外语语音、语文朗读等）、动作示范模仿教学（如表演）、书写示范模仿教学（如书法、汉字结构）、操作示范模仿教学（如实验操作），如图2.12。

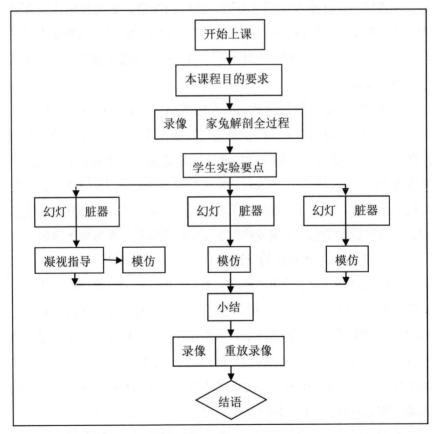

图 2.12 《家兔解剖》实验课教学过程流程图

2. 逻辑归纳型

这种类型适用于事实、概念的教学，用于显示特征、建立概念，其课堂教学过程如图2.13。

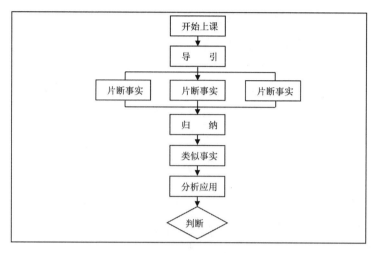

图 2.13　逻辑归纳型教学过程流程图

3．逻辑演绎型

这种类型的教学主要是适用于教师借助典型的事实，进行分析、推理、演绎，使学生知识迁移，如由旧的结论推出新的结论，其课堂教学结构如图2.14。

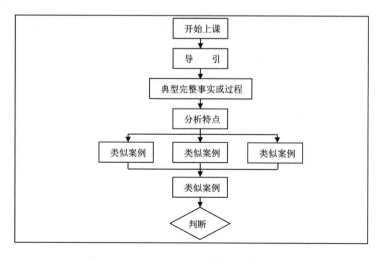

图 2.14　逻辑演绎型教学过程流程图

4. 探究发现型

它主要适用于组织学生观察、思考，探究原因、寻找规律等教学，如表现某一现象与事件，其教学结构如图 2.15。

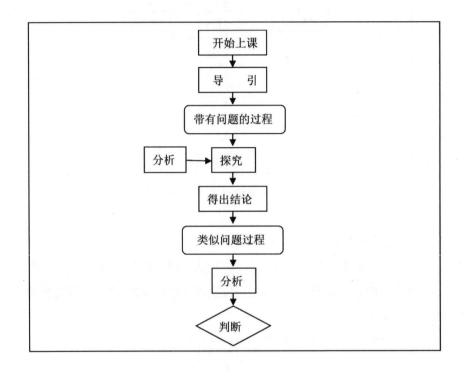

图 2.15 探究发现型教学过程流程图

5. 练习型

在练习型的课堂教学中，运用媒体为学生提供诸如物体的形态、物体的变化及发展过程等作为观察对象，学生通过观察，运用语言、文字符号以及形态动作来描述被观察对象。

6. 控制型

控制型课堂教学（亦称微格教学）用于培养或训练学生操作实验

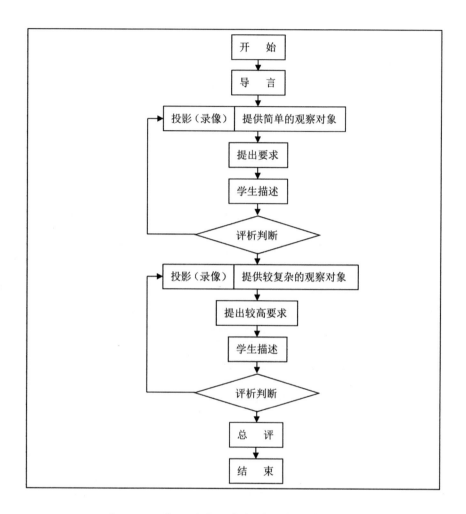

图 2.16 练习型的课堂教学结构示意图

及艺术、体育方面的技能。通过摄像录制，真是再现学生实践过程，通过评析，使学生正确认识自己，不断提高技能水平。

综上，教学过程设计有多种形式，每一种形式各有优点与不足。实际教学中，教师可按照具体教学要求，选择一种或者综合几种形式对教学过程进行设计，以使教学成效取得最优效果。

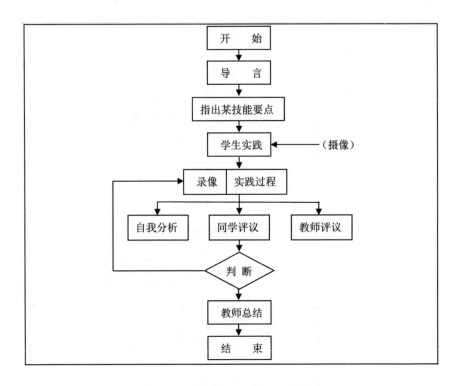

图 2.17　控制型课堂教学过程流程图

第三章 有效教学的实施策略（上）

在教学的过程中，教师应如何做才能真正引导学生学会学习，让学生把学习当成一种习惯与乐趣，使学生在教学的过程中能积极参与，使课堂教学能真正成为师生共同发展、互动交流的活动，让学生在教学活动之中学有所得，使课堂教学变得更加有效乃至高效。这就涉及到教学的策略问题。教学过程中，教师应从教的角度采用恰当的策略，不断唤起学生的学习热情，使学生的学习活动变得丰富多彩而又富有成效。

第一节　教材内容呈现策略

现代教育理论不仅关注教师教的方式和学生学的方式，而且关注教学内容的呈现方式。事实上，在教学过程中，教学内容呈现方式的转变是实现其他方式转变的关键。之所以做如此断言，是因为教学内容呈现方式的转变必将带来教师教的方式的转变，而教师教的方式的转变则会引起学生学的方式的转变。因此，如何合理地呈现教学内容是提高课堂教学有效性不能不面对的一个问题。

一、教学内容呈现方式的理论依据

（一）教学内容的呈现须符合学生的身心发展水平

知识具有承上启下的衔接性，学生在学习新知识时往往会调动其认知结构中的已有经验，找到与新知识具有联系的已有经验或契合点。因此，为了更好地促进学生掌握新知识，教学内容的呈现必须贴近学生已有的经验结构和认知发展水平，立足于学生已有的经验结构和认知水平，内容既不能太难，亦不能太易。太难，学生觉得难以掌握，就会缺乏学习的动机和兴趣；太易，学生则会觉得缺乏挑战性，也难以激发其学习兴趣。教学内容的难度应贴近学生的"最近发展区"，使其能够跳一跳够得着，这样有利于激发学生的学习动机，避免畏难情绪。同时，教学内容的呈现还应符合学生的思维发展规律。在小学阶段尤其是中低阶段，学生以形象思维为主，这时教学内容的呈现方式应以生动形象为主，不易太抽象；否则，不利于学生理解和掌握。到了小学高年级和中学阶段，学生的思维开始慢慢步入抽象逻辑思维，此时教学内容的呈现方式可根据知识的性质和教学内容的结构，采用多种方式来加以呈现。

（二）教学内容的呈现应符合教材内容的结构

教材内容可以以垂直、水平以及螺旋式的方式来加以组织。由于教材内容组织方式的不同，教材可呈现出分离、线性、层次、螺旋及格状等多种不同的内容结构。教材内容结构的多样性可详见表 3.1。

表 3.1 教材的内容结构

名称	含义	示意图
分离结构	教材的所有内容彼此分散、不相关，教材的前后次序并不严格。	A B C D
线性结构	教材前后相关，前面的能力是后面能力的先决条件，内容呈现线性的结构。	A→B→C→D
层次结构	1. 根据加涅的学习层次说来安排教材顺序，使学习内容呈现有层次的阶梯结构。在这里学习任务 A 的完成，可分解成一系列的从属任务 B、C、D、E、F、G，所有任务分层次排列，低水平任务必须在较高水平任务掌握前完成。 2. 从奥苏伯尔的学科分层概念和命题结构说及认知结构组织假设出发，使学习内容的组织方式类似于人们在认知结构中的组织知识方式，课程组织要遵循不断分化和综合贯通的原则。A 概念或原理比 B 和 C 更有包容性，D 与 E 则比 B 更详细、特殊，F 与 G 也比 C 更详细和特殊。A 的学习顺序前于 B 与 C，B 前于 D 与 E，C 前于 F 和 G。	
螺旋结构	教材的组织强调基本原理或概念的学习，并以小圆周的螺旋方式，重复同一概念。	

分离结构：教材中各个部分的内容之间彼此没有关联，处于一种并列平等的关系。

线性结构：该教材中的较多内容都是前后相关，且前面的知识掌握是后面知识掌握的先决条件，呈现出了线性的结构。换而言之，就是前面问题的学习有助于后面内容的理解和掌握。

层次结构：由上表可知，教材内容呈现层次结构的依据有两种。一是加涅的学习层次说，低水平任务必须在较高水平任务掌握前完成。二是奥苏伯尔的学科分层次概念和命题结构说以及认知结构组织假设，包容性大的概念或原理要先于包容性小的概念或原理。

螺旋结构：对于螺旋结构，可以从两个方面来加以理解。其一，是指教材中知识的组织及呈现应与不同年龄段的学生的接受能力相匹配。布鲁纳认为，儿童的心理发展经历着动作式表征、映象式表征和符号式表征三个阶段。与此相应，教材中知识的组织与安排也应分成动作、映象与符号三种水平。同一原理在不同年龄阶段的教材中，应随着学生年级的升高在抽象程度更高的层次上反复出现，从而呈现出一种螺旋式上升的趋势。其二，是指对于某一知识内容的学习可以从不同的角度来进行。我们知道，在学习过程中对于概念或原理意义的建构可以从不同角度入手，这样可以获得对概念或原理意义的多重理解。在运用已有知识解决实际问题时，还存在着概念的复杂性和实例间的差异性的问题，任何对事物的简单理解，都可能忽略从另外角度看来可能非常重要的方面。正是这样，建构理论提出了"随机通达教学"，即对同一内容的学习要在不同的时间多次进行，每次的情境都是经过改组的，而且分别着眼于问题的不同侧面。这种反复绝非为巩固知识技能而进行的简单重复，由于在各次学习的情境方面会有互不重合的方面，这将会使学习者对概念知识不断获得新的理解，并与具体情境联系起来，形成背景性经验，有利于学习者针对具体情境建构问题解决的图式。本书中的很多概念和原理的学习都是采用这种方式，因而内容结构上表现出不断提升的螺旋的结构。[1]

----

① 唐斌：《教材内容如何呈现给学生？——美术教材结构个案分析（上）》，《首都师范大学学报（社会科学版）》2004 年第 5 期；唐斌：《教材内容如何呈现给学生？——美术教材结构个案分析（下）》，《首都师范大学学报（社会科学版）》2004 年第 6 期。

但不论教材的内容结构如何，在呈现教学内容时，必须对教材的内容结构加以剖析，进行采取与教材的内容结构相符的呈现方式，以更好地促进学生的理解与掌握。

二、教材内容呈现的具体策略

（一）教学内容的经验化策略

该种策略又可称之为"先行组织者"策略。先行组织者是美国的教育心理学家奥苏伯尔在 20 世纪 60 年代提出的一个概念。奥苏伯尔认为，学生的学习是基于学生大脑中已有的认知结构与未知的事物相互作用而习得概念。要建立这种相互作用，可以借助"先行组织者"。奥苏伯尔提出的先行组织者，是指在将要学习的新材料之前，给学生以一种引导性的材料，它要比新的学习材料更加抽象、概括和具综合性，并且能清晰地反映认知结构中原有的观念和新的学习任务的联系。分析奥苏伯尔所下的定义，可见先行组织者包括了三个要素：呈现于新教材之前的引导性材料；具有比新学习材料更抽象、概括和具综合性的概念；联系认知结构与将要学习的新知识。先行组织者具有五个方面的特征：第一，在学习新的内容本身之前引入的；第二，由认知结构中已有的、具有普遍意义的背景观念有关的材料构成的；第三，利用这些背景观念的术语所构成的；第四，以适当的抽象、概括和包摄性水平呈现的；第五，清楚地表明了自己和上述背景观念同新学习材料的关系（这种关系应该是学习者能够察觉的）。[1]　先行组织者可以分为两类：一类是说明性组织者，与新学习的内容产生上位关系；另一类是比较性组织者，用于新观念与认知结构中类似概念的整合和辨别。

教师在呈现教学内容时，要根据学生已有的知识经验和学习水平，通过复习、提示、铺垫、引申等方式，激活与学习新知识有关的旧知识，从学生已有的知识经验中找出与学习新知识具有密切关系的"联络

---

[1]　转引自王立忠：《先行组织者及其在我国基础教育英语教科书中的运用》，《湖南师范大学教育科学学报》2010 年第 2 期。

点"，以便打通新旧知识之间的障碍，架起新旧知识之间的"桥梁"。例如，学习有关"求圆柱体的体积"时，教师可以采取以下先行组织者策略：1. 一个盛满水的圆柱形玻璃容器，能不能求出水的体积？2. 填满"橡皮泥"的圆柱形玻璃容器，能不能求出容器的体积？3. 木质的圆柱体怎么计算它的体积？学生对这几个问题兴致很高，纷纷根据已有的知识进行解决，学生会想到将1中圆柱形容器中的水倒进量筒里面直接读出体积，将2中的"橡皮泥"取出来，捏成一个长方体，分别测出长、宽、高，再计算体积，将3中的木质圆柱浸入水中，利用排出的水的体积来计算体积。学生的这三个回答很好，教师可以趁机将第三个问题扩大化：有什么方法测量教学楼大厅中圆柱的体积？面对这个难题，学生既不能通过改变形状来计算体积，又不能将其浸入水中计算体积，遇到了一定的障碍，此时学生会产生一种"寻找圆柱体积统一公式"的想法，企图找出体积与圆柱的边、面之间的关系。通过这样先行组织者的导入，能顺利地进入对圆柱体积公式的探索。①

（二）教学内容的生活化策略

教学内容的生活化，就是教师要充分注意教学内容与学生现实生活和现实社会的联系，根据不同阶段学生不同的知识背景和认知水平，用学生喜闻乐见的形式形象地呈现出来，使教学内容贴近学生生活、贴近社会实际，让学生熟悉的生活事实进入课堂，使学生对教学内容产生一种亲切感，这样有利于学生了解社会、接触社会，有利于激发学生的学习兴趣，有利于培养学生参与社会管理的主人翁意识和社会责任感。如学习《宗教》时，可以通过引导学生关注生活中的"求神拜佛"、"祭拜祖宗"、"星期天到基督教堂做礼拜"等相关民俗活动，学习宗教知识，辨析宗教与科学的关系以及宗教对人们生活的影响等内容。学习《估算》时，可以通过引导学生观察市场上买卖双方的估价与真实价的

---

① 王宏：《先行组织者教学策略在初中数学教学中的实践》，《数学教学通讯》2014年第34期。

偏差问题，让学生从中体会估算的基本规则及在现实生活中的意义。①
在具体的教学过程中，可采取以下几种方式：

1. 借助"生活情境"导入，引出教学问题

心理学的研究表明，当学习内容和学生熟悉的生活情境越贴近，学
生自觉接纳知识的程度就越高。所以，教师要善于挖掘教学内容与现实
生活的联系，让教学内容贴近生活；要尽量地去创设一些生活情境，从
中引出教学问题，并以此让学生感悟到教学问题之所在，引起学生的学
习动机和学习需求，从而使学生能积极主动地投入到学习过程之中。例
如，在教学"积的近似值"时，可以模拟到商店买商品的情境，由老
师充当营业员，学生当顾客。这样，用学生身边的事情，呈现教学内
容，增加了教学的趣味性和现实性，使学生不再感到学习的枯燥乏味，
也提高了教学效果。

2. 借助"生活经验"，思考教学问题

学生所学习的知识大多都来自于生活，与学生的生活有密切的联
系。在一定程度上，学生的生活经验是否丰富，将影响着其学习的效
果。因此教学时，教师要注重联系学生的生活实际，借助他们头脑中已
经积累的生活经验，帮助学生去学会思考教学问题，从而强化学生的学
习意识，培养学生的学习能力。例如，在学习数学方面的知识"简单条
形统计图"时，教师可设计两张条形统计图，问哪一张统计图是销售游
泳衣的？哪一张统计图是销售羊毛衫的？学生通过借助自己的生活经
验，游泳衣的销售高峰一般在夏天，羊毛衫的销售高峰一般在冬天，从
而可以迅速得出正确的结论。因此，教师在设计教学时，除了选择学生
感兴趣的事物、提出有关的教学问题外，还要为学生在生活中寻找解答
的根据，使学生能借助生活经验来思考教学问题。

3. 回归"生活实践"，解决教学问题

---

① 蔡明忠：《创新内容呈现方式　实施多样学习策略》，《中小学教师培训》2004
年第 5 期。

将学生学习到的知识应用于实践，做到理论联系实际，是教育的一大旨归。如《数学课程标准》中明确指出："教师应该充分利用学生已有的生活经验，引导学生把所学的数学知识应用到现实中去，以体会数学在现实生活中的应用价值。"因此，在学生学习的过程中，教师要注重引导学生学会将知识应用于实践，在实践中感知学习的价值与乐趣。学生将所学的知识应用到日常生活中去，往往又会从生活实践中弥补课本上学不到的知识，可以满足学生的求知欲，同时也让学生在生活实践中学会了解决学习问题。

（三）教学内容的问题化策略

问题能够激起学生的疑惑、促进其思考。教学内容的问题化就是将教材中以"定论"形式陈述的材料，转化为引导学生探究的"问题"形式，让学生变被动接受式为主动探究式学习。以"问题"的方式呈现教材内容，能唤起学生探究的热情，激发学生主动参与、勤于思考的内在需要。教学内容的问题化策略的关键是教师要从教材中提取出有价值的问题，激起学生的认知冲突，使学生产生强烈的追求事物本源的欲望。

例如《盐类水解》一节的教学，可以把盐类水解的概念这个知识点设计成以下三个问题呈现给学生：

1. 酸溶液为什么显酸性？碱溶液为什么显碱性？

2. 盐溶液是否一定显中性呢？

［学生做实验，测 $NaCl$、CH_3COONa、NH_4Cl 三种溶液的 PH 值，观察、思考。］

3. CH_3COONa 溶液为什么显碱性？

第三个问题涉及知识较多，有一定的难度，还可进一步分解成以下几个小问题：

1. CH_3COONa 溶液中存在几种离子？

2. 这些离子之间相互作用情况如何，能否结合生成弱电解质？

3. 在 CH_3COONa 溶液中，新的平衡建立后，溶液中 $[OH^-]$ 与 $[H^+]$ 之间有何关系？

4. CH_3COONa 溶液为什么显碱性？

5. 你能解释 NH_4Cl 显酸性的原因吗？

通过以上问题讨论盐类水解的过程、原因、结果和实质，引导学生步步深入地进行思考，从而收到较好的教学效果。[①]

（四）教学内容的可视化策略

教学内容的可视化策略是指教师利用实验、展示实物、标本、模型、图表等直观教具，或运用板书、板画、数字化媒体等教学手段，把学生经过独立思考和合作学习仍无法解决的较为复杂、抽象的内容简明化、具体化的过程。教学内容可视化处理的主要特征是加强教学的直观性，通过学生有目的、有计划的知觉活动，由现象到本质、由具体到抽象的思维活动，促进学生对知识的理解和掌握，激发学生学习化学的兴趣，培养学生的观察能力、思考能力和实践能力。[②] 在传统的课堂教学中，由于技术等方面的限制，教学内容常常以抽象的文字出现，知识点的呈现缺乏直观性，知识点之间的关系不够明确，学生难以把握内在关系复杂的整块知识。知识可视化成为改善教学内容呈现方式的有效手段。

教学内容可视化的过程可分为这样几个步骤：[③] 一是明确目的。阐明可视化的具体目的，即为什么要可视化，这是必须解决的动机问题。不能为了可视化而可视化，而是为了将知识真正地表达清晰，显现本质，使其易于被学生理解和掌握。二是分类知识。对知识进行合理的分

---

① 李兴武：《新课程背景下化学教学内容的加工和呈现策略》，《教育理论与实践》2009 年第 3 期。

② 李兴武：《新课程背景下化学教学内容的加工和呈现策略》，《教育理论与实践》2009 年第 3 期。

③ 邱杨、高荣国：《以知识可视化表征改善学习内容的呈现》，《江苏教育学院学报（自然科学版）》2007 年第 4 期。

类，划分知识的类型，为不同类型的知识提供特定的可视化形式。三是选取形式。不同的工具提供了不同的可视化形式，根据实际要求选取不同的工具，生成不同的形式。可视化的形式包括图表、图片、视频等。不同的可视化形式有不同的特点，可以根据实际需要有选择的使用，也可以将多种方式结合起来使用。四是选用工具。使用合适的可视化工具，生成所需的知识呈现方式。目前一些专门的可视化工具就是将知识以网络化、结构化形式呈现，如概念图工具等。图3.1 这个流程图或许有助于我们更好地选择可视化的呈现形式。

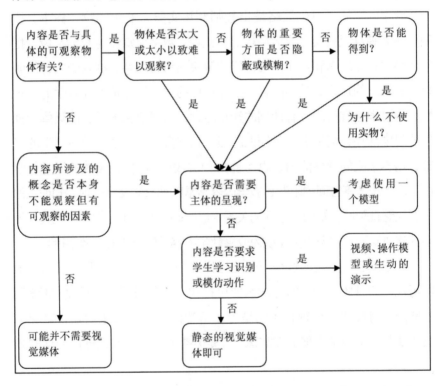

图 3.1　教学媒体选取流程图

（五）教学内容的活动化策略

教材上的教学内容是静态的，它只是为学生的学习提供了可能。由于篇幅的限制，一般教材不可能把所有的教学内容都讲得十分详尽。因而，学生看到的往往是思维的结果，而不是知识的形成过程和思维活动的过程。换句话而言，当教材还没有进入到教学过程时，它只是处于知识的储备状态，为知识的传递提供了可能。具体每部分知识该怎样教，学生该如何学，教材并没有很明确地告诉我们。只有当教师通过研读《课程纲要》，深入分析教材，同时充分了解学生的基础上，对教材进行了教学法的再加工以后，教材才能变成学生易于和乐于接受的信息。因此，作为一名教师，应该用好教材，用活教材，要根据优化课堂教学的需要对教材进行适当的加工处理。教师要善于根据教学要求，从学生的实际出发，按照学生的年龄特点、认知规律，把课本中的例题、讲解、结论等书面上的东西，转化为学生能够亲自参加的活生生的学习活动。尤其是一些较为抽象的教学内容，如概念、公式、法则、规律、结论等，如果能够让学生参与到概念的抽象过程、公式的推导过程、法则的归纳过程、规律的概括过程、结论的综合过程、思路的分析过程等，不但让学生知其然，更让学生知其所以然，学生学习起来必然不再那么枯燥、难懂。

例如，在教学"圆的周长"一课时，可以这样安排：

1. 学生利用手中的学具用滚动法、绳测法分别测量出大圆、中圆、小圆的周长。

当学生用"滚动"的方法测出圆的周长时，提问："圆形的水池能立起来滚动吗？"迫使学生不得不另辟蹊径，想出了"绳测"的方法。这时教师又一次设疑："将一白色小球系在绳子的一端，在空中旋转形成圆，这个圆的周长还能用绳子绕一圈进行测量吗？"使学生发现"滚动"、"绳测"的方法均有局限性。

2. 学生探索出计算圆的周长的普遍规律。

3. 圆的周长与什么有关系。

启发思考：正方形的周长与它的边长有什么关系？那么圆的周

长是否与圆内的某条线段有关？也存在着一定的倍数关系吗？

媒体演示：用三个不同长度的线段为直径，分别画出三个大小不同的圆，并把这三个圆同时滚动一周，得到三条线段的长分别就是这三个圆的周长。学生观察得出：圆的周长与直径有关。

4. 周长与直径有什么关系。

测量计算：总结出每个圆的周长是它的直径的 3 倍多一些。

讨论交流：得出所测量的圆片周长总是它的直径的 3 倍多一些。

然后，引导学生概括出周长与直径的关系，揭示圆周率的概念，进而总结出圆周长的计算公式。

这样的教学设计，学生不但学到了知识，还学会了探究知识的方法，使学生真实地经历了知识的建构过程。[①]

（六）教学内容的结构化策略

美国心理学家布鲁纳认为，人类记忆的首要问题不是储存而是检索，而检索的关键则在于如何组织信息，形成知识结构。许多学科的事实性知识内容较多、分布较广，学生在学习的过程中常常感到知识杂乱无章，不容易记忆。有时感觉记住了，但在解决问题时却束手无策。之所以如此，是因为学生未能将知识加以归纳、整理，形成一种结构化的知识体系，进而导致学生的提取困难。而教学内容的结构化策略则有助于解决这一问题。教学内容的结构化策略是指将教材内容按照一定的线索进行归类、整理，使零散、孤立的知识变为彼此间相互联系的整体，形成一个系统化、结构化的知识网络结构。[②] 例如，学习元素化合物的知识时，以同一元素形成的单质和化合物中该元素化合价的高低为线索，将不同类别的物质联系起来形成知识主线。在对教学内容进行结构

① 钱守旺：《小学数学教材呈现策略的研究与实践》，《湖北教育》2002 年第 9 期。

② 李兴武：《新课程背景下化学教学内容的加工和呈现策略》，《教育理论与实践》2009 年第 3 期。

化处理时，概念图是经常采用的方式。

概念图是康乃尔大学的诺瓦克博士（J. D. Novak）根据奥苏伯尔（David P. Ausubel）的有意义学习理论提出的一种教学技术。根据诺瓦克博士（J. D. Novak）的定义，概念图是用来组织和表征知识的工具。它通常将某一主题的有关概念置于圆圈或方框之中，然后用连线将相关的概念和命题连接，连线上标明两个概念之间的意义关系。概念图是使用节点代表概念、连线表示概念间关系，由包含一个概念的节点及连接组成。连接被贴上标签并用箭头符号指示方向，被贴上标签的连接解释节点之间的关系，箭头描绘关系的方向，"概念—连接词—概念"这样一个三元组形成了一个命题。需要注意的是，概念图是具有层次结构的，最高级的概念处在顶端。人们可以用适合的关联词来说明不同层次的概念之间的关系，并确定不同分支之间的横向联系。概念图最大的优点在于对知识的体系结构（概念及其概念之间的关系）一目了然地表达出来，还突出表现了知识体系的层次结构。概念图很像一张有很多节点的"网"，可以很方便地表征出知识点（概念、要素或实例）之间的关系，更重要的是在"织网"的过程中可以引发新的思考，出现新的节点，从而使这张"网"越来越复杂，这非常符合人们的发散思维方式。概念图已在实际教学中被广泛应用于复杂知识网络的呈现和发散性思维的训练。图3.2即是运用概念图的一个案例。[①]

由于每个人知识经验的不同，不同的人构建的知识结构图也会大不相同。但不论哪种结构图，毫无疑问，学生自己总结归纳形成的知识结构图更有利于其对知识的理解与掌握。因而，教师在教学中除了要向学生呈现结构化的知识内容外，也要引导学生在学习完相应的内容后，及时归纳整理，以更好地将教学内容内化进自己的知识结构。

---

① 邱杨、高荣国：《以知识可视化表征改善学习内容的呈现》，《江苏教育学院学报（自然科学版）》2007 年第 4 期。

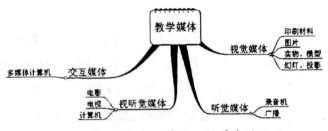

图 3.2　概念图在教学媒体教学中的运用

（七）教学内容的剧本化策略

在教学的过程中，有些内容可采取角色扮演的方式来进行。在角色扮演的过程中，学生不仅需要以逻辑思维的方式，整理自己的思想并通过自己的言行表达出来，而且还可以从其他同学的表演经验和见解中得到收获。因而，角色扮演不失为一种较好的教学内容呈现和学习方法。课堂教学中，教师可通过组织学生从课本中找"案例"，编排与表演课本剧的方式，让每一个学生根据自己的理解刻画人物事件，表达思想感情，让学生在活动中体验，在体验中学习。这不仅可以巩固课堂知识，还为学生展示潜能提供了较为广阔的发挥空间，从而容易调动学生的学习兴趣和热情。如学习"森林资源"时，针对漫画"小鸟的悲哀"，让三位同学分别扮演乱砍伐者、小鸟及护林人，把森林的作用、破坏后的危害以及如何加以保护等内容穿插在他们的表演对话中，既生动形象又易于接受。编排与表演课本剧，还有利于学生找到学习上的同伴。人的兴趣总有异同，要借助同一案例在一起学习，就需要有同样的兴趣，否则难以达到应有的效果。通过编排与表演活动，会使学习同质的同学聚集在一起收集资料、分析资料、利用资料，从而拓宽合作学习的空间，并把获取知识信息的渠道延伸到课外。①

---

① 蔡明忠：《创新内容呈现方式　实施多样学习策略》，《中小学教师培训》2004年第 5 期。

第二节 讲授策略

在课堂教学中，教师运用口头语言系统地向学生传授知识和技能，即为讲授。讲授策略作为诞生历史较为悠久的一种教学策略，虽然对其存在着一些争议与批评，但作为一种基本的教学策略，它具有成本低、经济实用、能传授系统知识等特点，这就决定了其在教学过程中难以撼动的地位。我们对它应采取扬弃的态度，发扬其优点，改善其不足，努力提高它在课堂教学中的效率。

一、正确地认识讲授法

讲授法是指教师运用教学语言，辅以各种教学媒体，引导学生理解教学内容，形成概念、原理、规律、法则等的教学行为方式。讲授法的实质是教师通过运用语言对知识进行剖析和揭示，剖析知识的组成要素和过程程序，揭示其内在联系，从而使学生把握知识的实质和内在规律。讲授法是历史上流传下来的最主要的一种方法。从教师的角度而言，它是一种讲授的方法，而从学生的角度而言，则是一种接受性的学习方法。自我们国家进行课程改革以来，讲授法就如"过街老鼠"，人们要么对其群起而攻之，要么闭口不言，而较少有人旗帜鲜明地拥护它。之所以会如此，是因为人们认为，讲授是一种接受性的学习，主要是教师将学习内容以定论的形式传授给学生，对学生来讲，这种学习方式并不包括发现过程，学生只需要将教师传输的知识加以内化（将这些知识生硬地纳入自己的认知结构中），以供今后的再现或套用。而现在课程改革则提倡探究学习，探究的本质是发现，发现学习与接受学习是两个完全相反的过程。在发现学习中，讲授的内容并不是事先计划好的有步骤地给予学生，而是让学生在内化所学的知识之前较之接受学习有一个发现的过程即知识的来源问题。

那么，是否接受学习就是机械学习，发现学习就是意义学习呢？对此，著名的心理学家奥苏伯尔给出了明确的回答。奥苏伯尔认为：接受学习未必是机械学习，发现学习未必一定是意义学习。在他看来，无论是接受学习还是发现学习都有可能是机械的，也都有可能是有意义的。[①] 教师如果讲授得法，并不一定导致学生机械地接受学习；同样，如果发现学习都按照规定的步骤走，而学生对做什么，该怎么做，为什么要这样做（即 What、How、Why）却不知道，这样的发现学习未必就是意义学习。因而，奥苏伯尔的理论告诉我们，接受学习是机械的但同时也可以是有意义的，接受学习究竟有无意义取决于学习进行的条件如何。

奥苏伯尔认为，鉴定是否为有意义学习需具备两大条件，即：1. 学生表现出一种意义学习的心向，即表现出一种在新学的内容上与自己的知识之间建立联系的倾向；2. 学习内容对学生具有潜在的意义，即能够与学生已有的知识结构联系起来。这里要特别注意的是，这两个"联系"一定要是一种非任意性的、非字面上的联系，也就是说，这种联系不能是一种牵强附会的或逐字逐句的，而应是实质性的联系。[②] 奥苏伯尔认为：只要符合上述两条，都应称之为意义学习。

由上述看来，问题的关键不在于学习的形式是接受性的还是发现性的，而在于学习是否是意义学习。此外，接受学习还具有效率高、传授的知识逻辑性强大的特点。对此，有学者不无嘲讽地指出："半个世纪来陆续横扫全球的一波又一波教育改革，多多少少都将讲授法的驱逐作为理想甚至终极目标的。为什么却仿佛轮回一般，从最初的风生水起，经历无数山重水复的历程，课堂、教室、教师、学生乃至改革者们却无可奈何地发现，自己一次次重新落入讲授法的'窠臼'。倒好像有什么力量在背后遥控和导演一般。难道是改革的宿命吗，还是讲授法在默默地告诉我们什么？"[③]

---

① 施良芳：《学习论》，人民教育出版社 2003 年版，第 222 页。
② 施良方：《学习论》，人民教育出版社 1994 年版，第 233 – 234 页。
③ 丛立新：《讲授法的有罪推定》，《中国教师》2006 年 1 期。

二、有效讲授的基本方法

（一）设置情境，提高学生学习兴趣

在课堂教学中如何创设情境，提高学生的学习兴趣，进而提高课堂教学效率，这对于优化课堂教学具有重要的意义。为了提高学生的学习兴趣，可采用下述方法：

1. 承上启下法。从复习上一课的内容入手，推理、引申出新课的内容要点，激发学生探求新的知识点，能够达到"温故而知新"、"温故而推新"、"温故而求新"的教学效果。

2. 案例剖析法。绘声绘色地讲述现实生活中的某一典型事例，提出若干问题让学生运用所学理论加以剖析，在百思不解的时候，教师再理论联系实际展开讲解，有针对性地回答一些"热点"、难点问题，使学生有一种登高望远、豁然开朗的感觉，可以达到加深理解、增强记忆的目的。

3. 欲擒故纵法。先把学生的疑问、社会的舆论、媒体的评论等相关观点罗列出来，引起学生的关注、思考与讨论，而后再逐一讲解、回答问题，也会获得意想不到的效果。台湾3.20选举后，我讲台海局势是这样开头的："对于台湾3.20选举，国内外媒体有各种各样的解读：有的说'阿扁当选了，公投破产了，大陆胜利了'；有的说'连宋输了，中共赢了，陈水扁是一输一赢，而最大的赢家是美国'；有的说'说水扁是赢了，但台湾的民主输了，子弹总统的绰号将名留青史'；有的说'连宋输了，没错；公投输了，没错；但最大的输家是大陆，最大的赢家是合流的台独势力'……战友们，你们持什么看法呢？大家是怎样看待台湾3.20选举和当前的台海局势呢？今天我们就来共同探讨这个问题。"①

4. 问题情境法。为了提高课堂效率，在课堂上可以联系自然、社

---

① 易金务：《略论政治理论课的讲授技巧》，《高等教育研究学报》2005年第4期。

会和生活实际来创设问题情境，使情感活动和认知活动相结合，活化教学内容，提高教育的整体效益。例如：通过学生兴趣的故事、生活实例、竞赛题之类的引入来吸引学生，使学生带着对新奇的追求和疑问进入学习状态，就能收到良好的教学效果。如教学"概率"时可设计问题："某班有 n 个人（n≤365），那么至少有两个人的生日在同一天的概率有多大？"然后引入新的教学内容，激发学生的学习兴趣。

5．模型示例法。在教学过程中，还可通过实物模型来引发学生的感知，提高他们的学习兴趣。例如讲"圆柱体认识"这课时，如下引入的新课，现摘录片断如下。

师：同学们，通过学习我们已经认识了哪些立体图形？

生：我们已经认识的立体图形有长方体和正方体。

师：谁能告诉大家我们当初是通过什么样的方法来研究它们的特征的？

生1：我们可以观察长方体和正方体有几个面、几条棱、几个顶点。

师：我们称这一方法为观察法。（板书"观察法"）

生2：我们还可以通过测量的方法去研究长方体的长、宽、高和正方体的棱长的特点。

教师板书：测量法。

生3：通过比较我们还可以知道长方体和正方体在特征上的区别，以及它们与我们学过的平面图形之间的区别。

教师板书：比较法。

生4：如果有需要的话，我们甚至还可以将我们制作的长方体、正方体的模型拆开比较。

师：我们可以称这一方法为实验法。（板书：实验法）

师：看来我们班的同学研究问题的方法还真多！

师：（出示一个圆柱体的模型）这一物体是什么形状的？

生：这是一个圆柱体。

师：在日常生活中你们还见过哪些物体的形状是圆柱体的？

学生举例。（略）

教师揭示课题：圆柱的认识。

师：你认为怎样就算"认识"圆柱体了？

生1：圆柱体有什么特征？

生2：圆柱体在日常生活中有哪些作用？

师：好！请大家拿出你带来的圆柱形物体。想一想，你会研究圆柱的特征吗？（学生很自信地说：会！）

师：那你准备怎样来研究圆柱的特征呢？（学生小组交流以后，陆续有人开始举手。）

师：同学们都有了自己的想法，老师想让同学们用你想好的方法自己去研究圆柱体的特征，把你的发现填入实验报告单中。比一比谁的发现最多？（注：课前要求学生用硬纸等材料制作一个圆柱体，并带剪刀等工具。发给学生每人一张实验报告单。）

通过学生的亲身参与，加深了学生的印象，培养了学生的设计和动手能力。通过角色效应，创设问题情境，强化了学生的生活体验，培养了学生的主体意识。让学生通过观察、操作、讨论和评价参与了教学全过程。这种"有我之境"可产生巨大的学习动力而提高教学效益。

6. 媒体演示法。我们正处于信息社会，信息技术的飞速发展给人们的生活、工作与学习带来了极大的便利。在教育教学的过程中，可以通过运用多媒体技术，制作并演示课件，可以使知识由"死"变"活"，由"静"变"动"，由"抽象"变"直观"，使学生在声形并茂中理解掌握知识。例如，利用电脑帮助学生分析空间几何体及其结构特征，动态演示空间点、直线、平面之间的位置关系，空间中的平行与垂直关系等，以培养学生的空间想象能力；在解析几何的教学中，可借助电脑动态演示曲线的变化情况，观察曲线性质和探索轨迹的形状，在形成对轨迹的直观认识的基础上进行代数表示和代数变换等等。由于电脑画面能动静结合，刺激学生感官，突出观察重点，对概念的理解非常深刻。利用多媒体来创设数学问题情境，激发学生的学习兴趣，可以达到事半功倍的教学效果。①

以上介绍了创设情境的几种方法，但不可拘泥于上述几种方法。"教学有法，但无定法"，在创设情境的过程中，应根据不同的对象、内容、时间、地点来设计。

（二）提供先行组织者

所谓先行组织者就是上课前为学生提供的、与教学内容有关的、并组织起来的引导性材料。先行组织者的使命，一是把课的内容与学习者的认知结构联系起来，二是帮助学习者组织所学习的材料。先行组织者有概念的定义、概括和类推三种基本类型。采用概念的定义这种组织者，是为了帮助学习者区别这一表述与其他术语相关的概念。概括具有概述大量信息的功能。以概括作为先行组织者时，教师必须明确概括中哪些概念已为学习者所理解。类推是先行组织者中最有效的类型，它的作用取决于两个因素：一是学生对类推的熟悉程度；二是所教观点与所使用的类推之间的一致程度。② 由于这种材料一般呈现在教学内容本身之前介绍，目的也是帮助确立意义学习倾向，唤起已有经验，故称之为"先行组织者"。这些先行组织者如果设计恰当，它们可以引导学生注意到自己认知结构中已有的那些可以起到固定点的概念、理论及命题，把新知识建立在此之上。如在进行思想政治课教学前，教师可准备一些和教学内容有关的材料来说明教学内容的背景、重要性、作用等等。比

---

① 郭运江：《高中教学有效教学研究》，硕士学位论文，河北师范大学 2005 年，第 17 - 18 页。
② 张大均主编：《教学心理学》，西南师范大学出版社 1997 年版，第 141 页。

如在进行价值规律教学的时候，可以介绍一些价值规律是如何发现的材料，以及一些违背价值规律所带来危害的材料，或者介绍价值规律这部分教学内容在整个经济学中的地位和重要性。让学生明白这部分教学内容的背景，以及这部分内容的重要性，提高学生学习的注意力。

（三）精选讲授内容

在教学过程中，教师应该根据课程标准的规定，精选出教材中需要讲授的内容。教师必须明确：讲授内容必须有明确的目的性；讲授内容必须重点突出，应该抓住重点、难点和关键；讲授内容必须注重原理性、思想性和科学性，不要讲那些学生自己完全能看懂的东西。具体说来，对以下方面的内容教师应详细讲授：

其一，教学的重点和问题的关键。一些基本的概念、原理、结论和规律等都是教学的重点内容和关键之处，是讲授不可忽视的。例如化学上的质量守恒定律，通过实验探究可以总结归纳出质量守恒定律，这个"探究过程"教师都比较重视，对于"定律内容"这个结果，教师不可轻描淡写、一带而过，如何理解"定律内容"教师必须讲清楚，尤其是定律中的关键词句，如"参加反应的"、"质量总和"。二要讲定律的研究史和认识世界的唯物辩证法。教师如果不讲，学生就会不得而知，或理解浅显。

再如鲁迅先生的短篇小说《孔乙己》最后一段话是：

"我到现在终于没有见——大约孔乙己的确死了。"

全段只有 18 个字，绝无生字词，而且"大约"和"的确"还明显矛盾，这里的"大约"和"的确"恰恰是当讲必讲之处。不讲的话，或给学生留下难解之疑，或让学生认为鲁迅也居然写出病句。这对理解小说的主题无疑是有害的。教师应该讲明："大约"是一种猜测，因为始终没有见到过孔乙己了。也许他远走他乡另谋生路去了，也许是死了。而"的确"是肯定的，看看孔乙己最后一次来酒店喝酒的情形：时间已深秋，将近初冬；自身双腿已断，黑而且瘦，靠双手爬来，已经不成样子；众人对他依旧是无情的取笑；掌柜除取笑之外，还催要他欠的十九个钱。想一想：在这样一种境况中，会有人帮助孔乙己吗？他自己能爬到他乡自谋生路吗？加上这么久没有见到，也没有听到关于他的消息，孔乙己不死还会怎样呢？因此"，大约"与"的确"这两个词不仅不矛盾，而且引人深思，让读者更深地理解当时社会的冷漠、孔乙己的可怜可悲。这两个词教师是当讲的，而且当重点讲解。①

　　其二，学生易发生错误和产生不理解、困惑之处。在课文中，有时一个词语、一段话，学生看了往往似懂非懂，难以深刻理解。对于这样的词语和句子，老师也应该详细讲解，否则学生很难真正理解课文，更谈不上理解能力的提高了。如茅盾的《白杨礼赞》里的一组句子：

　　　　"难道你就只觉得它只是树？难道你就不想到它的朴质，严肃，坚强不屈，至少也象征了北方的农民？难道你竟一点也不联想到，在敌后的广大土地上，到处有坚强不屈，就像这白杨树一样傲然挺立的守卫他们家乡的哨兵？难道你又不更远一点想到，这样枝枝叶叶靠紧团结，力求上进的白杨树，宛然象征了今天在华北平原纵横决荡，用血写出新中国历史的那种精神和意志？"

　　这是一组由反问句构成的排比句式。学生很可能就简单地理解为：它不只是树，它还象征了农民，象征了哨兵，象征了那种精神和意志。字面上看，这样的理解没有错，但让学生比较一下表达效果，其深浅优劣就自知了。首先从修辞角度看，反问句启发读者深入思考白杨树不平凡之处，排比句式又增强了语言的表达气势，所以这组句子不仅形式优

_____

① 　王克武：《新课标不排斥讲授法》，《阅读与鉴赏》（教研版）2007 年第 9 期。

美，而且更强烈地表达了作者对白杨树的礼赞之情；再看"朴质、严肃、坚强不屈""、傲然挺立"、"枝枝叶叶靠紧团结，力求上进"这些修饰语的运用，突出了白杨树的象征意义，也就更便于读者理解作者这样浓墨重彩地状写白杨树的深层目的，毕竟这篇文章发表在国统区，为了能够发表，又避免麻烦，作者可谓用心颇深。所以这组句子也是当重点讲解之处，否则，学生难免理解肤浅，也难以理解作者为何要用象征手法来写作之用心了。①

其三，文中的精彩之处。在课文中，有些精彩片断也需要教师的精彩讲解，否则，学生的理解不会深刻。如在执教《我的伯父鲁迅先生》时，当学生在读了"我……摸摸自己的鼻尖，冷得像冰，脚和手也有些麻木了"时，老师可以让学生闭上眼睛想象一下，然后用低沉的声音讲道："那是旧社会一个日近黄昏的冬天，刺骨的北风，呼呼地怒吼着；天阴沉沉的，像是随时会掉下来；面黄肌瘦的人们，来去匆匆。街上的店铺关了门，几条饿得精瘦的狗正在觅着食。黄包车夫为了糊口，光着脚板，在寒风中拉着客人……这是一幅多么凄惨的画面啊！请同学们睁开眼睛，大家谈谈你从中体会到了什么。"老师这么一点播，对引导学生身临其境地了解作者的心境、体会作品的意境和深刻地理解课文都有着举足轻重的作用。在语文教学中，教师的讲，既可以激发学生的情感认知，又可以唤起学生的情感共鸣。特别是在教学精彩处时，更应该发挥好教师讲的作用。②

其四，文中易产生分歧之处。有些文中的内容，学生看后比较容易产生分歧。对于这些内容，教师也应予以指点，以使学生更好地理解课文。如鲁迅先生的《社戏》，文中有一个令"我"难以忘怀的情节"偷豆"。对这一事件的理解，学生出现了分歧，有人认为他们这不是真正的偷，有人却认为他们品行不正，大家争论非常激烈。这时，教师可以

---

① 王克武：《新课标不排斥讲授法》，《阅读与鉴赏》（教研版）2007 年第 9 期。
② 赵尧军、毛学梅：《有效讲授五要诀》，《四川教育》2007 年第 6 期。

简要介绍当地的风俗，即：一家的客人即是大家的客人，可以不经主人同意而用他的东西来招待客人。教师讲解后，再要求学生到文中去找"证据"，于是学生通过六一公公的话找到了答案，分歧得以解决。课堂教学中，当学生的理解出现分歧与偏差时，教师适时的讲能起到导引方向、指点迷津的作用，而且事半功倍。①

其五，文中需补充之处。为了增加学生对课文的理解，教师不应仅仅满足于课本中的教学材料，他还应广泛地搜集各种与课本内容相关的资料，进行筛选、剪辑，使之与课本内容进行整合，以使学生更好地理解所学的知识。

例如，在教学"哪些物质是金属"（浙教版九年级上《科学》第一章第5节"寻找金属变化的规律"）的内容时，课本中有一个读图活动，图中给出锂、钠、镁等28种金属，要求学生用红笔圈出自己知道名称的金属，用蓝笔圈出自己用过其制品的金属，并要求学生说出我们常用的金属有什么性质，这些性质是怎样为人类所利用。一般来说，学生都能比较顺利地完成这些任务，但他们所讲的金属，不外乎铜、铁、铝、金、水银、银，等等。而从一些教师讲授的内容来看，教师对金属的了解跟学生并没有什么差异。如果教师原来知道多少就讲授多少，那么，学生学习之后与学习之前并没有发生多大的变化。为了扩大学生的生活视野和知识视野，可以对该课题的教学做如下的改进：在学生列举一些常见金属的性质和用途后，教师向学生指出：同学们刚才说到了不少金属，这些金属跟我们的生活密切相关。我原来了解的金属跟同学们也差不多，但我在搜索引擎"百度"中打入铱、钛、镭的用途等关键词后，结果得到关于这些金属很多的知识，从而使我大开眼界。现在我将自己查到的关于金属钛和铱的有关知识展示出来，与你们共享。

钛——钛具有密度小、耐高温、耐腐蚀等特性。钛合金强度高，大

---

① 赵尧军、毛学梅：《有效讲授五要诀》，《四川教育》2007年第6期。

量用于制造军用超音速飞机的结构部件，也用于制造火箭发动机壳体、人造卫星壳体等，既能减轻重量，又很耐用。钛在化工生产中常用于制造热交换器，在电子工业中用作除氧剂。如果用钛合金（全名磁化陶瓷釉钛合金超导材料）制成炒锅，由于它的温度始终保持在240℃的食油沸点以下，所以在炒菜时不会出现油烟，这就从源头上消除了油烟的危害。钛对人体无毒，也不和人体肌肉和骨骼发生反应，在医学上称为"亲生物金属"。因此广泛用作医疗器械以及人工关节、人工心瓣、人造齿根等，被誉为21世纪的金属。

铱——铱为银白色，熔点为2454℃，属难熔金属。密度为22.40克/厘米^3。室温下质硬而脆，高温时可压成薄片或拉成丝。是唯一可在2300℃下而物理性能不受到严重损失的金属。铱化学性质稳定，它不与任何酸（包括王水）起作用。铱及其合金在石油化学工业上主要作催化剂。在电子电器工业上，用于制造电阻线、继电器、电触头及印刷电路等。高硬度的铱铂合金常用来制造笔尖、钟表、仪器轴承等。国际标准米尺就是用含10%铱和90%铂的合金制成的。铱还可制成高温反应坩埚。有一个卫星通信系统叫做"铱星"，要知道，这可不是说这些卫星是金属铱做成的，而是元素铱的原子核外有77个电子绕核旋转，而这个卫星通信系统也恰好有77颗卫星在太空中的7条太阳同步轨道上绕地球飞行。

最后，教师要求学生在课后用类似的方法，上网查找其他两种未知的金属的性质和用途，整理后交给课代表。课代表选出一些贴在教室的墙上。

这样的讲授，既扩大了学生的知识视野，提高了学生的学习兴趣，同时也给了学生获取知识的路径，以提高学生获取知识的能力。[1]

其六，解决问题的思路和学习方法。由于多年的工作与学习，使得

---

① 郑青岳：《讲授教学如何体现探究精神》，《教学月刊》（中学版）2007年第1期。

教师掌握了一些比较好的解决问题的思路和学习方法。对于这些好的解决问题的思路和学习方法，在必要的时候给学生讲讲，无异于"雪中送炭"，会给学生以很大的帮助。如读好课文的方法，背诵课文的技巧，怎样学习英语，如何搜集资料，提高学习效率有哪些办法，怎样记忆才更有效、更持久，语文积累该如何分门别类等等，介绍这些不是"灌输"，而是一种必要的"指路"。对学生来说，掌握了解决问题的思路以及好的学习方法，会有助于提高他们的学习兴趣，提高学习效率。

（四）运用合适的讲授方式

讲授法的具体方式是由教学目标和教学内容决定的。有人认为，根据讲授功能性质的不同，可以将讲授的方式划分为以下几类：①

1. 描绘叙述式

描绘叙述式可简称为描述式，是教师运用生动活泼的口头描述事实、事件、过程及原理，使学生对教学内容有形象具体的认识，或有一定深度的认识。讲述法能够增强讲授的吸引力和说服力，能唤起学生的激情和想象，学生听课津津有味，学到的知识印象深刻，经久不忘。

【教学案例】

"矛盾存在于一切事物之中"的原理较为抽象，教师可列举具体事物，分析其矛盾，揭示矛盾的普遍性。

例加，"0"的本意是"无"。其实，"0"充满了矛盾，是"有"和"无"的矛盾统一体。

——在算术运算中，"0"并非是可有可无的数。十进位记数时，将"0放在一个自然数之后，就使该数增大了10倍。"0"变化无穷，犹如一个充满生命力的小精灵。

——在代数运算中，"0"是正数与负数的出发点和临界线，

---

① 黄桂平：《活用讲授法课堂更精彩》，《思想理论教育》2007年第10期。

它既不是正数又不是负数，而是唯一的中性数。以它为界，两个方向，两种前途，差之毫厘，谬以千里。

——在温度计上，"0℃"并不是没有温度，而是在标准状态下水凝结成冰的关节点。"0"没有质量，没有体积，但它是事物质变的关节点。

——在时间运动中，零点不是没有时间，它是一个最神秘的时辰，是旧日与新日的交合，是光明与黑暗的分水岭。

——在社会生活中，"0"是最富有的。"0"没有方向，但"0"有位置。"0"是新的起点，一切从零开始，"0"是无中生有，"0"是我们最大的希望，"0"是有待开垦的处女地。

教师具体的描述，极大地激活了学生的思维，他们体会到了矛盾存在的普遍性，懂得了要用矛盾的观点来观察和分析一切事物。

2. 解释说明式

解释说明式简称"解说式"，是指教师运用言简意赅的口头语言，将教学过程中出现的概念、原理等解说清楚的一种教学方式。解说式比较节省时间和精力，通过教师生动形象的讲解，入情入理的分析，让学生准确地掌握概念和原理。解说要求科学、客观、准确、清晰。

【教学案例】

"政治是经济的集中表现"的内容既抽象又比较枯燥，教师可运用历史事实来说明两者的相互关系：

1870－1914年第二次科技革命期间，德国经济的发展速度大大超过英国和法国，到20世纪初实现了资本主义工业化，成为欧洲经济最发达的国家。具有根深蒂固的军国主义传统的德国特别富于扩张性和侵略性。一方面，垄断资本家利用国家政权的实力，大力进行商品、资本输出，争夺国外市场和原料；另一方面，从19

世纪 80 年代起向外掠夺殖民地，到 1914 年德国拥有 290 万平方公里、1230 万人口的殖民地，但其殖民地面积还不到英国殖民地的 1/11，法国殖民地的 1/3。为了重新瓜分殖民地，德国首先向英、法宣战，挑起了第一次世界大战。

时代发展到今天，东欧的通货膨胀，经济的衰退，已经搅得民族主义猖獗，以美国为首的北约对南联盟的狂轰滥炸，也是为经济利益所驱使，伊拉克战火不断，生灵涂炭……

在此基础上，指出战争是政治的典型形式、是经济的集中表现，政治根源于经济，由经济所决定，这一复杂的道理学生很轻松地就理解了。

3．分析论证式

分析论证式可简称为论证式，是指教师运用明确的概念，进行恰当的判断以及合乎逻辑的推理，分析说明论题正确性的教学行为方式。论证式可以从若干个别事物或事理中推出一般结论，此为归纳论证；也可以一般的事物为前提来论证个别的事物，从而推导出新结论，此为演绎推理。

【教学案例】

教学"透过现象看本质"时，教师可引导学生进行"8"的深思，从多方面来进行归纳论证。

现象简述：近年来，数字"8"身价倍增，电话号码、门牌号码、牌照号码等一沾上"8"就倍受青睐，据说某小城市一个 88888 的牌照卖 20 万元，听说这还不算贵的。

现象分析：其一，这是时代进步的标志之一。中国人不仅不再认为"越穷越革命"，而且在物质日渐富足之时，敢于堂堂正正地喊出"想发财"的心声。其二，对"8"的狂热迷恋，又表明追求者精神的空虚。因此，"发财以后怎么办"的精神文明建设问题已经摆在我们的面前。

本质分析：其一，"8"之所以如此备受欢迎，与当今我国经济体制改革的不完善等因素有关。商界的瞬息万变、财运的难以把握，使有些人将希望寄托在"8"上。其二，"8"的受宠也说明中国人传统的心理定势并未改变。信天信地，信"8"信"发"，就是不敢相信自己。人人都具有主观能动性，人的命运应是掌握在自己手里。其三，"8"的受宠，也提醒我们在加强社会主义物质文明建设的同时，应加强社会主义精神文明建设，加强唯物观的宣传和教育。如果中国人再这么沉浸于"8"的美梦之中，敢问"发，在何方？"由此让学生明白我们的认识不能仅停留在感性认识阶段，应自觉地把感性认识上升到理性认识，遇事都要多问个"为什么"，透过现象看本质。

上述仅仅是对讲述方式的简单划分，未必全面。教师在教育实践中，也可选择或创造出适合自己需要的其他的讲授方式。

（五）注意表达的艺术

教师的表达主要通过语言、板书和多媒体来进行的。

首先，语言。教师的语言艺术表达能力与一堂课的成功与否有着莫大的关系。教师的语言艺术表达，以条理清楚、准确、纯净、洗练、生动以及词汇丰富为上乘。分析概念定理，清楚准确；交代历史事件，条理分明；歌颂英雄模范人物，铿锵有力；描绘艰苦战斗场面，激昂慷慨；倾诉失败与受辱，如泣如诉；叙述事实经过，抑扬顿挫，有急有徐……几十分钟的课堂讲授，如果都是一样的语调，一样的语速，一样的无动于衷，又一样的颠三倒四、条理混乱，一样的含糊其词，模棱两可，恰似和尚念经。如此课堂讲授，定然提不起学生的兴趣，更不要说提高教学效率了。所以，教师应特别注重课堂讲授中语言表达的科学性、艺术性和审美性，下功夫提高和锤炼自己的语言艺术表达能力，力求做到如下几点①：一是准确性。知识的问题是一个科学的问题，准确性是课堂教学的生命。教师所传授的知识内容是否准确，是否科学，对学生的学习、创新乃至世界观的形成都有着直接的影响。教师语言的准确性主要体现在下述方面：其一，音要准。讲课要使用标准的普通话，尽量少讲方言，注意克服发音错误，以免影响课堂教学效果和自身形象。其二，遣词造句要准。尤其脱稿讲授，仍要讲究语言的规范性逻辑性。其三，理论解释要准。对重要概念、基本原理以及发展规律的阐述，要有充分的科学依据，不能随意发挥。二是流畅性。教师对教材内容的讲授，是各学科课堂教学的最主要成分。学生从教师的学科讲授中，能获得比较系统、全面的理论知识。教师授课的语言流畅与否，直接关系到学生对知识的掌握程度。因此，语言流畅是教师基本的素质之一。教师要把讲述的内容，通过自然、连贯、轻松、流畅的语言，行云流水般地表达出来，让学生在一种和谐的语言氛围中学有所得，学有所多得。三是生动性。生动的授课语言，能极大地启发学生的思维，激发学生的想象力和辨别力，往往会给教学带来意想不到的效果。因此，教师生动、活泼、多变和幽默的课堂讲授语言，左右逢源、挥洒自如、诙谐风趣的授课特色，将会使学生产生学而不厌的积极情绪。四是清晰性。一堂课应该先讲什么，后讲什么，强调什么，落实什么以及涉及到什么，教师都必须做到心中有数。否则，学生理不清线索，吃不准要点，抓不住中心，也就很难达到教学目的。因此，教师只有把自己精心设计的教学内容清晰地表达出来，才能使学生清楚明白地理解和接受。此外，教师不仅要用好口头语言，还要善于灵活地运用肢体语言（如手势、动作等），以更好地加强学生的理解。

其次，板书。所谓板书就是教师运用教学用具进行书写，包括文字、画图、绘表等。板书艺术是一个教师应备的基本素质，也是课堂教

---

① 冯华雏：《浅谈教师课堂讲授的语言艺术》，《延安教育学院学报》2004 年第 2 期。

学的基本方面，属于书面语或无声语言。板书是语言表达极为重要的辅助手段。教师在板书时要做到以下几点：其一，字迹应清楚、工整、规范美观。其二，条理分明，层次清楚。写出讲授的提纲脉络，防止面面俱到，主次不分。写出疑点、难点、重点。一般说来概念、定理、公式、基本要点等都要书写出来并重点讲解。其三，字体大小要合适，应能使最后一排的同学能看清。为此，教师可在课前到黑板上去写大小不同的字，自己到最后一排去看一看，确定哪一种字体大小比较合适。其四，形式多样。可使用推进式、要点式、图表式、回环式、阶梯式、波浪式、线索式、对比式、开放式等。其五，要尽量避开（不用）黑板上"反光"和"死角"的位置。其六，教师应注意自己身体站立的位置，不要挡住书写的板书。

最后，多媒体课件。多媒体课件是一种重要的教学辅助手段，它可以使教学内容形象直观，提高学生的学习兴趣。运用多媒体课件时应做到：其一，事前要充分准备。对画面顺序要了如指掌，何时详讲、何时切换、何时板书，心中都要有数。其二，幻灯片要醒目，每张幻灯片上的字数不能太多，以免字体太小看不清。其三，幻灯片上所显示的图片内容应与所讲授的文字内容相符。其四，多媒体不能完全代替教师的板书。如果把板书的内容全部复制到多媒体课件上，随着画面的切换，学生难以从整体上来认识和理解内容。同时，如果把所有讲授的内容全部以幻灯片的形式展示出来，也会在一定程度上遏制学生想象力以及创造力的培养。因而，教师应根据教学目的地实际需要以及本校的实际情况，恰切地使用教学媒体。

（六）安排好结尾

课堂的结尾与开头一样重要，需要教师精心的谋划与设计。好的结尾是旧课与新课的桥梁，是课内教学与课外学习的纽带，是理论与实践的中介，能使讲授内容在小结中得到升华，在引申中得到扩展，在质疑中得到加深，在激励中得到动力。结尾的方式很多，常用的主要有以下

几种：①

1. 小结归纳式。经过一两节课的详尽分析论证和课堂研讨之后，利用最后的几分钟对教学内容进行归纳小结，言简意赅，理清脉络，画龙点睛，承上启下，有助于学生进一步把握课堂教学的主题、主线和主要内容，明确教学的重点、难点和焦点，弄清各个知识点的内在联系和逻辑结构，站在新的起点投入新课的学习。

2. 质疑引申式。在基本内容讲述之后，或在小结归纳的基础上，加入新的前提条件，提出新的现实问题，引起新的理论思考，让学生带着问题去预习新课，这是保持学习兴趣、激发学习热情的有效方法。

3. 布置作业式。用预留作业的形式，促进学生课后的复习，也是一种行之有效的方法。但作业题必须出的巧妙，有助于加深对基本原理的理解，有助于联系实际深入思考分析问题，有助于强化能力训练、提高综合素质。

4. 鞭策激励式。依据课堂教学内容，联系学员思想实际，或用一些扣人心弦、催人奋进的话语，或朗读名人名著中的诗文，促使学生产生思想共鸣，激励他们积极躬身践行，既能够把课堂教学再次推向高潮，又是理论联系实际的有效途径。

（七）注意听取学生的反馈

教师讲课效果是好是坏，学生最有发言权。教师可通过电子邮件、字条等多种方式和渠道来收集学生对自己讲课的反映。对于收集上来的信息，教师应认真分析，不断改正缺点，发扬优点。对于不同的意见，要及时与学生沟通。对正确的意见要接受，对不正确的意见要及时疏导，避免问题的堆积。这对于提高教学质量也是很重要的。

总之，教师的讲授，既是教学方法与手段的运用，更是教学思想与艺术的升华。它要求教师应具有广博的学识，并不断地变化、求新、求

---

① 易金务：《略论政治理论课的讲授技巧》，《高等教育研究学报》2005 年第 4 期。

活。因此，用好、用活讲授法，提高课堂讲授的质量和效果，关键在于提高教师自身的素质和基本功。

第三节　对话策略

随着教育改革的不断深化和教学理论的不断发展，由于重视学生参与的主动性和师生协作的和谐性，对话作为适应中小学课堂传播规律的新型教学形态越来越受到中小学的肯定和欢迎。但在教学对话的过程中，学生的自主地位如何体现和落实，老师的主导作用如何实现，如何构建师生对话平台，怎样设计能引发深层次对话的问题等等，值得探索和进一步的深入研究。

一、教学对话的内涵、特征与结构

（一）教学对话的内涵

在英文中，对话一词为"dialogue"，为了更好地理解它的意思，不妨从词源上来考察一番，"dialogue"一词源于希腊文中词"dialogos"，这个词实际上是由两部分组成的，前缀 dia 有两个意思，其一是"二、双，双重、两倍"的意思；其二是表示"在……两者之间"，或"通过、经过"之意。希腊文中的 logos，它不仅有"言语、谈话"之意，而且还有"思想、理性、判断"的意思。

关于对话，见仁见智，众多的专家学者均提出了自己的见解。

伽达默尔认为："对话就是对话双方在一起相互参与着以获得真理。"[1]

巴赫金认为：对话是"在各种价值平等、意义平等的意识之间相互作用的特殊形式"。[2]"对话，在这一词的狭义理解上，当然，仅仅是言

---

[1]　[德] 伽达默尔：《赞美理论》，夏镇平译，生活·读书·新知三联书店 1988 年版，第 69 页。

[2]　转引自金生鈜：《理解与教育》，教育科学出版社 1997 年版，第 31 页。

语相互作用的形式之一，确实是最重要的形式。然而又可以从广义上去理解对话，把它看成不只是人们面对面直接大声的言语交际，而是无论什么的，任何一种言语交际。"①

日本的池田大作援引竹林二的话说："'对话'是'把灵魂向对方敞开，使之在裸露之下加以凝视'的行为'。"②

《现代汉语词典》则将"对话"界定为："两个人或多个人之间的谈话；两方或几方进行的接触或谈判。"③"对话"一词也可拆分成两部分。中文中的"对"也可表示"二"和"双"的意思，比如"成双成对"，"对"的另外一个意思则是表示"朝向或指向……"，比如"我对你说"、"面对"等。"话"在中文中则只可作名词"言语"或动词"说"的意思。而"对话"作为一个完整的词有三种含义：一指相互间的交流；二指文艺作品中人物之间的谈话，与独白相对；三是指对立或无联系的国家、集团、个人等之间所进行的接触或交流。

从已有关于"对话"的界定可以看出，"对话"可以从狭义与广义两个方面来加以界定。狭义的对话可以被理解为是与单个人的独白相对应的一种语言形态，是在两个或两个以上的人之间进行的言语交流，应将之归入语言学的范畴。而广义的对话事实上已经完全超越了原始的以口头语言交流为特征的语言学意义，现代科技的发展，人一机对话的出现，对话的内涵和形式较之以前都发生了巨大的变化。对话作为关系思维的表征，既发生在人与人之间，也可以不直接发生在人与人之间，而发生在人与人的精神产品，亦即人与各种文本之间。这种对话并不以口头语言的交会为特征，而是通过人对文本的理解和批判展开。④ 本书取

---

① 转引自王建刚：《狂欢诗学：巴赫金文学思想研究》，学林出版社 2001 年版，第 271 页。

② ［日］池田大作：《我的人学》，潘金生、庞春兰译，北京大学出版社 1992 年版，第 153 页。

③ 《现代汉语词典》，商务印书馆 1998 年版，第 318 页。

④ 陈顺洁、华卜泉：《对话教学的概念与要素》，《现代中小学教育》2003 年第 2 期。

对话的狭义理解。顺而延之，教学对话即在教学的过程中，师生、生生围绕着教学内容或主题而展开的一种语言交流的活动。

（二）**教学对话的特征**

1. 平等性

师生、生生双方在教学对话的过程中，要求对话主体之间进行平等对话，教师不再拥有绝对权威，只是平等中的首席。师生双方并不把对方看作是一个仅仅有待加工或认识的对象，而是看作与"我"讨论共同文本或话题的"你"。师生双方是民主的、平等的，彼此独立又相互制约依赖。在对话的过程中，师生双方都是作为真实完整的人，基于平等的人格相遇，为了共同的教学目标而对话。各自的情感与理性、直觉与感觉、思想与行动、经验与知识等都真实地展现在对方面前，都参与到"我"与"你"的对话中，双方在理解中获得精神的沟通和经验的共享，构成一种真正平等的"我—你"师生关系。师生作为对话主体是以对方的独立意义的存在为前提的，否则就不能构成对话。在对话的过程中，师生双方的存在意义和价值在相当程度上决定了师生双方自我意义的获得和价值的实现。因此，在对话的过程中，师生双方若不相互尊重也就很难获得自我的价值和与存在的意义。在教学对话的过程中，教师不再是绝对真理的拥有者，而只是对话环境的创造者、背景材料的提供者、对话教学的引导者、学生见解的倾听者。教师要充分考虑学生对话语机会的拥有，合理布局课堂话语；学生则应有话语自信，主动与教师交流，并形成课堂活跃而有序的话语场。"平等"本身就是对话精神的内涵。[①] 在这种情境下的课堂也不再是教师"独白式"的课堂，也不应只有教师"单一"的所谓正确的声音，而是鼓励学生质疑，发表自己见解的场所。

2. 开放性

---

① 童顺平：《论对话教学的课堂重构——基于对话精神的探究》，《漳州师范学院学报（哲学社会科学版）》2009 年第 4 期。

在教学对话的过程中，强调学生在对话中探索、建构知识的经历并获得新知的一种体验，强调学生通过对话获得新知的过程，因而，教学对话不再是像"独白式"教学强调只是的复制或再现，而更为注重知识结构的重构与更新。虽然在对话的过程中，学生会面临各种问题和困惑，甚至挫折和失败，但这是学生学习、成长、发展所必须经历的过程。在教学对话的过程中，虽然对话始终是围绕某个主题进行的，但对话的过程、方式、思路是一个开放的、未完成的动态过程，给学生留有发展和拓展的空间，提倡学生独立思考，养成学生多角度研究问题的习惯，鼓励学生质疑、创新，允许学生在与文本的对话中有不同的看法。在对话过程中，有些观点是想出来的，但有些观点则是通过对话"讲出来"的，这是"语言惯性"① 使然。语言似乎存在着一种神奇的力量，在开口说话之前似乎总是被某种东西所阻挡，而对话一旦真正启动起来，它似乎并不需要有意识的努力就能"话赶话"地向前运动，言语之流中那不由自主的方向感，让一切矛盾和混乱似乎都得到了自行梳理。正如有学者指出的那样："在谈话中某个词如何引出其他的词，谈话如何发生转变，如何继续进行，以及如何得出结论等等，虽然都可以有某种进行的方式，但在这种进行过程中，……谁都不可能事先知道在谈话中会'产生出'什么结果。……这也就是说，语言能让某种东西'显露出来'和涌现出来。"② 因此，对话具有开放性和随机性。"对话是持续的，没有终点的，对话的过程是开放的、动态的。对话教学就是在动态开放的环境中通过教师、学生、文本之间的对话来创造新意义，生成新意义"。③ 它不仅有助于师生理清思路，而且有利于打开思路，可以使师生找到更多的兴奋点，有利于培养学生的创造性思维。

① 参见赵奎英：《混沌的秩序》，花城出版社 2003 年版，第 155 – 156 页。
② 转引自赵奎英：《混沌的秩序》，花城出版社 2003 年版，第 155 – 156 页。
③ 沈小碚、郑苗苗：《论对话教学的时代特征》，《西南大学学报（社会科学版）》2008 年第 3 期。

3. 情景性

在教学过程中，师生、生生之间的对话是在一定的情境中进行的。语言作为对话主体之间对话的媒体中介，具有丰富的表意功能，在二者交流的过程中形成生动的情景和意义丰富的话语场。"对话不仅是教育交往的方式，而且也是教育情境，在对话中，教师和学生都为教育活动所吸引，他们共同参与、合作、投入和创造相互交往活动，因此对话不仅仅是指二者之间的狭隘的语言谈话"，"更多地是指相互接纳和共同分享，指双方的交互性和精神的互相承领"。① 无论是师生之间、生生之间有声的显在语言，还是无声的肢体语言，师生在课堂对话中都会在语言的交汇、思想的碰撞中为特定情景所感染和同化。因此，为了更好地发挥对话的功效，教师应充分认识到对话的意义，并积极主动地创造教学对话场景，这"不仅能够激发学生学习的兴趣，帮助学生理解教材内容，加深印象，提高教学效果，而且能唤醒学生的认知系统，使之拓展思维，成为学习的主人"。② 通过对话场景的创设和营造，教师得以引导学生逐步展开并不断深入对相关问题的思考和领悟。

4. 理解性

通过对话，不同的对话主体之间各自表达自己的理解与认识，从而有助于带动双方精神的发展。对此，雅斯贝尔斯甚至认为："对话的唯一目标便是对真理的本然之思。"③ 师生在互相对话的过程中，充分发挥各自的主体性，形成主体间性，建立起和谐融洽的关系，并完成各自的意义建构。在师生对话的过程中，作为对话者的主体，不是去发现和恢复文本的原意，也不是直接追随某教学主体的权威言说，而是各自言说对某一对话主题的看法，进而使自己的原初视界与其他教学主体的原

---

① 金生鈜：《理解与教育》，教育科学出版社1997年版，第130页。
② 霍雅娟：《论信息时代的中国古代文学教学》，《教育与职业》2009年第26期。
③ ［德］雅斯贝尔斯：《什么是教育》，邹进译，生活·读书·新知三联书店1991年版，第19页。

初视界相互指证、相互检视、相互融通。正如伽达默尔指出："每一种对话都是这样，通过对话就出现了一些不同的东西。"[①] 正是在这种相互指证、相互检视和相互融通的过程中，师生双方都扩大了自己的原初视界，实现了"你"的视界与"我"的视界的融合，从而形成一个了新的视界。下面的这则案例很好地说明了这一点。

> 周敦颐的《爱莲说》，全文仅有118字，如果只满足于字面意思的理解，学生就不会有多大的收获，但如果在与文本的对话中，懂得如何设置问题就不一样了。如有教师在执教这篇课文时是这样进行的。
>
> 问：文章是写莲的，为什么还要写牡丹、菊？
>
> 问：为什么说牡丹是花之富贵者，菊，花之隐逸者，莲是君子？
>
> 问：君子是什么样的？"莲出淤泥而不染……"是不是就是君子的形象？
>
> 问：什么样的人爱菊，什么样的人爱牡丹，什么样的人爱莲？都有哪些人爱莲呢？
>
> 问题由少到多，向文本发问，文本也在回答学生，答案都在文本中，问题问得越多，文本回答得也就越多，问题由浅入深，由一个文本联想到另一个文本，这也正体现了"视域融合"的开放性。
>
> 生一：莲花出淤泥而不染，理应得到赞美，但是牡丹也象征了繁荣昌盛景象，不应受到贬斥；
>
> 生二：菊花"宁可枝头抱残死，何曾吹落北风中"，它的高洁，哪里能次于莲花呢？
>
> 生三：作者对淤泥不屑一顾，但正是淤泥培育了洁白的莲花，培育了丰硕的果实——藕，这难道不值得我们歌颂吗？

---

① ［德］汉斯－格奥尔格·伽达默尔：《真理与方法》，洪汉鼎译，上海译文出版社1999年版，第59页。

对于学生的种种说法，又应当怎样评价呢？这样一篇短小的文章，层层追问，层层构想，学生的视域在一种深层次的对话中不断得到超越和扩充。这一融合，既非文本原有的历史视域，也非学生的当今视域，而是第三种视域，一个全新的共同的结论。正如加达默尔所说："艺术品与我们打交道时带有的亲近性同时却以谜一般的方式成为对熟悉的破坏和毁坏。在快乐的、惊人的震荡中揭示出的不仅是'汝乃艺术！'艺术还对我们说'汝须改变汝之生活！'"①

二、教学对话的实施策略

（一）营造良好的对话氛围

要培养学生积极主动的对话意识，教师首先要创设一个让每个学生都能充分参与的心理场境。营造和谐的对话心理氛围，是教学对话得以顺利进行的前提。

1. 消解教师权威，实现教学民主

不同话语主体之间的对话应在民主、平等的基础上进行，没有民主、平等就难以进行真正的对话。正如有学者指出："真正决定一种交谈是否是对话的，是一种民主的意识，是一种致力于相互理解、相互合作、相互共生和共存，致力于和睦相处和共同创造的精神的意识，而这就是'对话意识'。"② 对话是两者或者更多的人参与的一种话语活动，要使参与对话者能够实现真正的交流，必须给予参与者平等的话语权，使每个人都有表达自己见解的机会。因而，要想将教学过程中的对话进行下去，必须消解教师权威，真正实现教学民主。教师要成为学生学习能力的培养者、指导者，而不再是传统的"独白式"的知识传授者。传统的课堂教学以教师为中心，教师主导一切，课堂的话语权被老师独

---

① 朱珠：《视域融合下的语文教学》，硕士学位论文，四川师范大学 2008 年，第 35 页。

② 滕守尧：《文化的边缘》，作家出版社 1997 年版，第 177 页。

占和主宰，教师不希望学生在教师讲话时插话，不希望学生思考教师讲述以外的问题，以免打乱教师预设的教学思路，干扰教学过程。具体来说，这种教学具有以下一些特征：教师教，学生被教；教师无所不知，学生一无所知；教师思考，学生被考虑；教师讲，学生听——温顺地听；教师制订纪律，学生遵守纪律；教师做出选择并将选择强加于学生，学生唯命是从；教师做出行动，学生则通过教师的行动而行动；教师选择学习内容，学生适应学习内容；教师把自己作为学生自由的对立面而建立起来的专业权威与知识权威混为一谈；教师是学习过程的主体，而学生只纯粹是客体。① 要实现师生之间、生生之间真正的对话，必须打破"教师中心"的观念，赋予学生平等的话语权，主要表现在：一是要给学生充分的时间发表意见，使学生有运用话语权的机会；二是要允许学生发表不同意见，教师不应该以自己的观点或教材的观点去束缚学生，而应该鼓励学生畅所欲言，各抒己见。在对话教学中，学生通过言说来表达对意义的理解和知识的构建，教师要认真理解他们独特的看法，明确他们通过言语表达的内容，激励他们之间进行知识的"交锋"和信息的交换，教师只需在适当的时候加以点拨和调控，以便引出新的问题。人在自由轻松的状态下，思想会更活跃。教师要善于创设民主、平等、宽松的积极的教学氛围，使学生有一个自由、轻松，开放的心态和自由探索的空间。②

2. 平等对待每位学生，发展学生个性

由于每位学生的家庭背景、智力程度、思维方式、兴趣爱好等的不同，任何一个班级中的学生都是参差不齐的。为了更好地促进不同学生的发展，教师必须尊重每位学生的人格和尊严，而不是因为学生的不

① ［巴西］保罗·弗莱雷：《被压迫者教育学》，顾建新、赵友华、何曙荣译，华东师范大学出版社 2001 年版，第 25 – 26 页。
② 周东明：《论对话教学的心理意义和应用策略》，《青岛大学师范学院学报》2008 年第 1 期。

同，将学生划分为三六九等，贴上不同的标签。在对话的过程中，教师尤其要注意以下几种学生：智力发育迟缓的学生、学业成绩不良的学生、被孤立和拒绝的学生、有过错的学生、有严重缺点和缺陷的学生、和自己意见不一致的学生。教师应认识到，每个学生都是独特的个体，不同学生之间存在差异是正常现象。我们要尊重学生的差异，要认识到每一个学生都有自由发展的权利，我们不能用一把尺子来衡量千差万别的学生。学生是处于发展过程中的人，是一个未完成的人。要尽可能地发现不同学生的聪明才智，挖掘他们身上存在的优点与潜力，不追求每个学生各方面的平均发展，而是让每个学生形成自己的特色和鲜明个性。因此，在对话的过程中，教师要处理好学生整体与学生个体、学生的全面发展与个性发展、教学的统一性与灵活性的关系，允许不同的学生发表意见，话语权既不能教师独占，也不能由少数踊跃同学所垄断，要尽量提高学生课堂对话的参与率。由于学生之间的思维方式、理解能力、社会经验的差异，再加之性格的不同，不同的学生所表达出来的观点和意见可能存在着很大的差别，而这种观点之间的不同和差异，往往是对话的动力，也可能是课堂教学的闪亮之处。因此，课堂教学中的对话"应该尽可能鼓励各种声音和观点呈现出其多样性，不要寻求把它们调解为单一的、一致的、统一的一种声音，巴赫金把这种状态称为'众语喧哗（Heteroglossia）'"。[①] 教学对话应该"相信有可能把不同的声音结合在一起，但不是汇成一个声音，而是汇成一种众声合唱；每个声音的个性，每个人真正的个性，在这里都能得到完全的保留"。[②] 正是在各种差异的较量中，对话才具有生产性，教学的思想和意义才得以创生。由是，教师应针对不同的学生采用不同的方式，为不同的学生创设展现自我、积极参与的对话机会，最大限度地挖掘学生的潜能，让学生

---

① 转引自李小红：《论教师促进教学对话的策略》，《当代教育科学》2008 年第 17 期。

② ［前苏联］巴赫金：《文本、对话与人文》，《巴赫金全集》（第四卷），河北教育出版社 1998 年版，第 356 页。

在对话中表达自我、提升自我、实现自我。

3．教师要充满人文情怀，关注学生心灵

在教学的过程中，对话是一种能充分体现师生主体性的活动，它需要教师对学生给予人文化的关怀。之所以作如此断言，是因为从知的角度来说，教师与学生存在着先知与后知的关系，但并不存在着施恩者与受恩者的关系；从情的角度而言，学生与教师一样，都是具有独立个体的主体，都具有独立的人格和丰富的内心世界，拥有自由的意志和自由表达的权利，因而师生之间、生生之间需要相互理解和尊重。正因如此，在教学的过程中，师生在对话时，教师需要以平和的心情和包容的态度接纳各种不同的意见，并尽可能让不同学生的见解得以在课堂上充分表达。由于学生认知结构的不完善，经验系统的不完整，不管学生的意见和想法如何，教师不要轻易打击。教师要善于设身处地地站在学生角度来思考，而不要总是站在教师的角度、成人的角度考虑问题，要从心里将自己与学生融为一体。教师要全方位关注学生的心灵，尊重、信任、欣赏、关爱学生。同时，教师要关注学生的生活世界，打通书本世界与学生生活世界之间的关系；要关注学生的个性交往、生命价值、审美感受、情感交流；要关注学生的独有文化，增强师生之间以及生生之间的多维有效的互动；还要关注学生的个体特征，呵护自尊、培育自信、激励自强。[①]

（二）设置恰当的话题

对话的主题设置的恰当与否将直接影响着对话中学生的主动性与积极性，影响着对话活动能否深入进行下去。因此，科学地设置话题就成了教学对话过程中不可回避的一大问题。

1．话题设计的要求

其一，话题要结合教学目标和教学内容。

---

① 周东明：《论对话教学的心理意义和应用策略》，《青岛大学师范学院学报》2008 年第 1 期。

在教学对话的过程中，话题不是随意设定和生成的。在设计话题的时候，必须根据教学目标、服务于教学目标且渗透于教学内容的，脱离教学目标和教学内容的话题不应成为对话的主题。否则，就可能出现南辕北辙的现象，话题讨论得愈热烈，离教学目标也可能就愈远。在当下的一些课堂教学中，有些教师因刻意追求教学对话的生成性而迷失了基本的教学目标，选择了一些偏离教学目标的生成性话题。例如，在"第二次鸦片战争"的教学中，有学生问："老师，英法联军火烧圆明园时，带路的真的是中国人吗？"执教老师认为这是生成性教学的好机会，当即决定放弃原来预设的教学设计，抓住这个问题跟学生讨论。显然这样的问题不应该成为本课对话教学的话题，因为它既偏离了教学目标也脱离了教学内容。[①]　因此，对话教学选定的话题应是教学范围内的话题，要符合教学目标和内容。

其二，话题要贴近学生的"最近发展区"。

对话所设计的话题应贴近学生的最近发展区，话题要高于学生现有的认知发展水平，但学生通过对话探究又能够理解话题、解决问题，从而使学生得到发展；话题应既能激发学生的探究欲望，又不会使学生丧失信心，过易和过难的话题都不利于学生的发展。这就需要教师在教学前对学情有一个科学的评估、准确的了解，以便在设计话题时做到贴近学生的最近发展区。下面即一个很好的案例：

案例：一位教师执教《赤壁之战》一课，导读了第二自然段后，学生表示完全读懂了，没有什么疑问。教师追问为什么提不出问题，学生说："这一段总共才三句话，讲了曹操和东吴两方面的准备工作，我们全明白了。"教师并没有以这样的表面平衡为满足，继续追问说："你们觉得曹操和东吴方面工作，哪方面准备得更充

---

① 刘波：《对话教学中话题设计的要求与策略》，《素质教育大参考》2014 年第10A 期。

分，要从课文中找出根据。"

这一问，就把学生问住了。显然，这是一个富有挑战性的问题。于是，学生认知上的"落差"就产生了，大家细细地研读起来。

生："曹操的准备工作充分。因为曹操的兵大都是北方人，坐不惯船，他们须做很多准备工作来适应渡江作战。"

生："我以为东吴的准备工作很充分，他们分析了自己的力量单薄，看到长期相持没有好处。"

生："我认为曹操的准备工作充分，他们集结了那么多军队，而且还用铁索把很多船串连起来，便于操练。"

生："当然是东吴的准备充分，要不，怎么会打胜仗。"

生："东吴的准备工作充分，表现在他们不仅看到了自己的不足，还分析了敌情，抓住了曹军用铁索连船的破绽，设计出用火攻打败对方的妙计。"[1]

由上述案例可看出，有时候学生会由于自身认知水平的限制而无法产生出疑问。这时，教师既不能为了生成要求学生无疑而疑，提出一些幼稚性的问题，也不能因为学生自己说没有疑问而轻易放过生成的大好机会，而要预想到学生的知识发展水平，在无疑处设疑。这样的疑问必将打破学生原有认知的平衡，激发学生探究的欲望，成为有效的生成。案例中的教师在学生无疑问的情况下进一步以"哪方面准备得更充分"设问，使学生产生了认知"落差"，有效地打破了学生的认知平衡，引发了思维碰撞，在深读课文的基础上，认识到东吴能够深入分析敌我双方的优劣长短，拟就了扬长避短、以弱克强、克敌制胜的妙计，这才是最充分的准备，最终解决了问题，达到了新的认知平衡。

其三，话题要具有启发性。

---

① 杨九俊：《小学语文课堂诊断》，教育科学出版社 2005 年版，第 121 页。

现代教育不是向学生灌输知识。教师的责任就是将教材中具有启发性的问题揭示出来，通过对话能开启学生的心扉，激发学生的情感，深刻领悟教学内容，领悟某种道理。下面是类似的一个案例。

师：（播放《常回家看看》）请你听听这首歌，你想到了些什么？

生：想到了辛劳的爸爸妈妈。

生：想到了生病时妈妈照料我的情景。

生：想到了大雪纷飞的晚上，爸爸送我去上钢琴课。

师：这首《常回家看看》让我们想起了生我们养我们的父母，此时此刻，老师的心情与大家一样，被这份浓浓的亲情包围着。你们还知道哪些歌唱父母的歌，能不能唱两句给大家听听？

生：《世上只有妈妈好》……

师：（小结导入）生活还有许多歌唱父母的歌曲，这些歌曲有的唱出父母的辛劳、崇高和伟大，有的唱出了孩子对父母真挚、深情的爱，今天，就让我们带着对爸爸妈妈的一颗诚挚爱心一起来学习《孝敬父母》。①

在本则案例中，通过播放《常回家看看》这首歌曲，让学生通过对话领悟到父母对子女的辛劳付出与热爱，进而激发学生热爱父母、孝敬父母的感恩之心。

其四，话题要贴近学生的生活世界。

要使学生对话题感兴趣并积极主动地投入到对话过程之中，所设置的话题必须符合学生的认知需要，同时与学生的生活世界紧密相关。这样，学生才能够有话可说，有话要说，并在讨论、交流的过程中保持高昂的兴趣与热情。下面即是一个类似的案例：

---

① 徐国平、黄向阳主编：《以学生发展为本的小学课堂教学策略》，中国广播电视出版社 2003 年版，第 93 页。

案例：《秋天的怀念》

师：同学们，你们喜欢听上课铃还是下课铃？为什么？

生：（纷纷地）喜欢听下课铃！

师：现在，假如学校规定取消下课，也取消体育课，就这么一节课、两节课、三节课……地在教室里坐下去，你有什么想法？

生：（炸了锅似的），"受不了！""不行！""我会不来上学的！"……

师：是的，这样的规定谁也受不了！当然，这只是假设，学校是不会做出这样不合理的规定的。……

然而，就有那么个年轻人，他和我们一样，爱跑、爱跳，甚至是运动场上的健将，可是，一次貌似普通的淋雨发烧、住院治疗后，一天，医生严肃地告诉他：你双腿瘫痪，永远不能站起来了。这一年，他只有21岁。同学们，这可不是假设，而是容不得一点商量的现实，不是一节课、两节课、十天半个月……而是一年、十年、二十年、一辈子！

此时，如果是你，听到这样的宣判，看到那张冷冰冰将陪伴你度过一生的轮椅，你会怎么样？

生1：我会发疯的！

生2：我会拼命地找医生，一定要治好我的腿！

师：医生告诉你，治愈的可能性为零！

生2：（激动地）那我就去死！

师：是的，和你一样，这个年轻人当时也想到了死！在这种时候，死似乎比活着好受得多。可是，他并没有死，双腿瘫痪之后的第七年，他的第一篇小说问世，之后他又陆续发表了许多文章，现

在的他已经是一个非常著名的作家，他的名字叫史铁生。……①

　　在本则案例中，由于教师考虑到学生与作者在人生经历与特定的情感体验之间所存在的差距，巧妙地以"设想不能下课会怎样"这一极其贴近学生生活世界的话题切入，最后引出本次课的教学内容。

　　其五，话题要具有开放性。

　　对话并不是要将已有的知识与结论灌输给学生，而是让学生在对话的过程中有所思、有所感、有所悟。这就要求教师在设计话题时，必须保持话题的开放性，能够形成多种可能的意义，有利于学生发表不同的见解，有利于学生充分发挥自己的想象力，使对话更具有丰富性，同时也有利于学生发散思维和创造能力的发展。例如在教授《鸿门宴》这一课时，有教师设置了这样一个问题，公元前207年，巨鹿之战，项羽破釜沉舟以两万的兵力击溃秦军20万大军，何等威风，四年后，垓下之战，项羽四面楚歌，意气何其衰也，原因是什么呢？学生回答，项羽狂妄自负，他不听范增意见；他胸无城府，供出内奸；他为人不仁，沽名钓誉。有学生还从刘邦方面寻找项羽失败的原因。学生的思维活跃起来，教师顺便点拨课文中相关语句，最后归结出项羽的悲剧是性格悲剧，教学收到较好的效果。又如某教师执教《祝福》一课时，最后提出这样一个问题，祥林嫂在旧社会是那样无奈，假如她现在来到你们当中，你们打算怎样帮助她？一石击出千层浪，学生的话匣子一下子打开了，有的劝她再嫁，有的要帮她上法院，夺回被她大伯收去的房子，有的说帮她寻找工作……点子层出不穷，教学出现了高潮，这堂课收到了较好的学习效果。② 由此看来，开放性的话题是一种包容性极强的多元话题，这种话题具有宽广的思维空间，它允许多种理解并存，不强调答

①　杨九俊：《小学语文课堂诊断》，教育科学出版社2005年版，第16页。
②　姜欣：《"对话式"语文课堂教学模式与策略探析》，教育硕士学位论文，山东师范大学2005年，第22页。

案的唯一性与标准性，只要言之有理、言之有据就行。

2．话题设计的策略

（1）围绕教学重点、难点设计话题

教学中的重点、难点问题是指在实现教学目标过程中必须加以重点解决的、牵一发而动全局的问题和学生在理解上存在困难的问题。对于这类问题，教师根据对本班学生的认知情况和身心发展规律的了解与掌握，一般在上课前就已经预设好了。当然，为了更好地把预设性的话题呈现给学生，需要教师在课前认真备课，认真领会课程标准，把握教学目标，钻研教材，理解学生的身心发展特点和水平，对本班学生的学情进行认真分析，根据教学重、难点问题和教学情境设计出教学对话主题，然后在课上引导学生围绕这类话题展开对话。为了避免问答式的形式化的对话，使对话能够深入下去，教师在围绕教学的重难点设置话题时，还要尽可能地创设若干具有较强综合性的上位问题，以较高的起点和悬念激励学生思维，作为对话的切入点。上位问题必须能涵盖其他问题所组成的下位问题系统。学生要顺利解决上位问题，就必须先解决其下属的下位问题，而下位问题解决需要借助师生、生生之间的对话，需要学生深入研读教材，这是激发学生思维的触发点，也是对话的触发点。

（2）围绕教学疑点设计话题

教学疑点问题，一般是指师生在教学过程中感到迷惑不解的问题。教学中的疑点问题也是对话主题设计来源之一。"为学患无疑，疑则有进"，对话要鼓励学生对教师、教材的质疑，要抓住疑点问题设计对话的主题话题。教师可利用这些疑点巧设话题，激活学生思维。通常有两种方法：其一，教师通过钻研教材，从文本中挖掘出疑点，并围绕它组织学生展开对话；其二，充分利用前人的研究成果，给学生提供一些对立的、矛盾的"成见"，由学生自己认识、判断、取舍，从而使他们由此生发新的"思想"。一般说来，当文本内容涉及到人物的思想性格、情感品质、功过得失以及人物命运的评价时，因环境和人性的错综复杂，常常难以做出一个科学的评判，这就给学生多元化、个性化的解读提供了广阔的空间，同时也很好地起到了推进对话的作用。例如，在《辛亥革命》一课的教学中，教师就可抓住"《中华民国临时约法》为何特别规定责任内阁制"的教学疑点，设计"责任内阁制与总统制究竟哪一个更适合中华民国"的话题，来进行教学对话，培养学生的质疑和解疑能力。

（3）围绕文本、生活的连接点设计话题

众所周知，任何认知上的内容只有在转化为个体的实际行为时，才能体会、领悟的更加深刻。因此，在课堂教学的过程中，只有将学生所学习到的文本上的内容与其生活体验的感觉相融通，学生才能体验到理论与实际的联系，才会感受到学习的用途与魅力，进而才能将文本的学习转化为生活实践中的能力。这就要求教师必须具备敏锐的目光和深邃的思想，能及时感悟生活实际，将文本学习内容与生活实践相衔接，使设置的话题与社会生活接壤，从而互补共效，进而达到事半功倍的效果。

（4）围绕社会热点或焦点问题设计话题

社会是由个体组成的，个体是社会中的个体。为了让学生今后更好地走上社会、融入社会，在教学的过程中，还可以围绕社会中的热点或焦点问题来设计对话的主题。社会生活中的热点或焦点问题往往是人们极为关注的问题。在教学的过程中，很多教学内容往往会触及社会生活中这方面的问题，如战争与和平、工业化与环境保护、经济全球化与政治多极化、社会公德、粮食危机、全球变暖等方面的问题都可以作为对话的主题。围绕社会生活的热点和焦点问题设计的话题，既能加强教学内容与现实生活的联系，还能培养学生的社会意识和社会责任感，激发学生参与对话的热情，有助于提高对话的有效性。

（三）学会倾听学生

为了有效地促进教学对话，教师不仅要赋予学生平等的话语权，还要乐于、善于倾听学生的声音。教师对学生的倾听"不在于证实一种立场的正确性，而是要发现将不同观点联系起来的方式，以及通过积极进入对方视野而拓展自己的眼界"。① 然而，在现实的教育实践中，师生之间对话、倾听的现状并不容乐观。如有人调查发现，有 54% 的学生认为"老师很少与他倾心交谈"；有 48% 的学生认为"老师不能了解他的忧虑与不安"；有 40% 的学生认为"找不到一位能倾诉内心隐私的老师"；有 38% 的学生认为"老师常让他感到紧张与不安"。② 即使教师偶尔倾听学生的言说，其目的也"不是为了与儿童建立一种和谐的民主关系，而是为了更好地控制儿童，儿童是一块特殊的橡皮泥，要捏成需要的形状还是需要一定策略的"。③ 教师只有认真倾听学生的言说，才能真正理解学生的所思所想，才能理解学生作为独特个体存在的价值，进而发现和理解自己。同时，也只有教师乐于、善于倾听学生的言说，才能更加激发学生勇于、敢于并真实地表达自己的观点，才能使教学对话不断地持续进行。

为了使对话能真正深入下去，而不是停留于简单化、形式化的层面，教师应做到如下几点：④ 一是鼓励并尊重学生的畅所欲言。鼓励学生敢说、想说，允许学生充分地表达自己的想法和意见，是教师乐于倾听学生的基本表现。在对话中，即使学生言辞表达不甚清楚，甚至是答非所问、不知其所云，教师也要耐心地让学生说完。这是对学生起码的尊重。切忌教师强行终止学生的言说行为，更不能以嘲笑、讽刺和侮辱的话语来评价学生的言说。"从帮助年轻人这一方而来说，通过给他们大量的机会让他们表达自己的见解，为自己的见解辩解，……这是极为重要的。……严肃地对待青年人的判断，乐意并耐心地倾听他们讲述自

---

① Doll, W. E. , *A Post – modern Perspective on Curruculum*, NY: Teachers College Press, 1993, p. 151.
② 王雪：《沟通·理解·发展——谈谈如何构建新型师生关系》，《北京教育》2002 年第 4 期。
③ 马增彩：《论教育价值取向的工具性》，《教育参考》2001 年第 7/8 期。
④ 李小红：《论教师促进教学对话的策略》，《当代教育科学》2008 年第 17 期。

己的判断，与他们进行讨论，即使他们起先表示意见时笨嘴笨舌，显得十分吃力，或者偶尔不加评论地重复他人所提出的见解。教育者必须始终彻底地放下高人一等的架子。因为除了专制的要求以及傲慢的讽刺，再也没有什么其他厉害的手段更能把青年人正表现出来的判断压制在萌芽状态，再也没有什么比'你懂什么？这方面你还太年青！'这样的嘲笑否定更有害的了。"① 二是真诚、健全地倾听。为促进教学对话的有效开展，教师必须真诚地倾听：在倾听过程中教师将自己的观点和意见悬置起来，做到"暂时性的自我隐蔽"，从而努力地进入学生的视界以真正了解或接纳其思想、观点。如长时间地注视学生；在学生表达观点的过程中保持安静；当学生表达清楚某个观点时做出表示理解的反应，或者点头赞许，或者借助"噢"、"嗯"、"原来是这样"等语词；在学生的表达告一段落时，重复其观点的核心内容，或者鼓励学生继续表达以使其观点更加深入等等。② 真正有效的教学对话要求教师真情真意地倾听学生，健全地倾听学生，倾听每一个学生的声音，倾听每一种观点和见解，真正做到声声入耳，句句扣心。三是欣赏地倾听。欣赏地倾听指教师在倾听学生的过程中始终怀有一颗欣赏之心，及时发现学生的闪光之处，及时肯定、赞许和褒奖学生。教师在倾听中懂得欣赏和肯定学生，不仅有助于形成对话精神，促进教学对话的有效进行，而且也有助于使学生学会相互欣赏和相互肯定。因此，教师在倾听学生时，应多用鼓励、肯定的语言，少用负面、否定的语言；多看到学生的优点与进步，少指责学生的问题与不足；多想想学生是发展中的个体，少用学生当前的行为来全盘否定他。在这种相互欣赏和肯定的宽松氛围中，将激起每个学生表达和思考的欲望。如此，教学对话将有效展开，进而使学

---

① [德] 博尔诺夫：《教育人类学》，李其龙译，华东师范大学出版社 1999 年版，第 119 页。
② 吴德芳：《论"后现代思想"视野下的教学》，博士学位论文，华东师范大学 2003 年，第 63 页。

生的知识建构和意义创生成为可能。

（四）培养学生的对话能力

学生是否具备必要的对话能力，是对话顺利进行的必要条件。如果学生缺乏必要的对话能力，教师精心设计的话题及对话效果都会大打折扣，真正意义上的对话也无从说起。因此，有必要在教学的过程中培养学生的对话能力。具体来说，培养学生的对话能力可从以下方面入手：

1．培养学生的表达技能

表达是教学对话的基本要素。由于我国教师长期的独白式教学和灌输使得学生较为习惯教师讲自己听。因而，当教师将话语权赋予学生，给学生提供表达机会的时候，一些学生反而不知如何是好呢。所以，教师还应注重培养学生敢于、善于表达的技能。一方面，教师要培养学生的信心，帮助学生培养敢于表达的习惯。为此，当学生在表达自己的疑惑或观点时，教师要态度和蔼可亲，语言亲切，鼓励学生勇于表达，千万不能因为观点或问题的幼稚对学生置之不理或冷嘲热讽。下面即是一个很好的案例。

> 学生：老师，什么叫月亮？（语音刚落，引起了全班的哄堂大笑。）
>
> 教师：同学们，当同学在学习上遇到困难，我们应该怎么办？
>
> 学生：（异口同声）应该帮助他。
>
> 教师：说得真好！谁愿意解决他的问题？
>
> 学生：（争先恐后地举手）月亮是地球的一颗卫星，晚上才出现。
>
> 教师：同学，你对他的解答满意吗？
>
> 学生：（提问的学生点头）满意，谢谢你！
>
> 教师：同学们，让我们用热烈的掌声表扬敢于提问的//同学，

同时也把掌声送给替他解决困难的学生。(掌声响起)①

从上述案例可以看出，当学生的疑问太肤浅或发生错误时，教师应以平常心、宽容心来对待，对学生的观点不挑剔、不批评，使学生消除顾虑，获得一种宽松的对话空间，从而敢于发表自己的见解，不断树立对话的信心。

另一方面，教师要注意训练学生善于表达的能力。教师可要求学生：发言前做好充分的准备以避免紧张怯场；表达时尽量做到思路清晰、逻辑清楚、语言流畅等。在日常教学中，"抓重点词语提问，训练学生思维"不失为一种较为有效的方法。

案例：《捞铁牛》

教师：和尚为什么要做这些准备工作呢？聪明的同学一定想知道。那么，就得靠我们自己来提出问题、解决问题，从而理解句子的意思。

(出示例句："和尚让人准备两只很大的木船，船舱里装满了泥沙，慢慢地行驶到铁牛沉没的地方。")

教师：请同学们仔细读读，边读边思，想想这句话中哪些词语是比较关键的？

(学生轻声读，边读边体会，沉思片刻，即纷纷举手)

学生：我觉得比较关键的词有："很大的"、"装满了"、"慢慢地"。

(教师随即在这些词语下标上着重号)

教师：好！那么，我们能否针对这些词语提出一些问题来呢？

学生：我想问，为什么要准备两只很大的木船？小一点的木船

① 杨莲菁、王钢：《对话》，上海教育出版社2004年版，第94-95页。

行不行呢?

（教师在"很大的"一词下加上"为什么"）

学生：为什么要在船舱里装满了泥沙?（教师在"装满"一词下加上"为什么"）

学生：为什么要慢慢地行驶?

教师：同学们真会动脑筋，这些问题都提得很好。那么，你们能不能再读读课文，从课文中找到答案呢?

（学生小组讨论，交流讨论结果）

教师：刚才我们通过边读边想，抓住重点词语来提问题。其实，在读文章时，除了问"为什么"外，还可以问"是什么"、"什么意思"、"怎么样"等等。总之，针对重点、难点和自己的疑点提出问题，能够使我们学得更明白，变得更聪明，愿意再试试吗?

学生齐答：愿意!

（出示其他两个句子，学生边读边讨论，提出问题）……①

在上述案例中，教师通过"抓重点词语提问，训练学生思维"，较好地帮助学生理清了思路，同时也训练了学生的表达技巧。当然，在教学过程中，可以通过很多方式来训练学生的表达技巧，关键是要营造良好的表达氛围，让学生感到"自己想学"，从而产生质疑的习惯。

2. 培养学生的倾听技能

在教学对话的过程中，当教师逐步培养起学生的表达习惯时，往往又会出现新的问题，即不少学生不爱也不知如何倾听他人的意见。例如，在小组合作学习过程中，学生们往往争相发言，但却各说各的，互不倾听、互不交流。只是一味地发表自己的见解、总希望别人能够倾听

① 杨莲菁、王钢：《对话》，上海教育出版社2004年版，第99－100页。

自己的观点却难以好好倾听别人意见的学生不在少数。殊不知，在对话的过程中，学会倾听别人的意见也是一种责任和对他人的尊重。因此，教师在培养学生表达技能的同时，也要注意培养学生倾听的技能，使学生学会倾听。具体来说，主要包括以下三点：一是指导学生倾听的姿势。手势或身体动作最能反映学生是否在倾听。教师应对学生倾听的姿势给予指导，如听同学发言时，要求学生眼睛看着书上或老师出示的教具，不看发言同学的脸，做到神情专一。如果同学的回答与自己的思考相一致，则以微笑、微微点头表示认可或赞同。二是引导学生保持理解的心态。不少学生的表现欲较强，总认为别人的意见都是错的，自己的观点都是对的。在对话的过程中，不少学生的注意力主要集中在谁在说，怎么说的，而往往忽略了说什么，这无疑就影响了对话的质量。因此，要引导学生保持良好的形态，听其他同学在表达自己的观点，要弄清楚他（或她）为何会有这样的想法。即使与自己的观点不一致，也不轻易地给予否定，可以通过"我个人觉得……"，"我个人认为……"或"我想补充说明……"等方式参与对话交流。如此一来，学生既学会了倾听，也保持了理解的心态，才能收到较好的效果。三是训练学生倾听的方法。在对话的过程中，除了要培养学生"听什么"、"为什么听"，更要训练学生"怎样听"，要对对方的话进行及时的归纳和概括。在倾听的过程中，抓住一些提示性的关联词是迅速提炼段或篇主旨的有效办法，如出现"但是、可是"之类表述转折性的关联词，就要对后面要说的话重点听，这将是说话者要表明的态度或主张；如出现"因此、所以"之类的表示因果关系的关联词，就知道下面的内容将总结前面内容或表明说话者的态度，等等。训练学生倾听的技能时，教师还要注意引导学生在听的时候披沙拣金，透过说话者的语气、语调、重音、表情，抓住"文字"背后的隐含意思。

第四章 有效教学的实施策略（下）

第一节 课堂讨论策略

课堂讨论是课堂教学的重要活动，它是促进学生主动学习和提高教学质量的有效方法之一。课堂讨论有助于学生的认知、个性和社会发展，有利于学生获得知识和提升高级思维技能。有效的课堂讨论是提升课堂教学质量的重要保证。

一、课堂讨论的内涵及意义

《辞海》对"讨论"的解释是"探讨寻究，议论得失"。《现代汉语词典》对"讨论"的定义是就某一问题交换意见或进行辩论。马太·利普曼探讨了"交谈、对话和讨论"之间的关系，他认为，所谓讨论是"由两个或两个以上的成员组成小组，互相分享、批判各自的想法，与另外两者相比，讨论过程要保持适度的严肃和嬉闹"。[1] 课堂讨论虽是发生在课堂情境之中，但同样持有讨论的内涵。课堂讨论就是在课堂教学过程中，师生之间、生生之间就某一问题相互交换观点和看法，并针对问题的某些方面进行争论和辩解，最终解决此问题或形成解决方案的一种教学手段。在课堂讨论中，容易引起"头脑风暴"，从而更全面地分析问题、解决问题和发现新的问题。课堂讨论常用来学习人类已经认识了的知识，包括知识性问题、心理感受性问题、争议较大的问题等等。

---

[1] 杨翠蓉、张振新：《论有效的课堂讨论》，《今日教育》2005 年 Z1 期。

课堂讨论对于学生来说具有下述意义：

其一，课堂讨论有助于增强学生的主体意识。在课堂讨论中，每一个同学都有机会发表自己的观点，学生在陈述自己的看法以及反驳他人观点的过程中，都需要学生本人的积极思考，这有利于调动学生学习的积极性、主动性，从而发挥学生的主体作用，增强学生的主体意识。

其二，课堂讨论有助于培养学生的创新精神。在课堂讨论的过程中，学生为了证明自己观点的正确性，必须指出他人观点的错误之处。在这种证明自己、批驳他人的过程中，学生必须努力调动自己的创新思维，从不同角度、不同侧面来证明自己。因而，课堂讨论能有效地激发学生的创新意识，培养学生的创新精神。

其三，课堂讨论有助于提高学生的思维能力。学生在课堂讨论过程中，通过分析、甄别、类比、猜想、剖析、纠错、证明，能够较为全面、透彻地理解问题。在对同学的意见和观点的评价中，提高了批判性思维；在与同学的交流、获取种种解题方法中，提高了发散思维能力。对此，有学者明确指出，"小组讨论对鼓励批判性思维，对让学生参与到学习过程中，对一个民主社会所需的'公共理性'的促进，都发挥着重要作用（℃，属难熔金属。密度 J. Dillon, 1995；Krabbe & Polivka, 1990）。因为小组讨论不仅有助于学生批判性地思考——考察可选择性，判断解决问题的方案，进行预测，发现普遍化真理——它还是概念、模式和理论教学的另一种方式"。[①]

其四，课堂讨论有助于提高学生的表达和交流能力。在课堂讨论过程中，学生围绕某个问题展开课堂讨论，体现了以教师的教为主向以学生的学为主的转换，充分发挥了学生的主体作用，学生在充分地展现自我、表达观点、交流看法的过程中品尝学习的乐趣，从而实现了表达与交流能力的提高。

---

① ［美］加里·D. 鲍里奇：《有效教学方法》，易东平译，江苏教育出版社 2002 年版，第 199 页。

其五，课堂讨论有助于激发学生的学习兴趣。课堂讨论能让学生充分地展示自我，在思辩中去探求新知，互相学习，共同进步，学习的氛围宽松和谐，能大大激发学生的学习兴趣和热情。

二、课堂讨论的实施

（一）明确讨论的目的

任何一门学科不仅有自己的总体教学目标，还有自己的分类目标如情感、态度、价值观。无论是总体目标还是分类目标，都是在课堂教学过程中实现的。就每一节课而言，也都有其具体的本节课的教学目标，教师在课堂上组织各种教学活动就是为了实现课堂教学的目标。老师在课堂上组织学生针对某一问题进行讨论，就是为了帮助学生对该问题能够正确地理解与把握，是为实现本节课的课堂教学目标服务的。因此在课堂教学中，教师应该从完成课堂教学目标的角度出发来安排课堂讨论，即要求学生在课堂上通过围绕某一问题的讨论应达到一定的目的。如果课堂讨论没有明确的目的，为了讨论而讨论，那么这种讨论只能是一种"饰品"，没有实在的内容，也不会有好的效果。

（二）精心设计讨论的问题

在课堂教学中，教师应精心选择学生学习中有讨论价值的问题。有讨论价值的问题可以引起学生大脑皮层的高度兴奋，并能使学生产生强烈的求知欲望。受这种欲望的驱动，学习过程往往会变得主动而富有生气，学生的主动性、积极性也容易被调动起来。课堂讨论的效果如何，很大程度上取决于讨论内容的选取。什么样的内容有讨论价值，什么样的内容能引起学生极大关注并能够展开讨论，至关重要。总体上来说，教师在设计讨论问题的时候，应关注以下几点：

一是所确定的问题应是教材的核心问题即教材的重点、难点和关键之处。组织讨论必须把握教材的重点、难点和关键之处，越是教材的核心问题，越要让学生去主动学习，只有学生积极参与，进入角色，才能学有成效。而教材中的重点、难点和关键之处的解决，则无疑有助于加深学生对教学内容的理解。如在教学《济南的冬天》一文时，有教师向学生提出了这样一个问题："作者是如何描写济南的冬天的？"问题揭示了全文的难点，问题一提出，学生讨论热烈，兴趣盎然，在你说、我说、他说的交流氛围中得出：不断变换观察的立足点，多角度地描绘济南的城、山、水，突出了冬天的济南处处舒适、气候温晴的特点。描写中富有整体性和层次感：描写济南全景，作者先俯瞰，然后仰视；描绘雪后的山景，作者是远眺；描绘冬水，又由俯视到仰视，再进行纵览。这样使学生在讨论中解决了难点，又掌握全文的重点，并体验到了成功的愉悦。① 再如，教学"分数的意义"一节，理解并掌握分数的意义是这节课的重点，同时又是一个难点。教学时，教师可为学生提供充分的操作素材：把1个月饼平均分；把4个苹果平均分；把6只熊猫玩具平均分；把一个班级的人平均分……引导学生先进行操作，并在此基础上适时组织学生讨论：分数的意义是什么？这样做，就使学生在体味操作过程和倾听师生、生生之间的交流中感悟到分数的本质，从而加深了学生对分数意义的理解，也提高了学生的总结概括能力。②

二是讨论的内容应有适当的难度，处于班内大多数学生的"最近发展区"。这就要求教师必须针对具体内容和学生的实际情况具体分析，做出恰当安排。譬如教师在讲授"解直角三角形"的引入部分时，提出问题："你走在街上，空中飞来一架飞机，你也许便会想到：飞机离我有多远？"让学生讨论，充满好奇心的学生便会自觉地设想各种方案进行讨论，一些学生会利用解直角三角形的方法来看这个问题，甚至自己画出图形——直角三角形，这样学习的效果是相当不错的。

三是讨论的问题要有适当的深度。心理学的研究认为，孩子具有一种与生俱来的学习探索能力，只有创设充满挑战性的问题情景，才能诱发学生的学习兴趣与热情。因此，教师应根据教学目的设计出能挖掘文

---

① 王猛：《讲究课堂讨论艺术 努力提高教学效率》，《教育艺术》2005年第5期。
② 王克兰：《课堂讨论的时机及应注意的问题》，《山东教育》2006年第34期。

章主题思想或力求突破教学重难点具有一定深度的问题，并根据学生的实际，把握学生的程度，组织好课堂讨论。要使学生动脑之后才得以回答，这样的讨论才能达到良好的效果。如教师上《祝福》一课让学生就"柳妈是存心要害祥林嫂吗？鲁四爷为什么会嫌弃一个寡妇呢？"这两个能揭示主题思想的问题展开讨论。由于提出的问题具有价值性、启发性、挑战性，因此学生的思维立即活跃起来并持久地保持积极状态，大家经过思考、分析、探讨，才认识到柳妈本身也是封建礼教的受害者，由于受封建迷信毒害太深，既同情祥林嫂却又把她推进死路。鲁四爷是封建礼教维护者，他那样做符合他的身份和地位。可见封建礼教的浓重阴影笼罩着当时那个年代。经过一番讨论后，学生最终理解了谁才是真正残害祥林嫂的凶手。①

四是讨论的问题应针对学生的共性。教师应根据多年的教学经验，选择的讨论内容应针对同学们共同存在的问题，并从中起点拨作用，以使全班同学共同提高。例如教学《驿路梨花》一课时，在确定究竟谁是房子的主人时，全班同学意见纷纷，一同学讲："解放军是建造者，是小茅屋的主人"。又有同学讲："梨花是小茅屋的照料者，她是主人"。还有同学讲："梨花出嫁后，梨花的妹妹照料小茅屋，她才是主人"。同学们各抒己见，难以统一。在这关键时刻，我提出了这样一个问题："文章是写某一时候的小茅屋的主人，还是写存在十几年的小茅屋的主人？"同学们猛然醒悟。文章不是一般化地赞颂雷锋精神，而是把雷锋精神作为一种不断发扬、不断传递的运动加以展示，讴歌的不是某一个人或某一类人，而是兼及各种身份和各种年龄的几代人。因此，建设者和照料者都是主人，经过讨论，同学们在辩论中得到了统一，取得了共识。②

---

①　郑立晴：《对"课堂讨论"教学法的几点思考》，《引进与咨询》2004 年第 6 期。
②　王猛：《讲究课堂讨论艺术　努力提高教学效率》，《教育艺术》2005 年第 5 期。

（三）营造讨论情境

课堂讨论总是在一定情境下展开的。教师在课堂教学中，应善于把握学生的思维特点，营造良好的讨论情境。课堂讨论方向及可能深入程度等都与讨论情境密切相关。营造良好的课堂讨论情境是课堂讨论成功的保证。有研究者指出，有效的课堂讨论情境具有下述几个特点：①

其一，引导性。课堂讨论中的有效情境能引导课堂讨论沿一定的方向展开，从而避免了讨论范围过大、偏离主题的现象。引导性不仅为课堂讨论提供大致方向，也提供了讨论所需的基础知识，使得讨论能真正做到应用与提高、创新的目的，避免为讨论而讨论，或者成了空谈的形式。然而，引导性过强，则可能使得讨论的深度不够，思维单一，故引导性不能过于死板。

其二，开放性。如果情境过于强调引导性，则课堂讨论可能会显得单调，学生的讨论可能不够深入。为此，课堂讨论的情境应当适度开放。当然，情境也要避免过分开放，以免学生在讨论时出现方向把握不准而使讨论变得不明确，这也会影响讨论的有效性。

其三，人文性。这里所指的人文性，是指符合人文教育思想，符合科学教育与人文教育的整合思想，也符合"以人为本"思想。除了情境创设时尽量接近学生的生活之外，还应该体现人文关怀，在情境中尽可能提供有利于提高生活质量、有利于身心健康的事例，或者使其心灵上得到共鸣。

其四，潜隐性。潜隐性指课堂讨论的情境常常不全时显性出现的，往往与前知识、课堂教学进程等有关，而且有时也难以预测与控制。同样的情境，不同的学生理解的重点也可能不同，甚至是完全相反。这也是课堂讨论需要按一定要求创设的必要性的原因之一，当然正因为如此学生通过倾听他人的观点和表达自己的观点来明了问题，从而形成比较

---

① 徐宗谦：《初中科学课堂讨论中的有效情境创设》，《网络科技时代》2007 年第 12 期。

完善的解决方案。

其五，科学性。科学性是课堂讨论有效进行的前提，如果创设的情境缺乏了科学性，则一切都将失去意义。如果是过分强调人文性，情境也容易出现科学性问题。某教师在讨论"如何对大气分层？"这一问题前，首先出示了一个桔子，然后切成两半，讲解大气层很薄，如果这个桔子是地球，则大气层薄如桔皮。接下去讲解了大气的作用，然后研究大气温度分层特点，接下去就是"如何对大气分层？"的讨论。居然有很多学生认为整个大气层只需一层，因为就如桔皮一样很薄，也比较均匀，因此只需一层。究其原因就是由于用桔皮比喻大气层很不科学，首先正由于其形象性，结果学生把大气层想象成了桔皮，如果拿衣服比喻大气层的保护作用就不会出现类似的问题；其次，桔皮的密度比其中桔肉还要大，而大气层不然；还有，桔皮有明显的上界，而大气层没有明显的上界。

当然，营造课堂讨论情境的方法多种多样，只要符合有利于讨论的顺利进行都可以，如创设方法有计算机多媒体（图片、视频、音乐、图表等）展示、讲述（科学史、故事、生活经历等）、提问、在讨论题目中含有情境、前知识引起的认知冲突等。

（四）科学安排课堂讨论的组织

课堂讨论的组织形式不同，其讨论的效果也大不一样。课堂讨论可以是以班级为单位的组织形式，可以是以学习小组为单位的组织形式，也可以是学生自由组合的临时的组织形式。从教学实践来看，课堂讨论大多以小组为单位或以学生自由组合的形式进行，这样可以使每个同学在讨论中都有发言的机会，让每一位同学在讨论过程中都能尽可能充分地发表自己的观点。一般来说，讨论小组以五人为宜，这既可以让小组内的每个成员都有充分发表自己观点的机会，又不容易形成相对封闭的小小组，即使形成2比3的格局，也能使少数派得以坚持自己的观点，使讨论深入地进行下去。对于小组内的成员搭配，大多采用"组内异质，组间同质"的组织方式。这种组织方式，在每个小组内体现了合理差异，为互相合作奠定了基础，又在各小组之间形成了大致的平衡，为各小组间展开公平竞争创造了条件。在确定了讨论小组后，为保证课堂讨论有序进行，教师还可提醒学生自己推举一名同学牵头或指定一名同学担任小组长，并要求每个小组推选一名代表准备在全班交流本组讨论的情况。

（五）把握课堂讨论的时机

教师除课前要有目的地安排课堂讨论之外，还要根据上课的实际情况准确把握课堂讨论的时机，以解决教学过程中存在的问题，加深学生的理解。

一般来说，当出现下述情况时，教师可组织学生展开讨论：

一是当学生的思维受阻时进行课堂讨论。学生思维受阻之处往往是教学关键之所在。此时组织课堂讨论，因势利导，可大大加深学生的印象和理解。如在教学"分数和除法的关系"时，有一道例题："把3块饼平均分给4个孩子，每个孩子分得多少块？"受思维定势影响，学生往往以为是把1块饼看作单位"1"，将其平均分成4份，每份就是1/4块。这时展开小组讨论，学生用圆纸片当作饼，折折、剪剪、拼拼，很快得出每份是3块饼的1/4，一共有3个1/4，合起来就是3/4块。学生的思想随着讨论、操作豁然开朗，他们体验了教学过程，品尝到学习的乐趣。

二是当学生提出有探讨价值的问题时展开讨论。学生经常会对一些难以解决的问题产生怀疑、困惑，从而促使他们提出问题。学生能够提出问题，这是主动求知、掌握学习方法的基点，这时恰当地安排课堂讨论，就能调动学生的积极性，迸发创新的火花，生成智慧与激情。如在学了"因数、质数、互质数、质因数"这些概念后，有学生说："这四个概念有联系，但不完全一样。"又有学生说："质数一定互质，但互质数不一定都是质数。"学生很自然地提出疑问这四者有什么区别？针对这种情况，教师可以把学生分成四组，分别充当这四种数的代言人，展开讨论，通过讨论使学生把原来容易混淆的概念梳理清楚，理解它们之间的联系和区别，认清了它们的木质，真正掌握了知识。

三是当学生有不同见解时进行讨论。由于学生思考问题的角度不同以及认知水平的差异，他们对问题的理解常常各不相同。对于学生的不同见解，教师不能简单地否定，要从尊重学生的个性出发，鼓励勤于思考，激起学生的求知欲望。教师可以从学生的见解中，选出有代表性的意见，组织学生展开讨论，以引发他们的思考，促成正确理解的形成。如教学"被除数、除数末尾有零的除法的简便算法"时，对于"130/40"的余数是10还是1，学生意见不一致，教师组织讨论，让学生互相阐明理由，用实例来说明，很快全班学生就达成了共识，理解了简算时余数末尾要添0的缘由。

四是在寻找解决问题的方法时组织讨论。由于学生思维能力的差异或者思考问题的角度不同，在解决问题的速度和方法上就可能有所不同。教学时，组织学生在寻找解决问题的方法时进行讨论、交流，能够使师生在讨论中相互启发，找到解决问题的多种方法，有利于学生发散性思维的培养。例如对"王师傅一个星期（7）天，要加工1000个零件，他已经加工了3天，每天加工160个，按同样的速度，他能否按时完成任务？"这样的问题，学生通过课堂讨论，开动脑筋，可以得出各种各样的解法。他们互相启发，在进一步加深对自己的解法认识的同时，学习了别人的思路，扩展了自己的认识。

五是在学生解题出现较大的共性错误时开展课堂讨论。由于学生的认知水平不同，以及思维方法的不合理，在解答问题时经常会出现较大的共性错误，而这正反映了学生真实的学习情况，即学习的内容没有掌握理解好。此时，教师要及时发现学生的共性错误，引导学生讨论，并及时予以纠正，这对保护学生创新意识，加深学生的理解大有裨益。

（六）灵活运用讨论的形式

采用何种讨论形式，需要教师根据教学目标和教学内容的需要，以及学生的心理特点和课型特点，因人调控，因课而异。在具体的教学实践中采用恰当、有效的讨论方式，才能将课堂讨论的作用发挥得淋漓尽致。

从不同的角度出发，可将讨论分为不同的形式。

1. 根据讨论的规模大小可分为：以小组为单位的讨论和以班级为单位的讨论。以小组为单位的讨论就是将全班学生分为几个小组，围绕某一问题进行讨论。顾名思义，以班级为单位的讨论就是全班学生不分组，都围绕着某一问题进行讨论。

2. 根据讨论主题的数量可分为：单一中心单一主题的讨论、单一中心多主题的讨论以及多中心多主题的讨论。单一中心单一主题的讨论就是整个讨论过程围绕着一个中心，并且这个中心只有讨论主题。单一中心多主题的讨论就是整个讨论过程也是围绕着一个中心，但这个中心有多个主题。多中心多主题的讨论就是在整个讨论过程中围绕着多个中心、多个主题来进行。

3. 根据讨论思想的交流方式可分为：导向式讨论、自由问答式讨论、竞赛式讨论以及双向咨询式讨论。①

导向式讨论 这种讨论方式是从主导者的角度来安排讨论程序的，通常呈现为三个阶段：定向导入——设坡点拨——归纳总结。"定向导入"的阶段主要是教师根据本节课的教学目标和重点，提出讨论题，为讨论定向，使学生的讨论有的放矢。"设坡点拨"是主要阶段，教师在学生的讨论过程中，要把握时机和火候，或大题化小，难题化易；或铺设思维坡度，由浅入深，层层启发，步步推进；或指点迷津，纠偏矫枉。学生则随着教师的层层导向，对问题的认识和理解不断跃上新的台阶，逐步接近学习目标。"归纳总结"阶段，可以由学生把集体讨论的成果归纳成比较满意的结论，或者以谈个人看法的方式总结出正确答案，有时教师还可以把问题扩展开，指导学生进行更深层次的讨论。如

---

① 朱玉梅：《语文课堂讨论的五种方式》，《广西教育》2007 年第 12A 期。

在教学《"诺曼底"号遇难记》时，可以这样引导学生的讨论："船长有没有逃生的机会？他为什么要随着轮船一起沉没而没有逃出来？再回头想想，当他一开始指挥大家逃生时，就没有把自己算在数内，到底是他忘了自己呢，还是根本就没有打算离开这条船？"通过这样的提问，引导学生层层深入讨论，让学生体会这位船长危难时刻把自己生死置之度外，关心船上每一个生命的高度责任感和崇高品质。运用这种讨论方法，关键是选好"讨论点"，找准讨论的最佳突破点，教师相机诱导，使讨论流程环环相扣。导向式讨论既突出教师的主导作用，又体现了学生的主体地位。

自由问答式讨论　这是一种从发展学生个性、发挥学习自主性、培养主动探索精神着眼，侧重于学生"自由探究"的讨论方式。它一般适用于预习课和自读课，没有固定的程序。学生在认真自学课文和作好阅读笔记的基础上，推选讨论主持人。主持人根据自读目标和同学们提出的一些共同性问题，确定几个中心讨论题，在课堂上展开自由讨论。如教学《迟到》一文，可以让学生进行自由式讨论。一部分学生认为课文中的"父亲"不是一位好父亲，因为"他"打了女儿；而另一部分学生认为"他"是一位好父亲，"他用严厉和慈爱"使女儿改掉了迟到的陋习。通过这样的讨论，学生对"父亲"的形象及父母的爱有了进一步的体会。

竞赛式讨论　这是一种根据学生好胜、竞争心理，引入竞争机制来组织讨论，解决某些问题，达到教学目标的方式。适度适量的竞争可以使学生较好地发现尚未显示出来的潜力和自己的局限性，培养学生合作与学习的能力，使课堂气氛富有生气，有利于提高教与学的效率。运用这种讨论方式，教师可以根据教学内容的需要以及课堂讨论气氛，灵活变换竞赛形式。**个人竞赛**。从个人参与讨论、思维教学设计的创新、清晰表达等方面进行比赛。如，教学《曹冲称象》这篇课文，可以向学生提出一个问题：谁能想出比曹冲的办法更好的办法来吗？一个学生说："曹冲用的石头比较麻烦，我用泥土，取土方便。"又一个学生说："我用水。只要事先称出一桶水的重量，然后从河里提水倒到船里就可以了。"另一个学生又说："我不用石头，不用泥土，也不用水。我用人，因为人听指挥，喊上就上，喊下就下。"……学生想出的办法一个比一个简单易行，激发学生的讨论竞争意识，也培养了学生的发散思维。**团体竞赛**。主要从参与讨论的覆盖面和气氛，讨论问题的正确和创造性角度出发，在平行班之间、班内小组之间形成竞争，从而提高讨论效率。

双向咨询式讨论 这是一种围绕中心讨论题，通过学生提问、教师作答，教师提问、学生回答的双向方式来展开讨论。如教学《只有一个地球》时，可以让学生根据自己的预习理解提出有关的问题。有学生提问"为什么说我们地球太可爱，同时又太容易破碎?"可以这样引导学生：先让学生找出这句的重点词语"可爱""破碎"，然后联系全文地球的"可爱"表现在哪里，容易"破碎"又表现在哪里：再指出"同时"就是强调地球的两重性，它既有可爱的一面，又有容易破碎的一面。最后让学生联系实际，讨论怎样才能使可爱的地球变得更加可爱。采用这种讨论方式，可以使师生感情融洽。另外，教师的鼓励提高了学生自我训练和发现问题的能力，有利于培养学生自主学习能力和探求未知的思考习惯。

（七）及时进行课堂讨论的评价与总结

讨论的目的是解决问题，提高学生的能力。而在讨论的过程中，学生由于认知水平、思维方法的差异，难免会出现观点分散的局面。因此，为了保证讨论的效果，教师必须在讨论结束后做出评价与总结。

教师在做评价与总结的过程中，须注意以下几点：

首先，教师应肯定学生独立思考并敢于发表自己见解的积极态度和主动精神。

其次，教师要明确正确结论，指出认识误差并分析致错原因，以使学生明确是非，统一认识，加深对知识的理解。当然，对于开放性的问题，教师则可以把学生的发言归纳为几类论点，概括每类论点的论据，帮助学生理顺思维，强化认识。但对于讨论中的争论不必做出结论，以保持问题的开放性，给学生留下继续思考的余地。

最后，评价与总结的方式，视时间和学生的程度可以采取不同的方式，如教师概括性总结、学生参与式总结以及学生自我总结。

三、充分发挥教师在讨论过程中的主导作用

讨论的过程是学生主体性、积极性发挥的过程。在这一过程中，教师并不是毫无作为的。教师是讨论的主导者，发挥着对讨论的指导、调控作用。教师的这一作用主要体现在下述方面：

1. 引导学生围绕话题中心发言，不要跑题。在讨论活动中，由于教师放手让学生构建自己的讨论目标，学生可能会由于讨论中的一些问题而无意或无形中转移讨论中心，从而使讨论偏离论题。这时，就要求教师在讨论中注意听取学生发言，并随时引导。如果教师觉察到讨论已经离题，要立即提醒学生把讨论引回到主要的问题上来。此时，教师既要允许学生发表不同的意见，特别要扶持那些具有创新精神的见解；又要抓住和深入理解与主题有关的问题，引导学生深入开展讨论，以达成预定目标。

2. 注意引导学生走出讨论的误区。在讨论的过程中，不可避免地会出现一些偏差甚至错误，教师要善于引导学生在讨论中发现错误，走出误区。对于不妥的言辞，教师及时予以纠正，不要在无关的话题上纠缠，以免越讨论越糊涂，浪费时间。如《祝福》一课，教师可让学生围绕下述问题展开讨论，即"你如何看待祥林嫂的命运"。有的学生可能会说"祥林嫂应该嫁个有钱人来摆脱贫困"，而有的学生则会说"祥林嫂没有个性，何必理会鲁四老爷等人"，甚而还有学生会说出"走自己的路，让别人说去吧"等现代观点。对此，就需要教师及时加以引导，让学生明白当时的社会背景，以使学生走出讨论的误区。否则，及时讨论再热烈，学生仍然不会真正明白祥林嫂悲剧命运的根源。

3. 注意引导学生的全员参与。一个班的学生能力有高有低，语言表达能力也有强有弱。在讨论的过程中，少数很健谈的或能力很强的学生往往把持讨论，而一些能力弱的学生则充当了旁观者。这样，讨论就失去了其应有的作用。对此，教师要注意保证每个学生都能积极参加。在全班讨论中，教师要多鼓励和指导能力差的学生参加讨论，大胆发言；在分组时应考虑学生的能力、才能等，把聪明的、迟钝的和爱发言的学生打乱了分在一组；在反馈小组意见时，不要总是指定小组长回答，而应该让小组成员轮流发言。

4. 运用教育智慧，避免讨论"冷场"。冷场是课堂讨论中较常出现的现象，之所以出现冷场，主要有以下原因：学生准备不足，寥寥数语，再无下文，或英雄所见略同，一人发言，余者附和；学生对主题理解不深，看法无把握，态度模棱两可，看到部分人众口一词，自己纵然心有异议，也怕孤掌难鸣，只有违心附和；学生存在一定的心理障碍，怕言出不利，丢了面子；学生对该问题漠不关心，没有兴趣，心中空空，无言可发；学生心存疑虑，怕言多必失，落人口实；学生之间互相攀比，一般学生攀班级委员，班级委员攀班长，结果面面相觑，无人发言。如果教师对讨论冷场处理不好，就会使讨论课变成沉默课，难以加深学生对问题的认识与理解，也难以达成教学目标。当出现冷场以后，教师应善于运用教育智慧，使讨论顺利进行下去。首先，教师应主动提出一些妙趣横生的话题或实际例证，缓和课堂上由于沉默而带来的气氛，使学生"活"起来，引起其兴趣而乐于发言。然后逐步切入正题，达到目的。其次，教师可进一步交代主题，启发思路，多方引导，使学生有所思，有所感，思动而感，感动而言。再次，教师应态度谦逊和蔼，言语风趣，创造学生直抒己见的心境和宽松和谐的课堂气氛，使学生畅所欲言。最后，教师还可指出发言人发言顺序，使大家发言机会均等，秩序井然，也可以使讨论进行下去。[①]

5. 调控课堂讨论的时间与次数。要想课堂讨论取得实效，必须给学生讨论留出足够的时间去分析、讨论问题。在教学实践中，许多课的讨论都做不到这一点，有的课讨论刚进行就因为怕学生一发不可收，匆匆止住；有的课虽然讨论了一些时间，但学生对问题刚有些认识，论兴正浓，还没达成共识，形成结论，教师就宣布讨论结束，讨论的效果大打折扣。所以，教师要针对讨论问题的难易程度和学生的认知水平，合理安排时间，让学生充分展开讨论。当然，课堂讨论的次数也不宜过多。毕竟，讨论需要花费一定的时间，而每一节课乃至每一门学科的总学时是固定的。讨论过多，就会完不成本节课甚至本门学科的教学任务。具体的讨论次数，教师可根据本门学科的特点、需要以及教学进度，灵活地安排处理。

第二节　课堂提问策略

提问在课堂教学过程中具有非常重要的作用。美国教育家约翰·杜威在《我们如何思维》一书中写道："良好的教书艺术莫过于娴熟地使用问题。"[②] 由此可见提问对于教师教学的重要性。在课堂教学中，提问是教师有效组织和检查教学、增强课堂互动的重要方法，它不仅可以调动学生学习的积极性和主动性，鼓励学生参与课堂教学活动，开展课堂讨论，引发学生思维，而且还可以为学生创造课堂实践的机会，有利于学生对所学知识的掌握，提高学生的语言表达能力。总而言之，教师掌握了课堂提问的策略就掌握了课堂交流的基本工具。

---

① 庞文莉：《浅谈课堂讨论》，《黑龙江教育学院学报》1999 年第 3 期。

② Sadker MP and D. M. Sadker, *Teachers, Schools and Society*, New York: Mc Graw - Hill, 1991, p.77.

一、提问准备策略

（一）确定提问的目的

提问是一种教学手段，但不是活跃课堂气氛、避免课堂教学死气沉沉的手段，更不是故意刁难注意力分散的学生从而对其进行批评、教育，以达到课堂管理的手段。实际上，不同的课型，不同的课堂教学目标，提问目标也不相同。在备课时教师应明确课堂教学中提问应达到的目标。目标的确定是提问活动开展的前提。一般来说，教师进行课堂提问的目的主要是为了了解学生对教学内容的掌握情况，以便更好地改进教学方法，调整教学进度。同时，教师通过设置合理的问题情景，可以启发学生积极的思维活动，促进学生对教学内容的注意、理解和掌握，促进学生的学习成绩提高。

（二）选择合适的问题

在课堂教学中，学生的学习以教师提问的侧重点为依据，因此教师应选择重要的内容提问，不应依据是否容易提问而提问，提问不重要的细节会误导学生。

首先，教师所选择的问题应兼顾封闭性问题与开放性问题。一个将回答限定在一个或少数几个答案之内的问题叫封闭性问题（或直接问题）。对于这种问题，学生已经读到过或听到过它的答案，因此只需要回忆某些知识点即可。另一种类型的问题则激发一般的、开放性的回应，这类问题叫开放性问题（或间接问题）。这类问题没有唯一正确的答案，但可能有错误的回答，这也许是开放性问题被误解得最多的方面。不仅任何答案都可能是正确的，甚至有的开放性问题会让学生表达出他们的感觉。[①] 国外的研究表明，在每五个问题中，有三个是需要回忆知识点，一个是课堂管理的，只有一个是需要更高层次的思维活动。

---

① ［美］加里·D. 鲍里奇：《有效教学方法》，易东平译，江苏教育出版社 2002 年版，第 211 页。

（Atwood & Wilen, 1991；G. Brown & Wragg, 1993；Wilen, 1991）[1] 在我国的课堂教学中，也存在类似情况，教师所提问题以封闭性问题居多，开放性问题较少。之所以会出现这种情况，是因为比起封闭性问题的正确或错误答案，筛选出一个可供接受的开放性问题答案要难得多。这也就解释了在课堂教学中，为什么只有 20% 的问题是开放性的。封闭性问题和开放性问题之间的这种不平衡实际上是不利于学生的培养的，因为在日常生活中，需要更多的是认知层次的分析、综合和评价，而这些恰恰是课堂上最容易被忽视的地方。实际上，开放性问题不仅更有利于培养学生的思维，而且它还是一种非常丰富的教学资源，能使教学更为新鲜有趣。有研究表明：当课堂内容所强调的行为负载层次较低时，封闭性问题和开放性问题的最佳比例是 70∶30；当课堂内容所强调的复杂性层次较高时，两者的比例应该是 60∶40。[2]

其次，教师应选择清晰明了的问题。教师清晰明了的提问表现在下述方面：其一，问题应简洁、清晰明了，问题的表述方式适合学生的理解水平，使学生一听就明白。其二，教师一次最好只提一到两个问题，不要提一连串问题，以避免学生遗忘。其三，如果教师所提问题不够清晰明了，就应重复问题或改变问题的表达方式，以使学生清楚所提问题。

（三）科学地组织问题

教师应按照教学目标的要求，结合各知识点间的联系，科学地组织问题。从教师角度来看，"好问题"应当有可控性。可控性是指教师对所选问题在尝试引导环节中要能使学生的活动围绕着教学中心来进行。从学习者的角度来看，"好问题"必须具有可接受性、障碍性和探究性。可接受性是指问题要容易为学生所理解，问的是什么要有明确的意义，容易引起学生对问题的关注；障碍性则是要求问题要符合维果斯基

① 袁振国主编：《教育研究方法》，高等教育出版社 2000 年版，第 137－148 页。
② 张文彤主编：《SPSS 统计分析基础教程》，高等教育出版社 2004 年版，第257－277 页。

的最近发展区理论，即问题的解决不是显而易见的，它必须是学生运用已学知识加以思考才能解决的。探究性是指学生针对教师的提问进行探究，但探究的过程必须具有明确的价值取向（如思维的价值、人文的价值等）。从知识的内部结构来看，问题要具有可生性与开放性。可生性是指所选取的问题要能够引导产生出新的问题或新的知识，或是问题能够迁移、变形，或变换思维角度有不同的解法。问题的开放性所强调的则是所提问题应是开放性问题，对此，前已述及，在此不再赘述。

（四）预测可能遇到的问题

教师在准备问题时，应尽可能对学生的回答进行预测。预测时，主要考虑下述方面：所提问的问题是开放性问题还是封闭性问题；学生在回答问题时，是否存在概念障碍，哪些概念可能会给回答带来障碍；是希望学生运用口头语言来回答，还是书面语言来回答；希望从学生那里得到什么样的回答？是定义？是举例？是问题的解决方式还是其他方面；对于不恰当的回答，教师应该怎么办；如果学生不知道如何回答或拒绝回答，教师该怎么办。

二、问题叫答策略

（一）问题叫答应遵循的基本原则

为了使提问收到较好的效果，教师在提问时应遵循下述原则：

其一，有效性原则。好的提问方式应该是把注意力放在激发学生的思维过程上，而不应该急促地迈向结果。教师的提问，要鼓励学生多动脑、勤动手，培养学生分析问题、解决问题的能力。具体到课堂教学中，有效性的提问应该问在学生知识的生长点上和最近发展区上。培养学生会用思维和方法来分析、研究和解决实际问题的能力，使学生由"学会"转变为"会学"。

其二，科学性原则。教师的"问"要融知识性、趣味性、新颖性、启发性于一体，教师的"问"要切中要害、精练干脆、无懈可击、准确无误。只有教师"善问"，才能使学生"善学"。

其三，启发性原则。在教学过程中，教师要精心地创设问题情境，给学生造成心理的悬念，引起学生的好奇，让学生由好奇而达到求知的目的。这样就把教师的思维活动与学生的思维活动连到一起，经过教师适当的启发诱导，师生共同向一个方向思考，一起去探索、去模拟、去证明、去再现知识的发现过程。只有这样的教学，才能取得事半功倍的效果。

其四，适时性原则。孔子说过"不愤不启，不悱不发"。当学生处于"愤悱"状态时，教师的及时提问和适时点拨，能促使学生积极主动地投入到数学探索活动中去，提问的时机应选择在：学生感兴趣的知识点上；学生思维的阻滞点上；学生思维的高潮点上。

其五，针对性原则。提问要考虑从学生的实际水平。这就要求教师提问的问题要难度适当，有一定质量，符合学生实际水平的问题，做到有的放矢。提的问题要面向全体学生，不留死角。教师提问的过程中，要特别关注学困生，提问中要优先照顾，对于其他层次的学生要兼顾提问。让问题面向全体学生，不留死角，而久之就会开发所有学生的潜力。

其六，具体性原则。在教学过程中，教师要使自己设计的问题既突出重点，又明确具体。创设问题时，应注意问题要小而具体、要有适当的难度并富有启发性。如虚数是数学中的难点，学生已经牢固地形成了"负数不能开平方"的思维定势。为了使学生感到虚数存在的合理性，可以设计这样一组问题：要使 $x+1=0$ 有解要引入什么数？要使 $x^2=2$ 有解要引入什么数？要使 $x^2+1=0$ 有解是否也要引入新数呢？这样通过逐层启发、诱导，激发了学生求知的兴趣。

其七，适度性原则。在教学过程中要恰到好处地掌握提问的频率。提问题应该有一定的节奏，应疏密相间，要留给学生充分思考的时间和空间。在提问过程中：教师提出的问题要诱发学生去思考。教师应该减少问一些"对不对"、"是不是"一类的问题，因为这类问题不利于对问题的深入思考，反而浪费了宝贵的课堂时间。教师的提问还必须要有一定的思维难度。没有难度或难度太大的问题，都会使学生失去兴趣。课堂提问要适合学生的认识水平，要根据教学内容和学生掌握程度，合理地把握问题的难易程度。要让学生感到"三分生，七分熟，跳一跳，摘得到"，从而激发学生的学习兴趣。爱因斯坦说："提出一个问题往往比解决一个问题更为重要。"[1]

其八，包容性原则。一问一答的教学形式在课堂教学实践中较为常见，这种简单机械的问答容易使学生产生厌倦情绪。因此，在进行"小步提问"的同时，还要穿插"大步提问"，以便给学生留下较大的思维空间，从而调动学生的思维积极性。如《凡卡》一文，当教学到最后一个自然段时，就可以改变以往的问题，把"凡卡的信爷爷会收到吗？凡卡做了一个什么梦？"等等变成"作者为什么要用凡卡的梦作为文章的结尾？"这样，问题的内涵就比较丰富，学生思维的空间也就扩大了许多，有利于他们谈出自己的想法。

其九，选择性原则。在教学实践中，有的教师喜欢不分主次，不管难易，处处设问。这样做势必导致课堂教学效率低下。如《十里长街送总理》这篇课文主要表现人民对周总理的无限崇敬、热爱之情。那么在分析课文和文中的重点句子时，就应该抓住这一中心来设计问题。课文中有这样一句话："一个头发花白的老奶奶，挂着一根拐杖……焦急地等待着。"对这一句话，针对文章的重点，可以设计如下问题："句中哪两个词表示相反的意思？""焦急"和"耐心"在同一句中出现，是否矛盾？为什么？学生在分析老奶奶"焦急"和"耐心"的原因时，明白了这两个词表现了老奶奶对周总理的一片深情，她热爱周总理，怀念周总理。

其十，"问题"意识原则。在课堂教学中，教师要掌握提问时机，善于利用或创设一个最佳时间，提出问题，使问题在解决的同时，唤起

---

[1] 李忠梅：《高中教学有效教学研究》，硕士学位论文，河北师范大学 2005 年，第 20—21 页。

学生内心的思维向往，从而使思维得以发展，产生疑问。学生只有产生疑问，才能进行深入思考，才能不断创新。因此，教师要善于抓住一切机会，培养学生的问题意识。如《蝙蝠和雷达》是一篇常识性课文，当讲到此文时，可以让学生读完课题之后，针对课题来提问。学生也许会问：蝙蝠是什么样的？雷达是干什么的？他们二者之间有什么联系？为什么要把蝙蝠和雷达这两种毫不相干的事物放在一起？如此等等。这样，学生带着自己提出的问题再来学习课文，就会比老师先提出问题，再来让学生带着教师的问题学习课文的效果要好得多。[①]

（二）采取因材施教的方法，正确叫答

叫答既是一种科学又是一门艺术。教师在提问时，应掌握以下策略：一是提问应面向全体学生，给学生相同的回答问题的机会。在日常的教学实践中，教师一般都比较喜欢提问学习较好的学生，而那些学习一般和比较差的学生则往往处于被忽视的地位。教师之所以不能给学生相同的回答问题的机会，主要原因是害怕学困生在回答问题时迟疑甚至错误影响了教学进度，使教学不能按计划进行。还有些教师甚而觉得提问学困生毫无必要，完全是在浪费时间。结果整个课堂教学就成了优秀生表演的舞台，而学困生则成了旁观者，导致他们对学习失去了兴趣。教师应为不同的学生设计不同的问题，在判断他们基本能回答的情况下再提问。对于学困生，教师应降低问题的难度，当得到学生正确的回答时，教师应及时肯定他们的回答，并对学生进行鼓励，使学生逐步树立起学习的信心。二是提问后再叫学生，并且留下等候的时间。提问后再叫学生，这是有效提问的最起码要求。这样做能有效避免学生由于没有时间思考而产生回答的困难，能消除学生的紧张、焦虑不安等情绪。在日常的课堂教学实践中，不少老师先叫起学生，然后才说出所要提问的问题。这种叫答顺序非常容易造成学生的紧张心理，不利于学生轻松自

---

① 王慧：《关于有效教学提问策略的思考》，《河南师范大学学报（教育科学版）》2002 年第 1 期。

如、全面地回答问题。Rowe（1986）区分了两种等待时，即第一等候时和第二等候时。第一等候时是指在刚开始问第一个问题时教师让学生考虑回答的时间。[1] 有研究者通过对高中化学教师的调查发现，[2] 高中化学教师"提问后 3 – 5 秒再叫学生回答"的有效性平均值为 2.89，有效性位居五种表现形式中的第 4 位，说明高中化学教师在此方面做得不理想。Borich（1996）和 Ornstein（1992）建议：教师提问后至叫答的等候时，低水平问题为 3 – 5 秒，高水平为 15 秒[3]。需要指出的是，让学生等候的时间也不能太长，以免浪费时间。等候时间的长短，教师应根据问题的难易程度和学生的水平灵活掌握，而不是一个固定的恒量。

在课堂提问过程中，还要根据不同学生的心理倾向和反映，采取不同的提问方法。[4]

其一，思维敏捷型。这一类学生胆子较大，回答问题积极性高，且思维敏捷，对教师提出的问题能积极思考，并能做出比较切题的回答。教学中，对待这类学生，适宜提一些有一定难度的问题，例如一题多解的问题，或者有简便解法的问题。当这些学生回答之后，不要急于小结，而要变换思维角度，让他们再回答，使他们的思维能力得到充分的发挥。

其二，急躁冒进型。这一类学生，虽然思维敏捷，但脾气急躁，具有争强好胜的心理特点，在回答问题时，往往在思维的深刻性上有欠缺，对问题没有真正领会或仅有初步理解，就急下结论，以达到表现自己的目的。提问中，对待这种心理倾向的学生，当其回答正确时，也不要过多的表扬，以防他们沾沾自喜，产生骄傲情绪；当其回答欠准确

---

① 郑日昌等：《心理测量学》，人民教育出版社 1999 年版，第 49 – 68 页。

② 郑媛媛：《高中化学教师有效教学研究》，硕士学位论文，内蒙古师范大学 2006 年，第 36 页。

③ 熊川武：《反思性教学》，华东师范大学出版社 1999 年版，第 170 页。

④ 李忠梅：《高中教学有效教学研究》，硕士学位论文，河北师范大学 2005 年，第 21 – 23 页。

时，及时启发他们准确回答；小结时，在肯定他们成绩的同时，指出其由于对问题没有认真思考而出现的错误，使他们能够全面、深入、细致地思考问题，培养认真分析问题和解决问题的良好习惯。

其三，内向保守型。这一类学生多半性格内向，对老师提出的问题，虽然已经理解掌握，但缺乏激情，竞争心理不强，不愿举手发言。老师提出问题后，他们能够全神贯注地积极思考，而问题一旦解决，就表情轻松自然，静待别人回答。教学中，对待这类学生决不能降低要求。教师除了给他们讲清课堂提问的作用意义外，还要结合教学实际，采取提问—记分、抢答、口试等方法，来培养他们的激情，激发他们的上进心，促使其产生竞争欲望，克服保守心理。

其四，紧张拘谨型。这一类学生胆小怯懦，不善言辞。当教师提出问题后，表情拘谨、心理紧张，唯恐提问到自己，所以也就不敢举手发言。他们当中有的成绩较差，对当堂所学知识没有真正领会；有的虽然成绩较好，但因为胆子小或对问题没有考虑好，回答问题总是结结巴巴或不切题意。教学中，对待这种心理状态的学生，提出问题后要留给他们充分的分析思考时间，思考后仍出现紧张现象，也不要为了节省时间而匆忙叫其坐下，再叫别人回答，这样容易挫伤他们的自尊心。而应循循善诱，启发引导，并从语气态度等各方面消除他们的紧张情绪。

三、问答控制策略[①]

教师在提出问题之后，还要善于对提问的过程进行有效的控制，保证提问顺利进行。常用的控制策略有：

1. 排序。教师提问的问题要有梯度、有层次，先提出浅层次问题，然后逐步过渡到高层次问题：由具体到抽象、由聚合到发散、由简单到复杂。

2. 问后提名。提名的方法应是先问问题，然后提名，中间要停顿，

---

① 唐美玲：《新课程背景下中学英语有效教学策略研究》，硕士学位论文，湖南师范大学 2007 年，第 41 – 42 页。

以给学生思考的时间。教师要按照学生的学习水平、性格特点、现场表现、机会分配概率有的放矢，恰当地调动他们的学习积极性，使每一个同学都能有机会积极参与到教学活动中。

3. 提问不主动的学生。有的学生比较腼腆，有的容易走神，有的则可能做小动作。有针对性地提问可给腼腆的同学机会，唤回走神同学的注意力，制止扰乱纪律的同学，使得教学得以顺利进行。提问不主动的学生，是促进学生参与教学活动的一种方式。

4. 诱导。当学生不能回答出问题时，教师应根据学生的具体情况，调整自己的问题，给予提示，帮助学生找到问题的答案。对于确实有困难的学生，教师可以在不伤害其自尊心的情况下，把问题转移给另一个学生。

5. 提供思考时间。一般教师发问后，应给学生留有三到五秒的时间，给学生组织自己的答案，时间不可太短，但最多不宜超 20 秒，否则会引起一部分学生精力的分散。

6. 全方位注意。提问时，教师应面对所有的学生，让所有的学生感觉到教师是在面对自己说话，从而集中精力于课堂活动之中。

7. 变换。变换指教师在提问时，应经常变化提问的方式，提名的顺序，问题的种类，给学生以新鲜感，并造成适当水平的焦虑，使全体学生的思维处于活跃、积极的状态，保持高度注意力。

四、评估策略

教师在学生做出回答后，应及时地给予评价，可以提高学生回答问题的积极性和主动性。"及时对学生的提问或回答给出应有的评价，是提问有效进行的保证，用于提供这种反馈的手段，我们称之为评估策略。"[①] 这种主要策略可分为言语行为策略与非言语行为策略。

1. 言语行为策略

---

① 转引自唐美玲：《新课程背景下中学英语有效教学策略研究》，硕士学位论文，湖南师范大学 2007 年，第 42 – 43 页。

言语行为策略主要包括：一是表扬。表扬是对学生能力的认可。心理学的研究表明，对学生的肯定性评价可以更好地激起学生的学习动机。在学生回答问题时，应善于发现其中的积极因素，以肯定性评价为主。尤其是学困生以及平时不太爱发言的学生，肯定性评价有利于调动他们的学习积极性，树立自信，进而提高他们的学习成绩。二是鼓励。当学生的回答不是很妥当或学生不能答出问题时，教师应给予适当的鼓励，提供暗示，而不是冷眼相对，打击他们的自信心。三是引用。引用实际上是一种间接的表扬，在陈述答案或总结时，教师如果能引用某位学生的语言，可起到比口头表扬更好的效果，会使学生获得莫大的成就感，树立起学习的信心。

2. 非言语行为策略。教师除了可使用口头语言外，还可使用手势、表情等非言语行为来传达自己的评价。教师的眼神以及面部表情和手势等，无不传递着教师的态度。在日常教学中，教师的许多感情都是通过非言语的形式传递的。据美国著名人类学家和言语学家伯德惠斯特的研究，人大约有 250000 种面部表情。心理学家阿尔波特（Mehrabian Albert）研究了使用英语的人们中的交往现象后，惊奇地发现，在日常生活中，55% 的信息是靠非言语表情传递的，38% 的信息是靠言语表情传递的，只有 7% 的信息才是靠言语传递的。伯德惠斯特和神经科医师谢佛兰通过分析上百万资料，也做出了类似的统计：在日常生活中，人们平均每句话只用 2.5 秒钟，每天平均只讲 10—11 分钟话，而大量信息交流是靠非言语表情承担的。在两个人以上的互动场合中，有 65% 的"社会意义"是通过人的非言语表情的交流方式传递的。[①] 非言语行为能支持、修饰甚而代替言语行为所难以表达的感情和态度。学生能从教师的面部表情以及手势中察知自己的回答是否正确，教师是否满意。

当然，我们主张在课堂教学中使用提问，但也要注意避免出现"满

---

① 卢家楣主编：《情感教学心理学》，上海教育出版社 2000 年版，第 109 页。

堂问"的现象。在新课程实施的过程中，为了体现师生互动，一些教师从突出"学生主体"的认识出发，产生了"满堂问"的现象。教师用大量的时间来提问，而且所提问题大多是一些简单的问题，然后教师领着学生在教材中寻找标准答案。从表面上看，学生学习的积极性、主动性提高了，课堂气氛也活跃了。实际上，教师的这种做法是滥用提问，扭曲了提问的本质。因为教师的许多提问是低效的甚至是无效的提问，对提高课堂教学效率既无太大的帮助，对培养学生的思维能力也无甚大的用处。

总之，课堂提问既是一种常用的教学手段，又是一门教学艺术，教师应在备课时多加思考，使课堂提问成为提高课堂教学效率的一种手段，能够真正促进学生思维能力的发展。

第三节 作业布置策略

作业在教师的教学以及学生的学习过程中是至为关键的一个环节。有学者认为："在把新信息从工作记忆转入到长时记忆的过程中，练习是关键的一步"，[1]"许多知识的保持是通过多次练习和复习而得到提高的（Dempster，1989）"。[2] 而认知心理学家加涅更是强调作业在学习中的作用。在他阐述的学习的八个阶段当中便有一个专门的阶段留给练习——作业阶段。他认为学习过程需要有作业阶段似乎是不言而喻的，因为只有通过作业才能反映学生是否已习得了所学习的内容。[3] 在他的其他阶段也不同程度地谈到作业的作用。从上述学者的论述中，不难看出练

---

[1] ［美］罗伯特·斯莱文：《教育心理学理论与实践》（第7版），姚梅林等译，人民邮电出版社2004年版，第171页。
[2] ［美］罗伯特·斯莱文：《教育心理学理论与实践》（第7版），姚梅林等译，人民邮电出版社2004年版，第173页。
[3] 施良方：《学习论》，人民教育出版社1994年版，第323页。

习在教学中的分量。

一、作业的功能

总体上来说，作业具有下述功能：

（一）作业有助于学生做好课前准备

在课堂教学结束后，学生可能会在课堂中遗留了一些尚未解决的问题或疑问，而这些问题或疑问会在作业中得到解决。同时，教师还可以设计一些激发学生对下一堂课需要思考的作业，如教师要求学生在课外通过阅读查找、网上浏览等手段收集将要在下一堂课中涉及的相关资料等，从而为学生进行下一堂课的学习做好准备。

（二）作业有助于加深学生对所学知识的掌握与理解

教师设计一些作业，可以为学生提供练习与巩固课堂上所学知识的机会。学生在完成作业的过程中，通过运用课堂中所学的知识和技能来解决教师所留下的问题，有助于加深对课堂上所学知识的理解与掌握、保持技能水平、提高解题速度、增强解决问题能力等，进而达到巩固的目的。国外的有关研究表明，如果初中和高中学生自从小学一年级以来每天做 25 至 30 分钟的数学作业，那么学生对于数学知识的学习将相当于增加了 3.5 学年以上时间。①

（三）作业有助于学生能力的培养

首先，作业有助于培养学生的自我管理能力。通过做作业，学生学会了安排时间、制订学习计划。同时，由于做作业需要一定的时间，有助于锻炼学生的毅力以及责任心和自信心。其次，学生做作业的过程，实际上也是一个收集资料、不断探究的过程。因而，做作业有助于培养学生的探究能力和气创造能力。最后，作业有助于培养学生的合作能力。教师布置的作业，有些是需要同伴之间相互合作才能完成，有些难度较大，也需要同伴之间的互相帮助才能解决。因而，作业有助于培养

---

① Epstein, J. I., & Van Voorhis, F. L. (2001), "More Than Minutes: Teachers' role in Designing Homework", *Educational Psychologist*, 2001, (36).

学生的合作能力。同伴可以是教师指定的、正式的，也可以是非正式的，在家里或通过电话同同伴进行合作学习。

（四）作业有助于改善家庭成员之间的关系

学生在做作业的过程中，遇到问题时可以向家长、兄弟姐妹请教，进而引发父母和孩子对学校教学内容的讨论，而一家人就作业展开的讨论有助于提升学习在孩子们心目中的重要性。同时，围绕着作业展开的讨论和交流拉近了家庭成员之间的距离，使他们一起享受了学习的乐趣，并交流了思想，极大地融洽了家庭成员之间的关系。研究发现，如果学生能够得到父母对作业的反馈意见，那么他们将能更好地掌握知识和技能。研究还发现，当学生和父母都对作业怀有热情时，这些学生能够更好地完成作业，作业的正确率会更高，那些与父母态度不一致的学生则正好相反。[1]

（五）作业有助于加强家庭和学校之间的交流

家庭与学校之间的交流主要是家长与教师之间的交流。有些教师要求家长在孩子完成的作业上签上姓名和日期，一些完成作业较为困难的学生需要家长提供指导和帮助，这些都能够使家长了解到课堂教学的进展、孩子的学习情况，并能够针对孩子在学习中存在的问题进行辅导帮助，或者与教师联系，共商解决良策。通过作业，使家长参与到学生的学习活动中来，成为学校教育的有力支撑。

二、布置作业应遵循的原则

（一）迁移性原则

教育的目的不仅在于使学生获得知识和技能，更重要的是要使学生把获得的知识和技能能够应用到新问题的解决中去，以进一步获得新的知识和技能，即学生要有迁移能力。如果学生没有举一反三的迁移能力，再多的作业和训练也是徒劳的。通过渐进分化、综合贯通的教学和

---

[1] 杨宁：《从自我调节学习的角度看家庭作业》，《课程·教材·教法》2004年第11期。

作业训练，有助于促进学生迁移能力的培养。在迁移过程中，学生已有的知识结构是一个及其重要的条件。要提高学生的迁移能力，就必须使学生掌握学科中那些最适当的、最具概括性、包摄性的基本知识，因而教师的"教"和学生的"练"都离不开具有示范性、典型性的题例。这就要求教师在确定作业训练内容、方法与形式时，应抓住问题的实质和根本，使之成为学习迁移的支点；让学生通过完成这类作业，掌握学习的关键点和重点，从少量的作业训练中习得解决问题的方法以迁移到以后的问题情境。因而，教师在布置学生作业时，只注重数量还不够，还应注重作业的质量，尤其是要注重那些有利于培养学生触类旁通能力的作业。只有这样，学生习得的才是策略化和条件化的知识，通过运用认知策略来提高自己的学习效率，并知道何时何地使用何种策略。

（二）针对性原则

作业是为了巩固课堂教学中的重点内容，对教学内容进行理解和掌握的一个反馈过程。作业要能够突出重点，讲究少而精。作业的布置应该根据教学的要求及课堂上学生的实际掌握水平，有针对性地布置，以达到强化、巩固的作用。教师在布置作业时，只有将学生的水平层次与知识层次有机地结合起来，才能使练习具有较强的针对性。如设计巩固交际语言项目的练习（书面作业），要重点训练学生运用语言的得体性、规范性；设计巩固语法知识的练习，要重点训练学生掌握语法知识的准确性；设计口语练习，要重点训练学生口头表达语言的准确性和流利性。针对性的作业是提高教学效益，让学生腾出更多时间进行自我支配、自我调节的保证。

（三）循序性原则

循序性原则要求教师在布置作业时，必须循序渐进，注意学生学习活动的程序安排。心理学研究表明，学生智慧技能的形成要经历辨别学习、具体概念学习、定义性概念学习、规则学习以及高级规则学习这种逐级递进的阶段，高一级智慧技能的形成必须以低一级智慧技能的形成为基础。学生要掌握纵向不断分化、横向综合贯通的结构性知识，就必须循序渐进地经过各级智慧技能类知识的学习与锻炼，才能不断提高自己的智慧技能水平。有效的作业应对学生智慧技能的掌握与形成具有检查和巩固的作用。如辨别学习的作业，主要是检查学生正确辨认字母、数字、文字等方面的能力；而具体概念学习的作业，则旨在锻炼学生鉴定某个对象是否为一类具有共同特征的事物中的一个成员，如图形的鉴定等。学生在形成最高水平的智慧技能前，必须理解有关概念，掌握相关规则的含义以及适用范围等。尤其在数、理、化等学科中，学生在解答应用题前，必须理解有关概念，厘清相关公式、法则的名称、含义以及适用条件，才能正确地解答该题。因此，教师在进行作业设计时，必须考虑学生智慧技能水平的实际情况，在学生还未掌握低级的智慧技能前，不能大量布置旨在训练高级智慧技能的作业。否则，必将事倍功半。

（四）层次性原则

不同学生个体的智力水平、认知方式、学习偏好、思维特征等方面都存在着差异。然而，传统作业布置采取的是全班一刀切的方式，这势必导致一部分学生感到作业太难或太易、量多或量少而出现不适应的状况。为此，教师在设计、布置作业时应注意因材施教，面向全体学生，关注不同学生的发展需要，设计层次性的作业。基础好、能力强的学生可着眼于所学知识的综合运用，中等学生着眼于基本技能的培养，基础较差的学生则着眼于基础知识的掌握。这种层次性作业的做法，能够大大满足不同层次学生对作业的需求，由学生依据自己的实际情况对作业进行选择，可以让所有学生在做作业时都能各尽所能，各有所得，享受到成功的快乐。

（五）适量性原则

作业并非越多越好。事实上，许多重复性的作业对学生智力的提升以及知识的掌握并无多大帮助。新的《课程计划》对学科课时量及课外作业量也做出了明确的规定。如初中英语课每周4节；初中书面家庭作业每天不超过 1.5 小时（每科 15 分钟左右）。因此，教师应指导学生在有限的时间内，主要进行学习方法的探索和知识的系统归类，而不是进行大量的、毫无针对性的、机械性的练习。为了充分利用好作业时间，提高作业的有效性，教师应做到选材有针对性且题量适中，不可把练习变成"题海"，更不能把布置大量的作业当成学生复习和掌握知识的唯一途径。

（六）多样性原则

作业的布置不仅要在内容上丰富多彩，形式上生动活泼，而且在时间上还要灵活多变，即要遵循多样性的原则。作业的多样性原则包括以下方面：一是作业形式的多样性。如把语文作业"感受体验、拓展延伸、积累强化"的作业内容设置成"复习式作业"、"预习式作业"、"自主式作业"、"析疑式作业"、"拓展式作业"。尽可能在每种作业中开辟有效创新的天地。比如：在"拓展式作业"中，引导学生围绕某个话题，结合学生的生活实际和个体经验，创设说写活动，促使学生借鉴、迁移教材语言及表达方式，不断提高言语能力。"自主式作业"大多要求学生打破课堂界限、学科界限、课内外界限，充分利用学校和社区的教育资源，开展切合学生实际的综合性语文学习活动。如组织学生编辑班报、课本剧表演，进行社会调查、参观访问，开展专题性阅读等。二是作业手段的多样化。教师在布置作业时，应能调动学生的各种感官器，丰富作业手段，如书写式作业：要求学生写读后感、日记、随笔；查阅式作业：要求学生根据课文查阅有关资料；实践活动作业：要求学生亲自调查、采访或通过观察动手操作等；表演式作业：从课文实际出发，学生自编自导自演小品或课本剧；个性化作业：放手让学生做自己喜欢的作业，如游记探访、碑文收集等，让学生了解大自然的壮美神奇和蕴涵的人生哲理；探究式作业：鼓励学生在语文大环境下自己发现问题、实地考察、收集资料、研究心得等。真正达到教学其实就是一种"快乐的游戏"的境界。三是作业组织的多样性。可采用独立作业、小组作业、结对作业等组织形式，在独立的基础上合作或在合作的基础上独立，独立和合作有机整合，在小组分配任务、交流成果、合作完成中提升个人素养，而且共同分享成功的喜悦。①

（七）灵活性原则

作业批改是教师了解学生作业完成情况、对知识掌握情况的重要手段。通过对学生作业完成状况的了解，教师可及时调整教学策略。由于学生情况不同，作业内容及形式不同，教师批改的方式也应灵活多变。如课堂作业既可全批全改，也可学生交叉批改；家庭作业可抽样批改；研究性作业面批面改等等。批改的目的是为了了解学生的学习状况，而不在于批改量的多少。因而，教师对作业的批改可采用多种方式，而不应固守一法，以提高教学的有效性。同时，为了提高学生的学习兴趣和积极性，教师的批语要富有激励性和针对性。

三、当前中小学作业中存在的问题

作业是课堂教学的延续。学生通过做作业可进一步消化、巩固课堂知识，同时进行创造性劳动，以培养学生的综合能力。但综观当前我国中小学中的实际情况，可以发现中小学的作业也存在着一些问题，主要表现为以下方面。

（一）**作业的目的不明，针对性差**

作业应是为教学目的服务的。教学的任务不同，作业的内容以及需要采取的方式等都应有所不同，教师在布置作业时应把握住这一点。但是，在教育实践中，一些教师往往只知道布置作业却不知为什么要布置，只考虑布置什么样的作业而很少考虑如何布置才能最大限度地促进学生的发展，随意性较大。作为老师尚且如此，作为作业承载者的学生来说就可想而知了。他们只能被动地执行"命令"，而不知为什么要做这些作业，以及借助什么来完成作业，更不知这些作业做完后会有什么

---

① 张霞儿：《论中学语文课后作业的有效创新》，《宁波大学学报（教育科学版）》2005 年第 6 期。

收获。据研究，中学生了解指定作业的练习依据（目的）的人不到20%，80%的学生练习是盲目或比较盲目的，不了解作业的智力价值、知识点。① 而研究表明，如果学生不明白作业的目的，不清楚作业的依据，会大大降低对作业的兴趣和作业的有效性，甚至还会由于盲目练习和重复变得越来越反感和迟钝。因此，美国教育学者曾这样告诫教师："不要在下课前几分钟才匆匆安排家庭作业，而要留出一些时间告诉学生完成家庭作业要有哪些知识和技能及为何要做这种家庭作业。"②

（二）**作业超量**

教师往往认为，作业做得越多，学生对知识的掌握就会越牢固。于是，给学生布置了大量的作业。这些大量的作业占用了学生大量的时间（尤其是课外时间），使学生对作业乃至上学产生了厌烦、畏惧心理。如有研究者调查发现，③ 无论是初中还是高中作业量偏大是一个共同特点，其中初中农村作业完成时间在 1.5 小时以上占45%，而高中占96%，51%的初中学生需要在 0.5—1.5 小时内完成作业。做作业的时间过长，就挤占了学生复习课程、预习新课的时间。由于学生对所学的知识概念、定理掌握得尚不牢固，如果作业错误多，大量的作业往往会使错误在重复训练中加强，形成思维定势，导致日后难以纠正。同时，由于学生没有预习，在上新课时，往往是被动接受，难以养成质疑问难的习惯。因而，练习量过大，往往会阻碍学生的健康发展。

（三）**作业内容单一、死板，缺乏灵活性**

长期以来，我国中小学生作业尤其是课外作业的形式相当单调，大多是教师指令性的书面练习。如调查发现，④ 从对作业布置方式这一问

---

① 赵石屏：《练习量·有效练习·重复度》，《中国教育学刊》2001 年第 3 期。
② 方彤：《中外家庭作业的是是非非》，《教育研究与实验》1998 年第 2 期。
③ 赵静、陈娟：《当前中小学作业状况的调查与分析——以浙江省象山县为例》，《教育科学论坛》2007 年第 10 期。
④ 赵静、陈娟：《当前中小学作业状况的调查与分析——以浙江省象山县为例》，《教育科学论坛》2007 年第 10 期。

题的回答上来看，无论是小学、初中还是高中，不论是城区学校还是农村学校，以教师为主体布置作业的形式占有绝对优势——小学占94%，初中城镇占90%，农村占94%，高中占92%。而学生自主选择作业或师生协商而定的作业几乎没有，同时在由教师布置的形式中，一般采用统一布置，根据学生差别布置分层作业的情况鲜有存在。具体情况请见表4.1：

表4.1　作业布置主体的调查情况表

调查内容 ＼ 学校类别		小学	初中（城市）	初中（农村）	高中
布置主体	教师统一布置	0.94	0.9	0.94	0.92
	学生选择	0.02	0.08	0.02	0.03
	师生协商而定	0.04	0.02	0.04	0.05

调查还发现，① 在以教师布置作业为主的情况下，对作业内容的选择也比较单一，集中体现在以记忆理解类作业为主，这一点在各年级都有所体现。无论是小学或者中学都以练习册或辅导书上的练习作为主导的作业类型，多以记忆或理解类为主，其中小学占84%，初中城镇占94%，农村占95%，高中约占96%。需要学生动手操作的题目很少，但各年级情况有所不同，随着年级的升高，操作型作业也有上升的趋势，表现在初中农村需要收集资料或动手操作的作业占37%，而高中则为49%。但其他类型的作业诸如培养学生良好情感、态度的作业少有涉及。具体情况请见表4.2：

_____

① 赵静、陈娟：《当前中小学作业状况的调查与分析——以浙江省象山县为例》，《教育科学论坛》2007年第10期。

表4.2 作业内容的调查情况表

调查内容 \ 学校类别		小学	初中（城市）	初中（农村）	高中
布置主体	记忆理解类	0.84	0.94	0.95	0.96
	操作类	0.39	0.46	0.37	0.03
	其他	0.04	0.02	0.02	0.01

毫无疑问，由于中小学学生年龄较小，自学能力、知识水平相对有限，又处于打基础的阶段，对于他们必须掌握的基础知识、基本技能进行统一要求是必要的，但由于学科性质、知识呈现方式、学生需要等方面的不同，如果一味地强调书面作业，学生过于被动，不但会削弱练习的针对性，而且还将影响学生对练习的积极性，消极应付"语文老师"、"数学老师"之类的作业。调查显示，多数学生对写不完的书面作业普遍感到厌烦，而对一些调查、实验、操作、创造等形式的作业颇感兴趣。

（四）作业缺乏层次性

每个学生的发展水平是有差别的，作业的难易程度也应该根据学生的发展水平来确定，尽量靠近学生的"最近发展区"，以更好地促进学生的发展。心理学的研究表明，任务过难，学生感到无从下手，就会失去克服困难的信心与勇气；任务过易，则无助于学生的发展。因而，作业的难易程度也应与学生的年龄特点及发展水平相适应。但在我国的教育实践中，许多教师不是根据学生水平的差别而有针对性地设计作业，而是给所有的学生布置难度一致、数量相同的作业，这样既抑制了学优生的发展，也阻碍了学困生的进步。

（五）对作业的评价刻板，加重了教师负担

作业做完后，对作业的批改就成了一个基本的环节。教师在批改作业的过程中，可以了解学生对课堂教学内容的掌握程度，从而对自己的教学内容和教学方式进行反思与调控。在当前我国的教育实践中，基本上实行的是教师全批全改的方式。如调查发现,① 在小学约占90%的教师统一批改作业,初中城镇约占96%的教师采用统一批改的方式,高中约占98%。教师在采用统一批改的同时也会采用"学生在课上交换批改",小学约占37%,农村中学约占69%,城镇中学约占54%。"老师当面批改"小学占65%,其中农村约占47%,城镇占22%。而高中分别是6%、8%。教师主要采用正误判断的方式对学生的作业进行评价,其中小学教师86%采用正误判断的形式,在此基础上有35%的教师附加了评语。初中农村则有84%采用"直接用勾或叉"批改作业,47%在此基础上"附有评语",而高中教师99%采用正误评价,仅有18%的教师会在此基础上"附有评语"。具体情况请见表4.3:

表4.3 作业批改、反馈方式的调查情况表

调查内容	学校类别	小学	初中（城市）	初中（农村）	高中
批改方式	教师统一批改	0.9	0.96	0.96	0.98
	部分面批	0.65	0.22	0.47	0.08
	学生互批	0.37	0.54	0.69	0.06
反馈方式	正误判断	0.86	0.94	0.84	0.95
	评分或分等	0.43	0.34	0.55	0.14
	评语	0.35	0.6	0.47	0.18

这种方式虽有利于教师全面掌握班级里每个学生的学习情况,但无疑也加重了教师的负担。普通中小学教师一般要担任两个或两个以上班级的课,按100个学生每天每个学生5道题计算,每个教师每天至少要批改500道题。如果每道题都要仔细批改,并记录作业结果,一个教师每分钟只能批改2–3题,这样仅批改作业一项,教师就要花去3–4个

---

① 赵静、陈娟:《当前中小学作业状况的调查与分析——以浙江省象山县为例》,《教育科学论坛》2007年第10期。

小时的时间。教师每天的时间是一个限量，批改作业的时间过多，相应的，教师能够放在组织教学上的时间也就少了。如果教师没有更多的精力来组织教学材料、设计教学程序上，势必影响到课堂教学的效果。而课堂教学质量不高又会迫使课堂作业和课外作业的不断增加，无形中又加大了教师的作业批改量，从而形成一个恶性循环。同时，由于教师的作业评价多以判断型评价为主，注重结果的正误断定，缺乏对学生思维过程的评价，学生由此得到的反馈信息也是不全面的。对于学生来说，他们获得往往只是题目的正误，评价的激励作用被忽视。

四、教师布置作业的措施和方法

教师在给学生布置作业时，应考虑以下方面：

（一）明确作业的目的，加强作业的针对性

学生的作业一般可以分为课堂作业与课外作业两部分。课堂作业既是教学中的一个过程和基本环节，也是学生作业的一种形式。学生的课堂作业一般主要是针对课堂所学的知识点来设计与布置的。学生通过课堂作业，既可以减轻学生的课外负担，也可以通过做作业，对课堂上所学的知识加以巩固与整理，强化对重点知识的认识、理解与记忆。教师在给学生布置课外作业时，要注意以下几点：

1. 要有启发性。教师在给学生布置课外作业时，要注意作业内容的梯度和启发性，要能适时组织调动学生的旧知识，启发学生不断掌握新知识，促成新旧知识的不断交互。

2. 要有趣味性。大量的单一形式的重复作业很容易使学生产生厌倦心理，从而降低作业效果。因此，教师在设计作业时，要注意增加作业的趣味性，多设计一些学生感兴趣的作业穿插其中，调动学生的学习主动性和创造性。如有教师在复习完"计量单位"知识后，设计了如下作业：[1]

---

[1]　黄小芬：《新课程标准下的作业设计》，《教学月刊》（小学版）2005 年第 4 期。

小明的一天

今人早上 7（），小明从 2（）长的床上起来，用了 10（）很快刷完了牙，洗好了脸，吃了大约 200（）的早饭，就背起 2（）重的书包，飞快地向 400（）以外的学校跑去。路上，碰到了体重 55（）的小胖子方方，和他一起到了学校。

放学后，小明一回到家，马上拿出 1（）长的钢笔和 1（）厚的练习本做起了作业。晚上 6（），动画片开始了，看了大约半（）。吃完晚饭后，复习了一会儿功课，（）时准时上床睡觉。

这样，将枯燥的题目改为富有情境式的作业，就可以激发学生的兴趣，并让学生体会到了生活中处处有数学。

3. 要有拓展性。注意避免课外作业是课堂作业的简单重复，要有一定的拓展。作业内容源于课本但不应拘泥于教材，既有对课堂知识的巩固，也有走出课堂的拓展，向社会和生活开放，设计一些能让学生自主发挥、各抒己见的作业，培养和提高学生的创造能力。当然，不论课堂作业还是课外作业，教师都应当明白作业的目的何在，不要仅仅为了作业而作业。如学习了《长方形与正方形的周长和面积的计算》后，可以让学生运用所学的平面图形的知识，为绿化校园环境设计一个面积为 30 平方米的花坛，要求美观、大方、经济，并为自己的设计写上简明扼要的宣传语；学习了《百分数应用题》后，可以让学生调查附近商场有哪些促销手段，比较哪一种促销手段对买家更实惠；又如学习了《小数应用题》后，让学生对用"液化气"和"电"哪一个比较便宜进行分析研究，并要求写出实验报告。这样，不仅增强了学生的实践能力，而且培养了学生做生活的"有心人"，让学生在潜移默化中慢慢明白生活是个大课堂。①

---

① 黄小芬：《新课程标准下的作业设计》，《教学月刊》（小学版）2005 年第 4 期。

（二）作业题量要适中

要注意控制学生作业的总量。目前，除了与教材配套的作业外，许多学校还征订了一套或者几套评估试卷，再加上补充习题，题量较多。老师们往往认为，学生的学习成绩与作业量是成正比的。但研究发现，结果与教师们的想象并不完全一致。如美国教学问题专家哈里斯·库伯（Harris Cooper，1997）曾就美国教育中的家庭作业问题作过广泛的研究。他发现，家庭作业有许多正面功效，其中包括改进学生的学习技能，帮助学生获得更多的事实性信息，发展学生的自导性和责任心，以及促使家长对其子女学校教育的参与，等等。但他又认为，家庭作业的负面效应却更为明显，只注重"量"而不重视"质"的家庭作业的危害更大：它会压垮学生，并使他们感到厌烦；它会使得学生不能利用下学后的时间去从事更为主动的追求，并导致他们为按时完成作业而设法寻找捷径（如抄袭或作弊）；它还会助长家长对其子女学习的干涉。库伯在检视其对家庭作业与学业成就的关系的研究时发现，家庭作业对不同年级学生的学习成绩具有不同的影响：在高中，家庭作业可实质性地提高学生的学习成绩；在初中，家庭作业对学生学习成绩的提高只有高中的一半；而在小学，尤其在小学低年级，家庭作业对学生的学习成绩没有明显的影响。他还提供了一些具有启迪性的分析结果：就学校所授科目而言，比如说历史和科学，家庭作业的作用可以说是全面性的；花费更多的时间于家庭作业上，并不能自动地提高学生的学业成绩，尤其对小学和初中学生来说，长时间的家庭作业（如每晚1小时以上的家庭作业）根本不能提高学习成绩；对高中学生来说，做的家庭作业越多，其学习成绩也就提高得越多。[①] 由此可见，如果一味追求数量，强迫学生整天埋在作业堆里，很容易使学生丧失对作业应有的良好情绪，学习兴趣减退，甚至产生厌学心理。学生作业量的多少应视教学目标、学生

---

① 刘世稳：《关于中小学家庭作业问题的调查与思考》，《现代中小学教育》2001年2期。

的实际情况而定。课堂作业量的大小应以学生能够完成又不致产生做"附加作业"（busy work，教师给提前做完作业的学生或为使学生在下课前的空闲时间里有事做而布置的作业）的想法为度。[①]

（三）**作业的形式应灵活多样**

长时间的单一形式的作业，往往会使学生产生枯燥乏味的感觉，不能激发学生的学习兴趣，不利于形成良好持久的记忆，更不利于学生思维能力的发展。因此，教师应设计形式多样的作业，使学生能够从不同的途径和角度加深对所学知识的理解和巩固。在我国当下的教育实践中，作业的形式比较单一，基本上以纸笔作业为主，很少有其他形式的作业。教师布置的纸笔作业基本上是一些记忆性作业或机械性作业，对如何布置创造性的作业则考虑不多。西方国家也存在类似情况。德国学者迪茨和库特（Dietz and Kuhrt）根据作业的不同作用，将作业划分为六大类，即：巩固知识和技巧、扩大知识领域、使知识和技巧系统化、将知识和技巧运用于特定的事例和情况、运用知识和技巧独立解决问题、介绍新的课题。他们通过对 1533 份作业进行分析发现，54% 的作业是"巩固知识和技巧的"，只有 17% 的作业属于"将知识和技巧运用于特定的事例和情况"。另一位学者德鲁洛（Drewelow）根据上述六个类别对 2002 篇作业进行分析，他发现各类作业的分布频率如下：巩固类占 43%，进一步理解类占 16%，扩大知识领域类占 20%，运用类占 16%，系统化类占 3%[②]。为了提高作业的效率，教师应减少机械的抄写式作业，增加培养兴趣、体现能力的作业；减少书面作业，增加课外小实验、小制作等贴近生活的实践性强的作业；适当压缩选择、判断等客观性作业题，增加主观性的、适合学生充分发展个性的作业。作业的

---

① 施良方、崔允漷主编：《教学理论：课堂教学的原理、策略与研究》，华东师范大学出版社 1999 年版，第 223 页。

② 中央教育科学研究所比较教育研究室编译：《简明国际教育百科全书·教学卷》（下），教育科学出版社 1990 年版，第 451 页。

设计与布置，既要有学生能够独立完成的作业，又要有同学之间、师生之间、家长与学生之间共同讨论完成的作业；既要有当堂或当天完成的短期作业，又要有几天甚至一学期才能完成的长期作业。只有各种作业相互补充，注重作业的质量，才能既使学生通过作业消化巩固了知识，又培养了他们的兴趣和能力。如有教师在教学《长方体的认识》后，布置了这样一道课外作业：[①]

> 做一做：用萝卜或泥巴做一个长方体。
>
> 找一找：日常生活中，哪些物体是长方体？
>
> 说一说：向家长说一说长方体有哪些特征？
>
> 涂一涂：在它的外表涂上不同颜色。
>
> 记一记：写一篇数学日记，记下自己的所想、所做、所问、所悟……

这样，学生通过自己的做、找、说、涂、记，对长方体的面、棱、顶点以及表面就有了较为深刻的认识。像这样具有跨学科、实践性、生活性的丰富多彩的作业，改变了传统书面作业的单一模式，丰富了学生的生活体验，加强了学生的动手实践，提高了学生口头语言和书面语言的表达能力，使学生的素质得到了更全面的锻炼和发展。

（四）注意作业的层次性

每个班的学生智商有高有低，反应有快有慢，发展水平存在着较大的差异，这就需要教师在设计及布置作业时要充分考虑到学生的实际情况，不能搞笼统的"一刀切"，应根据学生的能力水平，设计分层作业，即 A 层作业：重在巩固基本知识，培养基本技能，达到课标规定的基本要求，视为基础练习；B 层作业：适当地增加难度进行变式练

---

① 黄小芬：《新课程标准下的作业设计》，《教学月刊》（小学版）2005 年第 4 期。

习，达到课标要求的能力；C 层作业：重在拓宽学生思维，培养实践能力和创新能力，达到课标的较高要求。一般来讲，学困生较适宜做 A 类模仿性作业，大部分程度中等的学生适宜做 B 类变式作业，学优生适宜做 C 类提高性作业。通过这样设计各种不同层次的作业，可以满足不同程度学生的需要，真正做到因材施教，面向全体学生。如有教师在上完《紫藤萝瀑布》一课后，设计了以下三类作业，让学生自选一题：

A、紫藤萝瀑布带给作者精神的宁静和生的喜悦，请你围绕"感悟花草"这个话题写一片段。

B、《紫藤萝瀑布》写景细腻、生动，请你运用合理的修辞方法写一段景物描写的片段。

C、摘抄并诵读课文中你喜欢的词句。

在上述三种题型中，A 题型灵活多样，偏重于理解、想象、运用；B 题型再低一层次；而 C 题型则为比较简单的巩固性作业。这样的作业设计能满足不同层次学生的要求，能力强的可选择较难的，能力弱的，可以做简单的。让学生根据自己的情况选择作业，就能使不同层次、不同水平的学生都能体会到成功的乐趣。[1]

在数学方面，如有教师在教学《圆的周长》后，布置了以下三种层次的作业：[2]

A：①求出下列圆的周长：$d = 10$ 厘米，$c = ?$；$r = 2$ 分米，$c = ?$

②自行车外轮直径是 0.52 米，如果每分钟滚动 10 周，1 分钟能行多少米？

---

[1] 张霞儿：《论中学语文课后作业的有效创新》，《宁波大学学报（教育科学版）》2005 年第 6 期。

[2] 黄小芬：《新课程标准下的作业设计》，《教学月刊》（小学版）2005 年第 4 期。

B：①张大爷用 20 米铁丝，能否给半径为 4 米半的圆形菜地围一周？

②找一找，周围还有哪些圆形物体或圆形的组合物体？计算出它的周长。

C：小军、小新和小明为了迎接运动会，每人练习长跑。他们在 200 米环形跑道上同时起跑，当小明跑完一圈时，小新超过小明 1/4 圈，小军超过小明半圈，三人共跑了 15 圈，算一算，他们各跑了几圈？

通过设置上述三种类型的作业，能满足不同层次学生的要求，发挥他们的自主性，激发学生强烈的求知欲和好胜心，让他们各尽其能、各展其思，使不同层次、不同水平的学生都能体会到成功的乐趣，促进他们的发展。

（五）改进作业的批改方式，做好作业档案跟踪

作业的批改也是学生对课堂学习结果的一个自我整理、反思、系统、深化的过程。但传统的作业批改方式由教师全批全改，学生不能参与作业的批改过程，因此，在作业批改的过程中，学生本应获得的整理、反思、系统、深化课堂所学知识的机会以及发展批判性思维、反思性思维等能力和责任心、互助精神等非智力因素的机会无形中就被剥夺了。同时，由于教师独揽作业的批改，也加重了教师的负担。为了减轻教师的负担，促进学生的发展，可以采取多种作业批改方式。具体来说，有如下几种：一是随堂批改。在新课结束后，简单的作业可当堂完成，采用竞赛抢答、小组比赛的方法，当堂集中统一批改。这样既可提高学生的积极性、主动性，还可锻炼学生的反应能力，增强学生的竞争意识。二是教师面批。教师利用课外时间与学生面对面，逐题批改，及时指出其错误，启发弄清错误的原因，并要求学生马上进行订正。三是部分批改。就是教师每次批改一部分学生作业。其他学生的作业由学生自己对照答案自己批改。适用于复习课后的作业。四是小组批改。把不同水平的学生安排成一个小组。课堂上的有些作业，教师可以先检查最早完成作业的学生，每小组只需检查一人，并指出其错误所在，然后由他去批改其他人的作业，并监督帮助他们进行订正。对于课外的作业，同样可采取这种办法。教师对小组批改后的作业要进行抽查，了解作业的完成和批改情况。五是自改和互改。对于一些比较简单的作业，教师可先说出答案，由学生自批自改，也可以同桌或前后桌同学相互批改。如遇到疑难问题，学生马上反映，教师进行讲解；或课后组成几个小组讨论订正，对那些实在解决不了的问题，可汇报给老师。这种方式有利于帮助学生克服粗心大意的毛病，并形成仔细检查的好习惯。同时，教师在批改作业的过程中，作业批语忌千篇一律、刻板教条。教师要针对不同层次的学生、不同类型的作业有目的地写评语，这不仅传递了教师对学生的学习要求和指导意见，也密切了师生关系，还可以提升学生的学习兴趣。

　　每次作业批改结束，教师应及时总结学生作业中存在的问题，做好作业档案。为此，教师应主要做好以下工作：[①] 发现普遍或典型问题，找出学生所犯错误的规律性；给重要错误命名（命名的目的在于让师生记住这类错误，以免再犯）；将典型错误记入相应学生的"学习进步档案"。学习进步档案请见表4.4：

表4.4　学习进步档案

日期	学习内容（章节）	主要问题	学生报告	跟踪指导		练习效果			备注
				一次	二次	S	R	C	

　　注：表中的"主要问题"一般是指不理解、用错规则、记忆不确、不能变通。

---

① 熊川武：《理解教育论》，教育科学出版社2005年版，第209－210页。

记入此档案的实际次数要根据需要确定。在"日期"栏中写明学生作业出现错误的时间。在"学习内容"栏中填写学习的具体知识与技能等，并标明章节。在"主要问题"栏中填写主要错误（限非掌握不可的重点知识与技能上的错误）。在"学生报告"栏填写是否报告（学生在"练习册"上标记做错的题，并在找到问题发生的原因后，向老师报告。如果该生还没完全理解，教师要进一步点拨）。在"跟踪指导"栏填写教师本人进行指导的情况：是否要求学生在出现错误后的第7天（一次）、第14天（二次）分别做变通性练习。在"练习效果"栏中填写用速度、正确率与创新性三个指标评价的学生的进步情况。

第五章　有效教学的辅助策略

辅助教学策略是相对主要教学行为的策略而言的，主要指为帮助教师顺利完成教学任务而采取的策略。辅助教学策略既有对学生的课堂行为表现采取的措施，也包括对教师期望的调节策略，主要有学生学习动机的激发策略、促进学生课堂参与和课堂交流及使教师保持积极期望的策略。

第一节　学生学习动机激发策略

学习动机指推动学生进行学习的动力因素。因而培养和激发学生的学习动机对于提高教学的有效性和效率有很重要的意义。

一、学习动机的基本结构

一个完整的动机概念包括学习需要和学习期待。二者相互影响，共同作用形成学习动机的系统。

（一）学习需要

所谓学习需要，是指社会、家庭、学校对学生的学习要求或影响在学生头脑中的反映，是学生对学习力求获得满足和期望的内心状态。[①]根据马斯洛的需要层次理论，学习是人类实现自我价值的需要之一，人的发展需要通过不断学习来实现。同时，学生学习需要满足的过程，既是接受知识的过程，也是调适心理的过程。学习需要是学生自身内部产

---

① 陈安福、张洪泰：《中学心理学》，高等教育出版社 1993 年版，第 84 页。

生的学习动机，是一种内驱力。学习需要主要包括认知需要、交往需要和自我提高的需要。

认知的需要就是对知识的渴求，直接指向知识，并因为接受刺激获得了知识而感到满足。认知需要对于学生来说是最稳定最重要的学习需要。实验表明，人有接受刺激的需要，而任何一种新知识，如果使主体感到和他原有知识不协调就是一种刺激，主体就会产生趋向这种刺激的倾向，好奇心就是这种倾向的一个表现。当主体获得了新知识，解除了不协调感，主体才会感到满足。这种满足体验又使主体产生接受新刺激即获取新知识的愿望。①

交往是每个生活在社会中的个体都需经历的活动，对于学生来说，交往的需要指的是"个体希望获得长者或承认其独立意义的群体的赞许或接纳，并从中获得替代的或派生地位"② 的需要。尽管交往需要不直接指向学习，但是学生会将学习视为赢得赞美和接纳的手段。在学生的观念中，学习好就会得到家长和老师的喜爱，同学们的认可，因而，对于交往的需要在某种程度上激发了学生的学习动机。

自我提高需要指由学业成就获得地位和威望的需要。③ 自我提高需要与自尊的需要有关，主要发生在学生想要提高自己时，个体更加努力地获取知识以获得一种进步感或成长感。是一种间接的学习需要。当学生意识到自己在学业方面获得较好的成果时，能赢得他人的尊重，便会激励他们不断地努力学习，以持续不断的进步获得一种成就感。自我提高的需要主要表现在"升学"、"保持个人名声"等方面。

学习需要是个体从事学习活动的主观动力，如果缺乏学习需要，个

---

① ［美］布恩·埃克斯特兰德：《心理学原理和应用》，韩进之、吴福元等合译，知识出版社 1985 年版，第 266 页。

② David P. Ausubel, *Readings in School Learning*, New York, Holt, Rinehart and Winston, 1969, p. 357.

③ David P. Ausubel, *Readings in School Learning*, New York, Holt, Rinehart and Winston, 1969, p. 357.

体就不会有想要学习的愿望。光有学习需要也是不够的，如果没有刺激，学生也难以主动地去学习。但是有学习需要的学生比没有需要的学生具有更大的"可激发性"。

（二）学习期待

学生着手开始某种学习行为时，会对这一学习行为是否有可能导致相应的学习结果形成期待。这种期待与学习结果期待的最主要区别是它不像学习结果期待那样期待直接的学习结果，而是对学习行为的预料或预想。因而，我们将这样的期待称之为学习期待。例如，学生料想到自己努力学习会获得好成绩，并且能得到教师和家长的赞赏，这是学习结果期待。而学生预料只要自己上课认真听课，认真仔细地完成作业，就一定会获得理想的成绩，就属于学习期待。所以，学习期待实际上是学生对自己的学习行为是否会有效地影响学业成绩的主观预料，也是驱使学生努力学习的诱因。学习诱因一般指及其需要的条件或满足需要的对象。[1] 诱因理论认为"行动着的机体懂得他的行为将有什么后果。因此，他把注意力集中在希望得到的事情（积极诱因）和试图避免的事情（消极诱因）上……我们的行为是为了达到某种目的的努力。我们的动机主要是想得到行为的后果。……行为受诱因的激发而不是受驱力的激发。"[2] 这个观点认为学生的学习行为完全是受外在诱因的激发，这未免有些极端。但是也可以看到诱因对于激发学生的学习行为有很大的推动作用。

在通常情况下，学生采取的学习行为可能导致学习目标的成功实现，也可能无法达到学习目标。于是，在学习结果产生以前，学生会提前设想自己应对未来学习结果成败承担什么责任。一般说来，学习期待

---

[1] 冯忠良、冯姬：《教学新论：结构化与定向化教学心理学原理》，北京师范大学出版社 2011 年版，第 238 页。

[2] ［美］布恩·埃克斯特兰德：《心理学原理和应用》，韩进之、吴福元等译，知识出版社 1985 年版，第 242 页。

高的学生，认为自己的努力对学业成绩的影响超过教师、同学和家长。在他们看来，这些外在因素固然重要，但这些外部条件对学习成绩的影响，只有通过本人的努力才能发挥作用。而学习期待低的学生，则轻视自己的努力而强调外部条件的影响，认为家庭条件不好，教师教学水平差，自己无论怎样努力也难以取得良好的学业成绩。教师要对引导学生形成正确的学习期待，并且正确看待外部条件对学习的影响。

二、学习动机的作用

一般来说，学习动机对学习有推动促进作用。学习动机直接制约着学生的学习积极性，因而，要想长期有效地学习，动机是必不可少的。例如，学习英语，首先需要学生喜欢英语；其次，需要学生重视模仿和练习。并且学生还需具备注意力、坚持不懈、百折不挠等良好的意志与情感方面的品质。如果一个学生对英语毫无兴趣（即无学习动机），那么他是不可能将英语学好的。

在一定范围内，学习动机的水平与学习效果成正比。如耶尔克斯－道德逊定律表明：在一定范围之内，动机作用的增强有利于学习效率的提高，特别是在学习力所能及的材料或课题时，关联更为显著。学习动机的作用处于适宜强度时，学习效率最佳。巴顿（Borton）通过实验证明，在智力水平相等的条件下，成就动机和志向水平较高的学生，比成就动机和志向水平较低的学生成绩要好。[①] 但是并不是动机水平越高，学习效果越好。伯奇曾做过一个实验：当剥夺黑猩猩食物的时间超过一定限度后，随着剥夺时间的延长，解决问题的错误越多，速度也减慢。这说明高度强烈的学习动机与低强度的学习动机意义降低学习效率。[②] 许多研究也证明，学生的成绩未取得理想的结果与缺乏学习动机或者学习动机不当有很大的联系。

学习动机还能唤起学生对学习的准备。在学习过程中，不仅是学生

---

① 李志：《试论学习动机在课堂教学中的评定》，《教育探索》2002 年第 1 期。
② 张大均主编：《教育心理学》，人民教育出版社 2003 年版，第 84 页。

的智力因素，如观察力、记忆力、思维、想象等，对学习有影响，一些非智力因素对学习也会产生间接的作用。非智力因素是 1983 年由燕国材基于智力因素而提出的。从非智力因素的内涵来看，可以把它定义为，在改造客观世界的过程中，人的意向活动逐步形成起来的一系列稳定的心理特点或因素，统称之为非智力因素。① 非智力因素包括自尊心、自信心、意志力等，这些品质是学生在准备投入学习前就需具备的。人们参与任何活动的动力都是由相应的动机激发而来，而由非智力因素转化而成的动机影响更大、维持的时间也较长。学习动机同样会唤醒和增强这些非智力因素，学习动机通过唤起对学习的准备状态，增强这些重要非智力因素来间接地促进学习。学习动机的作用犹如"催化剂"，它并不直接影响认知结构中有关观念的可利用性、稳定性与清晰性，而只是间接地唤起学生的准备状态，从而增强学习效果。

　　学习动机的一大组成成分是学习期待，因而，学生的学习动机能像指南针一样指引着学习的方向，使学习行为始终朝着所期待的目标行进。学生的学习活动是一项非常枯燥、辛苦的脑力活，学生不太可能一直保持高度的兴趣，这时学习动机就起着不可替代的维持作用。如，有的学生希望能通过优秀的学习成绩获得老师和同学的尊重，有的学生则认为功课太难，根本学不会。这两种对学习的不同期待就会对这两位同学产生不同的动机，并且会一直引导着他们的学习行为。学习动机一方面使学生产生选择性知觉，只注意到了与学习有关的活动，学习动机还影响学生对学习行为的解释。对于同一种学习行为，不同学习动机的学生通常会做出相异的解释。在一次课堂提问中，两位同学都回答正确并且受到了老师的夸奖，学习动机弱的学生会认为这是件很成功的事，而学习动机强的学生可能无所谓。

三、学习动机的培养与激发

　　不同学生对学习所持态度不同，并且由于一些对课堂学习的误解，

---

① 燕国材：《非智力因素与教育改革》，《课程·教材·教法》2014 年第 7 期。

导致学生很容易认为学习是单调的、无趣的，因此激发和培养学生的学习动机是教师在教学过程中不可避免的挑战。教师可以从以下几方面培养和激发学生的学习动机：

（一）鼓励学生养成正确的动机信念

课堂教学过程中，学习的内容及学习的环境处在不断变化之中。因此，学生可能经常要面对不熟悉的学习场景。有些学生会感到困惑、茫然，有些学生则觉得面临挑战。但是他们都试图根据动机信念来解释这些变化的学习环境的意义。动机信念指学生对物体、事件或学科领域持有的看法、所做的判断及价值的认识。研究者们已经描述了赋予新学习环境意义的那些动机信念。[①] 学生涉足某学科的动机与他们对该领域价值的看法这一特定动机信念有关。例如，有的学生常抱怨："我不知道学习高数有什么用？"而有的学生则会开心地说："高数多有趣啊！"动机信念还可以指学生有关学习效果及教师教学方式有效性的看法。内部控制的信念可分为自我效能感信念和结果期待两种。自我效能感指人对自己能否成功地进行某一行为的主观判断，如有的学生认为自己能够独立完成一套数学试卷。结果期待是学生对自己的某一行为可能会导致的结果的推测。如果学生感到上课认真听讲就会获得好成绩，就会认真听课，做好笔记。

研究已经表明动机信念源于直接学习经验和来自观察学习经验，还来源于自教师、父母及同伴的鼓励、劝说，也可由比较心理引起（例如有的学生会说："教师为什么对 A 特别好，而对其他同学却不如此？"）。学生的思维、情感和行为可以参照动机信念而产生。例如，关于不同学科的动机信念决定着学生学习策略的选择，学习策略的不同自然也会导致学生不同的学习行为。教师须注意的是学生关于某学科的信念可能是有利于学习的，也有可能是不利于学习的。因此，有些动机信念促进学

---

① 蒙妮奎·博卡尔兹：《学习动机的激发原理》，刘瑛译，《远程教育》2006 年第 1 期。

生的学习，而另一些动机信念则阻碍学习。并且这些动机信念一旦习得，它们就十分顽固，难以改变。

因此，培养学生正确的动机信念十分重要。它的直接效果表现为学生对某一学科的学习兴趣，并且适当的学习动机信念能促进学生形成有利于学习的学习动机。培养动机信念的间接效果则是提高学生的学习成绩。这些效果在学习动机弱的学生身上表现得更明显。

（二）创造条件了解和满足学生的学习需要

学生的学习动机源于学习需要，学习动机的形成与发展本质上是学习需要的唤起和满足。学生的学习需要是其所生活的社会环境与学校教育对他们的要求在头脑中的反映。学生的生活环境和所受的教育的不同导致学生产生的学习需要也不同。因而，教师要培养学生的学习动机时，应当重视研究学生的学习需要，创造各种条件以满足学习需要，对于形成中的学习需要的巩固和发展极为重要。如教师可通过观察法、调查法、与科任教师及同学的谈话等了解每个学生的需要，分析学生的学习需要是否合理以及满足这些需要所需的条件。

学生对某门学科或者某件事缺乏兴趣，有时候仅仅是对这些事物不熟悉。如前苏联的一位教育家在其著作《学龄中期学生阅读兴趣的形成》中发现，有些学生不喜欢阅读，主要的原因是他们对书籍的不了解。如果教师能够组织他们系统地选择自己感兴趣的读物，有助于培养他们的阅读习惯。有些学生对阅读不感兴趣是因为自身的水平不够，表现在求知欲望不强，缺乏阅读技巧。对于这些学生，如果也只是引导他们自己去选择读物，肯定是不行的，教师要在组织他们阅读的过程中，利用他们已有的学习动机（维护自尊等）使阅读成为一种习惯，并且还需传授他们有用的阅读技能。还有一些学生问题更大，他们不仅求知欲望低，缺乏阅读技能，更糟糕的是对阅读持否定态度。对于这类学生就要通过各种手段创造一些条件，改善他们对阅读的抵制态度，如组织他们看书中插图；把书籍分发给同学，并且收到好的书评；让学生当众朗读有趣的故事，以领会阅读给自己和他人带来的快乐。从这个阅读的例子中，可以看出，学习需要的形成和巩固与学生的内部条件和外部条件都有影响。

教师在创设条件满足学生的合理需要时，还需考虑选择合适的强化物，通过强化物来增强学生的学习动机。强化物的选择应以学生喜欢或者想要得到的物品或活动为主，如口头表扬、奖状证书等。当然强化物必须要适当，以达到最优的激励效果。

（三）创设问题情境进行教学

好奇心是激发学生内在动机的关键。伯莱恩的研究发现，满足个体的好奇心必须考虑信息量的水平和大小。① 如果教师在一节课上给学生灌输的内容超过学生的承受能力，学生学习起来就会感到乏力，失去学习的耐心；而如果教师给的信息量太小满足不了学生的学习需求，学生则会对教学内容失去学习兴趣。学生好奇心的产生是由于某些信息的刺激特性引起了学生认知上的矛盾，导致心理不平衡状态出现。创设问题情境时最常用的引起认知矛盾的方法，过程是认知矛盾——探究——深思——发现问题——解决问题。

创设问题情境时，教师首先要对教材进行透彻的分析，了解新旧知识之间的联系。教师还要对学生的认知水平有所分析，要使新知识和学生已有水平之间形成一个适当的跨度。问题情境的创设，教师既可以用设问的方式提出，也可以用作业；既可以从新旧教材的联系方面引进，也可以从学生的日常经常引进。② 如教师在上"力"这课时，教师问："同学们，在下雪天，你们走路走得快吗？"学生答："走不快，要特别小心，不然容易摔倒。"教师又问："那为什么在普通马路上我们可以走得很快，还可以跑？"学生一般就会说："因为马路没有那么滑。"教

---

① 张大均主编：《教育心理学》（第二版），人民教育出版社 2003 年版，第 105 页。
② 冯忠良、冯姬：《教学新论：结构化与定向化教学心理学原理》，北京师范大学出版社 2011 年版，第 252 页。

师："那不滑的原因是什么，你们知道吗？"此时，学生已经回答不上了，但是他们都很想知道原因。教师从日常经验出发，成功地激起了学生对新知识的学习欲望。

创设问题情境是激发学生好奇心的关键因素，也是激起学习动机的必要条件。认知派认为[①]：正规教育的一个主要功能是通过发展"不完全"的认知体系去引起学习兴趣，而个体将用毕生之力试图使它"完全"起来。所谓"不完全"的认知体系，实际上就是更广泛意义上的问题情境。

（四）培养学生正确的成败归因

对结果进行正确的成败归因的重要作用在于，通过产生一定的成功预期和情感而影响后续行为的动机，并且不同的归因方式会产生不同的效果。[②]归因理论最早是美国心理学家还得（F. Heider）提出的，韦纳在前人研究的基础上根据控制点这一维度把对成就的归因划分为内部原因和外部原因，并且还增设了一个"稳定性维度"。在这三个维度上列出了四个对学生学习的成功或失败有影响的因素：能力、运气、努力和任务的难度。

表5.1　成就归因的四个因素

内部		外部	
稳定	稳定	不稳定	不稳定
不可控	不可控	可控	不可控
能力	任务难度	努力	运气

从表5.1可以看出四个因素只有努力是学生可以控制的，也是不稳

---

① 冯忠良：《学习心理学》，教育科学出版社1981年版，第125页。
② 施良方、崔允漷主编：《教学理论：课堂教学的原理、策略与研究》，华东师范大学出版社2007年版，第244页。

定的，其他三项都是不可控的。据有关研究发现，[1] 主体如果把失败归因于能力低或任务难，当类似任务出现时，他们对再次失败的期望就会增加；如果把失败归于运气不好或不够努力时，对未来失败的期望就会减少。即把学习成功或失败归因于内部因素，那么成功将导致自豪和增强学习动机，失败则会导致害羞。如果原因被看作是外部因素，那么成功会使学生产生感激之情，失败则产生愤怒。考试或者学期结束，学生常常会试图对他们的学习或考试做出解释。学习成绩较好的学生习惯将他们的失败作外部的归因，例如考试不公平或教师有偏见。有时他们会归为内部原因——没有理解教学内容或是学习不努力。当学生将失败的原因归为可控因素——努力时，他们会产生更加努力的动机，力求下一次取得成功。当学生总是将失败归为能力差，就会产生"习得性无助"。成败归因模式分为积极和消极的归因模式两种，积极的归因模式：将成功归为是靠自己的能力获得时，会增强对成功的预期，动机水平提高，从而提高自我效能感；将学业失败归为缺乏努力，通常也会对下一次机会保持较高的期望，动机水平提高。消极的归因模式：学生通常将缺乏能力视为失败的原因，这样就降低对成功的预期，动机水平下降；将成功归为运气好，很少有机会能增强成功预期，动机水平也不高。

因此，教师要客观辩证地对学生学习的成败进行归因，防止出现"归因偏差"，只有自身先做到对归因动机理论有科学的了解，并正确地运用，才能产生积极有效的影响。教师在对学生做归因训练时，应以内部归因为重点，有机地结合外部归因。通常来说，将成败归为内部因素，会增强学生的行为意志，提高学生学习的积极性；而将成败归为外部因素，则会削弱学生的意志行为，降低克服困难的决心和毅力。教师还要根据学生的不同特点有针对性地进行训练。如有的学生性格自卑，

---

① B. Weiner, W. Runquist, P. A. Runquist, B. A. Raven, W. J. Mwywe, A. Leiman, C. L. Kustcher, B. Kleinmuntz, R. N. Haber, *Discovering Psychology*, *Science Research Associate s*, Inc. Chicago, Toronto, Sydney, Paris, 1977.

当他取得好成绩时，教师应指导他们将成功的原因归为内部因素，能够增强他们的学习自信心；而对性格骄傲的学生则应尽量将成功的原因归为外部因素，避免助长他们的自负心理。指导学生进行归因训练，比较常见的方法有小组讨论、强化矫正和观察训练法。

第二节　课堂交流促进策略

教学过程就是教师和学生、学生和学生的交流过程。课堂交流的质量和频率决定了教师教学的效果，因而良好的课堂交流是成功的课堂教学不可缺少的条件。教师要注意在教学中促进和提高课堂的交流。

一、课堂交流的基本内涵

教学活动是一个在交流中不断推进的有目的、有组织的行为，教学的本质就是交流。因此，课堂交流在教学活动中占据重要位置。课堂交流是课堂情境中教师和学生之间的教学信息传递与反馈的行为过程。[①] 雅斯贝尔斯指出"教育，是人对人主体间灵肉交流的活动，包括知识内容的传授、生命内涵的领悟、意志行为的规范，并通过文化传递的功能，将文化遗产教给年轻一代，使他们自由地生成，并启动其自由天性。"[②] 课堂交流强调面对面地交流，它占据了学生学习活动的大部分时间，因而，课堂交流不应仅指向学生的认知发展，还应丰富学生的生命意义，让学生"诗意地栖居"。

有效课堂交流要具备三个层次：[③] 深层的"理想"、中层的"思维"以及表层的"状态"。在深层次上，它是一种理想和境界，是人们对课

---

① 施良方、崔允漷主编：《教学理论：课堂教学的原理、策略与研究》，华东师范大学出版社 2007 年版，第 246 页。
② ［德］雅斯贝尔斯：《什么是教育》，邹进译，生活·读书·新知三联书店 1991 年版，第 3 页。
③ 龙宝新、陈晓瑞：《有效教学的概念重构和理论思考》，《湖南师范大学教育科学学报》2005 年第 7 期。

堂交流应然状态的一种勾勒，表达的是一种教育生命价值的取向与判断；在中观层次上，它是课堂交流主体对课堂交流的一系列生命行为进行调控以生成有效交流成果的逻辑思维与方法论思维；在微观层次上，它是一种状态，即对课堂交流使学生获得身心发展结果的现实描述。课堂交流的意义在于教导学生从生命的现实状态走向对生命价值的判断。课堂交流以知识为中介，通过教师与学生、学生与学生之间展开交流而不断丰富师生的生命意义。课堂交流鼓励师生基于教学活动对人的生命进行反思与尊重，凸显生命的自由、灵动与独特，积极建构交流对人现实的与可能的价值。

课堂交流的方式主要分为言语交流和非言语交流。言语交流就是通过语言符号系统进行交流，非言语交流是通过非语言形式进行交流。言语交流和非言语交流主要在目标、影响和意图三方面有所区别。表现在言语交流的目的是传递教学内容；对认知能力有很大影响；言语交流是一种有目的的表达。而非言语交流的主要目的是建立关系、影响情感反馈，并且非言语信息总是下意识的情感表达，非言语信息包括面部语、体态语、空间和运动语。

二、课堂交流的特点

课堂交流一般要经过四个阶段：教师将教学信息编码成一种便于学生理解的内容，传递出去；学生在接收到教师传递的信息后，将它们解码成自己能够理解的形式；学生将自己的理解反馈给教师；教师将学生反馈的信息进行解码并做出相应的反应。整个课堂教学中，课堂交流就是以这种形式展开，循环反复。交流过程中师生间通过语言、体态、态度等表达自己的想法。因而，课堂交流既有一般交流的特点，也具有自身独特的特性。

（一）情感性

情感性是课堂教学本身所固有的特征。因为教学既是一种认知过程，又是一种情感过程。并且任何人都是理性因素与非理性因素的统一。"教学是一个涉及教师和学生在理性和情绪两方面的动态的人际过程。"① "教学过程是教师与学生之间在理智、情感和行为诸方面进行动态的人际交往的过程。"② 这两句话充分说明在课堂教学过程中，师生不仅在用理性进行交流，而且师生的情感也在同时发挥着作用。因此，无论是从课堂教学的自身属性来看，还是从课堂教学的过程性特征来看，情感性都是课堂教学的本质特征之一。

但是在传统的课堂中，对于成绩和分数的渴求，使得在课堂教学中理智主义盛行，教师在课堂教学过程中往往仅仅把学生看作一个知识的接收者、盛装知识的"容器"，学生的主体性得不到重视，学生的情感需求也得不到满足。在课堂教学中，师生间的交流主要是以知识与技能为基础，是功利性和指向性很明确的交流方式，教学过程成为一个"去情感化"的、纯粹的认知过程。新课程标准提倡素质教育，并提出了包括情感态度与价值观的三维目标，要求学校教育在教学过程中，不单单是提升学生在认知方面的能力，也要注重学生情感方面的需求。要促进学生的全面发展，培养"完整的人"，就不能单纯重视认知，必须把培养认知能力和情感交流能力结合起来。

基于此，女性主义教育改革者贝尔·霍克斯认为，传统课堂教学的最大弊端之一，在于师生之间更多的是侧重于对知识的传递与接收，而缺乏情感的交流与沟通。③ 情感性的缺失是传统课堂交流的一大弊病，而现代课堂对情感性的重视已有很大提升。教师只有在课堂教学过程中改变对学生的固有印象，将学生视为有着多种情感需要以及具有完整人格的生命体，在实现教与学的动态交互过程中充分挖掘教材中蕴含的情感因素，并且自身对教学、对学生充满感情，才能够引导学生与自己的

---

① ［加］江绍伦：《课堂教育心理学》，邵瑞珍等译，江西教育出版社 1985 年版，第 1 页。
② 张大均：《教学心理学》，西南师范大学出版社 1997 年版，第 488 页。
③ 李红梅：《课堂交流研究》，硕士学位论文，河南大学 2010 年，第 17 页。

情感状态处于对接状态，师生双方才能够建立起良好的情感交流体系，实现课堂交流的意义。由此可见，情感性是课堂交流的特征之一。

（二）平等性

在传统的课堂教学中，教师就是"权威"的代名词，课堂由教师主导，课堂交流由教师发起，并且教师决定交流的内容、方式及交流的对象。学生是教师的附属，学生对教师有依赖、有尊重也有不满。教师与学生之间的关系基本上是一种"事际关系"——为了某种外在的社会性目的而建立起来的社会关系。在这种关系中，教师是教学过程的控制者、决定者和绝对的权威，教师和学生不是以一个完整的人的存在方式出现，彼此之间缺乏一种本源性的尊重、真诚、信任和理解，也根本不把对方作为存在意义上的"人"来看待。在学习共同体的课堂中，教师与学生之间的关系首先是一种"人际关系"，而不是"事际关系"。也就是说，它首先不是一种"教师"和"学生"之间的关系，而是一种"作为教师的人"和"作为学生的人"之间的关系。[①] 既然师生间的交流时两个独立个体间的交流，那么在交流过程中，不仅涉及表层交流，还会涉及精神层面的交谈，而平等是实现双方真正意义上交流的前提，没有平等就不可能实现交流双方的精神沟通，也就没有思想的交融和意义的生成。

因此，现代课堂交流首先须拒绝"特权"与"权威"，将学生视为完整的生命体，他们在人格上与教师平等，不仅有求知的欲望，更有情感的需求。课堂交流是一种人人参与的、平等的、有意义的思想沟通和合作。同时学生也须形成自主交流的意识，具有展示自我的信心，愿意与教师进行沟通。当学生在课堂上尝试与教师和同学进行交流时，他们得到了积极的反馈，感受到了被尊重，这会强化他们交流的愿望。

[①] 王攀峰：《"学习与生活共同体"的建设原则初探》，《课程·教材·教法》2006年第6期。

（三）启发互惠性

课堂交流的第一步时教师充当信息源的角色，教师编码的信息是希望学生在解码的时候能够产生预期的效果，效果如何，学生解码的情况如何，需要通过反馈来体现，这时是学生充当信息源的角色，将通过自身认知解码的信息再以言语或非言语的形式表达出来。在整个交流过程中，教师和学生都在思考对方所传递的信息的意义，并且相互启发。课堂交流除了师生交流外，还有学生和学生之间的交流。学生的认知水平基本都差不多，交流时能很快地理解对方的意思，并且由于采取的言语表达方式比较熟悉，因而更能相互影响、相互促进。课堂交流的目的是让学生提出自己的困惑，表达自己的想法。在学生畅所欲言、各抒己见的过程中激发出思维的火花，达到"风乍起，吹皱一池春水"的效果，在这个过程中不同的见解相互排斥、冲撞、融合、认同，最终达到互为启发的效果。如《蚂蚁与蝈蝈》教学案例中，在老师的启发下，同学们很快将蚂蚁和蝈蝈的行为与自己在生活中的行为联系起来展开了进一步的讨论。[①] 因此，课堂交流是对学生思维的解放与启发，通过交流，达到学生能够"举一隅而以三隅反"的目的。

社会学中有"后喻文化"这一概念，说的就是后一代人的文化观念开始对前一代人产生影响，由年轻一代向年长一代传递文化的现象。在"后喻文化"时代，学生的"碗"不再被认为是空的而是装满水的，只不过这些水的成分与教师的"桶"中的水的成分有很大不同，教师的"桶"承载的是学科知识、人生阅历等。学生的"碗"承载的是时尚信息、流行观念和新的价值规范。处此情景，"桶"中的水不能再一味地倒入"碗"中，只有二者呈交汇、融通状态才彼此不会相互对抗和拒斥，才能在相互汲取营养的过程中形成彼此对事物新的认识，对问题新的看法。[②] 这体现在教学上就是一种互惠双赢。韩愈早在《师说》

---

① 王鉴：《课堂研究概论》，人民教育出版社 2007 年版，第 299 页。
② 郑金洲：《教育反哺刍议》，《教育研究》2008 年第 5 期。

就说"弟子不必不如师，师不必贤于弟子"，学生在知识的深度和广度上可能不如教师，但是学生的思维常常天马行空，具有创新性，反过来也可以激发教师的教学机智、教师对知识新的理解等。真正的对话，其结果不是一种拉平，而是要激发一种突变，生成一种新的东西。①

（四）情境性

教学活动是一种有目的、有计划、有组织的活动，课堂交流是实现教学目标的一种手段，因而课堂交流也需教师在教学准备的过程中制订一个大致的计划。课堂是一种特定的情景，课堂中有些行为是可以提前预设和准备的，但是同时课堂也具备生成性，有许多突发状况或者期望之外的事情会发生。雅斯贝尔斯指出："凡是出于个人意愿而做的事，都不在计划之内。但是，可以给予一定的条件，使人的自发性比其他条件更容易发挥出来。"② 目的和计划可以引导师生交流的方向，但教师和学生都是活生生、有思想的个体，任何明确的计划都不可能涵盖所有情境下的师生活动。因而，课堂交流是一种情境性的教学活动。

在教学中，教师要积极营造适合交流的教学环境，精心设计，悉心指导，做到形式上不拘一格，内容上不断丰富，思想上大胆创新，就一定会使学生在课堂交流中闪出创新的火花。课堂交流与一般的交流不同，它是为一定的教学目的服务。随着教学内容的变化，交流所需的情境也随之发生变化。预设的目标只能引导交流，而不能控制交流。交流不是讲述，而是交流主体之间在一定情境中所进行的一种关涉意义的信息传递过程。

三、影响课堂交流的因素

（一）教师缺乏交流意识与组织交流的技能

教师对课堂交流的理解会影响他的授课方式，也决定了学生对教师

---

① 腾守尧：《对话理论》，扬智文化事业股份有限公司 1995 年版，第 40 页。
② ［德］雅斯贝尔斯：《什么是教育》，邹进译，生活·读书·新知三联书店 1991 年版，第 18 页。

教学的反馈。传统课堂基本就是教师一个人的独白，基于教师对课堂的文化控制，整个课堂以教师为主导，课堂交流以特定的文化内涵为主要载体，向学生传播与灌输其价值观念、思想观念、行为规范等。课堂教学过程是一个"复制"社会文化、传播价值观念、净化思想观念的程序化过程，并通过教师话语得以展现。[①] 因此，在传统的教学中，教师未意识到课堂交流的重要性。意识是行为的先导，教师的头脑中没有与学生和鼓励生生之间交流的意识，体现在行为上就是缺乏指导课堂交流的技能。

　　课堂交流是一项多主体、多渠道的教学行为，在我国开展的时间还不长，其中对于交流对象的分析、交流内容的设计与确定、交流的组织开展、交流的有效评价等方面都还处在探索的阶段，还未形成一套较为详细的、较为完整的操作模式供教师们参考。因此，部分教师对适应新的教学观、应用新的教学技术来开展课堂交流还存在一定困难。主要表现为许多教师认为课堂交流就是不断对学生进行提问，导致提问的"虚化"。首先，教师提问重量轻质，过多的问题挤占了学生的思考空间，限制了学生思维的发展；其次，教师提问重"预设"轻"生成"，弱化了学生主动探究的地位。这就使得教师的提问成为封闭式提问，妨碍了学生对问题进行深究的热情，表面上看课堂存在交流，实质上教师控制着话语的霸权。教师缺乏组织交流的技能还表现在形式与内容的错位。课堂交流是信息传递和反馈的过程，主要包括学术交流和一般交流。学习的内容决定学习的方式。接受、探究等交流方式适合学术交流的内容，合作、讨论、对话等交流方式适合一般交流的内容。但是当前课堂交流存在着过度提倡自由、合作、探究的学习方式，认为不论什么样的学习内容都适合这种学习方式。这种忽视学习内容的行为割裂了交流形式与内容之间的联系，使课堂交流走向形式主义。

---

① 罗生全、靳玉乐：《课堂文化扩散与交流：形式、原则与路径》，《天津市教科院学报》2007 年第 4 期。

（二）学生情感的影响

学生正处于成长期，心智和性格等还不稳定，处于发展时期，很容易凭自己的感情去评判一个事物的好坏，不会去分析这个事物的本性，只是从主观上进行评判，对于课堂交流有时候也完全凭自己的喜欢与对某个教师的喜爱来决定。通过对大量课堂实例的分析研究，主要有几个主要体现：首先，参与课堂交流的意愿与对某教师的印象相关联。如果学生认为这个教师是他们喜欢的类型，上课不严厉，并且讲课的方式生动活泼，那么学生课堂交流的表现就会十分积极。相反，如果学生对某教师存有偏见，那么不管该教师课上得多么生动，学生可能都会表现得很怠惰。其次，当前的教育制度限制了教师的创新技能。高考制度下，尽管教师可能对教学有各种奇思妙想度，但是高考这根指挥棒时刻在提醒他们，升学是检测教学质量的最重要的指标。因而，教师大多采用题海战术，通过大量的题目练习，加强学生对所学知识的巩固。当做题和听老师讲成为一种习惯后，学生对课堂交流会产生一种恐惧心理，因为在学生心中，课堂交流可能就是教师讲题、解题、让学生回答问题的代名词。最后，学生大多数属于青少年，有从众的心理，处于青春期的学生心理脆弱而敏感，很在意自己在同学们心中的形象。如果在课堂上与教师的交流互动较多，就会在其他学生心理留下爱出风头的印象。此外，他们在课堂上也不会主动地去回答问题，即使是自己知道答案，也会因为在意别人的看法而最终放弃站起来回答，这样整个课堂呈现出一种死气沉沉的氛围，教师和学生都不愿再进行交流。

四、促进课堂交流的策略

（一）正确使用言语和非言语交流

教学内容的传递主要通过言语、声音、身体或情境等言语交流和非言语交流的方式来完成。言语交流是影响课堂交流的关键因素，有口头言语交流和书面语言交流两种形式。运用口头言语交流的一般要求是：语言清晰、准确、简练、形象、条理清楚、通俗易懂，讲授的音量、速度要适度，注意音调的抑扬顿挫；在书面语言交流中，主要对板书提出了一些要求：板书规范、准确、清楚、布局合理。① 要做到良好的言语交流，教师和学生需了解对方已有的认识水平和心理状态；交流双方互为倾听者，互为发言者，彼此有诚意平等相处；交流双方应针对当时的情境，充分利用表情、动作、声调或上下文关系来表达自己的意思。

除了言语交流外，非言语交流对于教学信息的传递也是非常重要的，非言语信息主要指通过体态、面部表情、手势、服饰等传达的信息。据估计，非言语交流占我们全部交流的80%。因此，教师在正确使用言语信息的同时，也要精心控制非言语信息。在教学过程中教师应特别注意以下几方面。

一是要控制面部语。面部语主要是眼神和表情。教师要学会适当控制面部表情，当出现较大情绪波动时，要善于掩盖令人不悦的表情。在运用眼神交流时，要学会通过目光和视线接触来控制课堂中的相互作用。如希望学生起来发言，就通过与学生的目光直接接触，用眼神表示鼓励和期待。又如，可以用凝视和沉默，有效地引起正在做小动作或注意力不集中的学生集中注意力。

二是优化组合体态语。体态语就是通过身体的活动与姿态来传达信息，如头、臂、手和其他身体部位组成的体态。这些部位组合的体态状态直接影响着信息传递的质量，并对言语信息起增效或减效的作用。当教师在讲解新内容时，并用手敲黑板，两者结合，能有效引起学生的注意。所以教师在课堂交流时要慎用体态语。在优化组合体态语中，应尽量让学生感受到放松、愉快。

三是以整洁、美观、大方为原则整合自己的服饰语。服饰语是一种典型的非言语交流形式。它载有反映社会风气、历史条件及人的精神风貌等方面的信息，更是个人的性格气质特征与审美能力的重要的直接的

---

① 钟建斌：《新课程理念下的数学课堂交流策略》，《内蒙古师范大学学报（教育科学版）》2004年第2期。

表现形式。所以，教师的服饰除要反映教师个人的审美情趣外，还必须受社会正统文化的规范、受学生心理发展水平等因素的制约。① 既然教师的服饰也会对课堂交流产生影响，所以教师在走进课堂前，选择服饰时，要以整洁、得体、大方的原则来要求自己。

（二）学会倾听

倾听是一门艺术也是一项技能。有学者指出，"倾听若是缺席，对话将不可能存在，遗忘了倾听，则无法被倾听，教师的言说也将毫无疑问地变成只有他自己才能理解的独家私语"。② 倾听是一个主动过程，是师生、生生交流的纽带和桥梁，交流的效果如何与双方是否善于倾听有很大关联。"在人们指责的所有沟通错误中，不去倾听可能排在第一位。"③ 一双灵巧的耳朵胜过十张能说会道的嘴巴，教师一旦掌握了倾听的技巧，课堂交流就会事半功倍。倾听，不仅是在用耳朵接收信息，更是在用心灵感受说话者的说话意图与想要表达的内心体验。我们还可以从"接听"与"倾听"的区别上来更好地理解倾听。"接听"是听觉器官无意识、被动地接收声波刺激的过程，而"倾听"却需要我们做出一番积极、有意识的努力，来理解和记忆我们所接收到的信息。④ 很多教师为提高课堂交流的效果大费工夫，却达不到理想的结果，很大程度上是因为师生双方都只做到了"接听"。

从人际交流的角度来讲，每个人都希望交谈的双方能够安静地听自己说话，因为每个人都觉得自己有很多话要说，而常常忘记了倾听才是交流过程中最重要的技能。"会听"往往比"会说"更为重要，在"会

---

① 施良方、崔允漷主编：《教学理论：课堂教学的原理、策略与研究》，华东师范大学出版社 2007 年版，第 256－257 页。
② 靳玉乐主编：《对话教学》，四川教育出版社 2006 年版，第 107 页。
③ ［美］桑德拉·黑贝尔斯：《有效沟通》，李业昆译，华夏出版社 2005 年版，第64 页。
④ ［美］特里·K.甘布尔，迈克尔·甘布尔：《有效传播》，熊婷婷译，清华大学出版社 2005 年版，第 150 页。

听"的基础上才能知道应该如何去"说",对于"倾听"的忽视必然会导致"言说"的低效甚至无效。因此,为了促进课堂交流,师生彼此都应该首先是一个良好的"倾听者",一个好的课堂交流伙伴,也首先应该是一个好的倾听者。参与课堂交流的每一位师生既是说话者,同时又是倾听者,每一个人都应该担负着这两种角色。然而,在我们长期以来的传统课堂教学过程中,教师过于注重自己作为"言说者"的职责,误以为教师的责任主要在于"讲清楚",只要他们讲清楚了,学生必然会"听清楚",而遗忘或者忽视了自己同时也应该是一名"倾听者"。于是,教师们一直以来在课堂教学过程中往往是"津津乐道于口舌的功效而遗忘了耳朵的价值"。① 教师的个人独白与对学生的灌输导致了课堂交流的低效率。倾听,是交流双方彼此的置入性参与,更是内心世界向彼此的敞开。

从情感的角度来说,教师在课堂上对学生的耐心倾听使学生感受到自己的存在和价值。"当你在倾听一个人的意见时,你是要让他觉得此时此刻他是世界上最重要的人物。"② 而学生倾听教师的言说意味着对教师的理解与合作。师生双方在倾听的过程中,都感受到了来自己对方的尊重。教师在倾听的过程中表现出的耐心、细心和爱心无疑都增加了学生对教师的爱戴,而学生在倾听过程中表现出的专注增加了教师的教学热情。因此,学会倾听能够有效地促进学生的课堂参与。云南师范大学的王淑杰对某一所小学的五位语文教师做过一个关于课堂倾听的实证研究,教师课堂倾听情况如表5.2:

---

① 孙燕:《做一个倾听者》,《教书育人》2003 年第 2 期。
② 张金福:《倾听——师生沟通的有效方式》,《当代教育科学》2007 年第 16 期。

表5.2　五位教师讲授环节课堂倾听统计表

教师水平	无效倾听	低水平倾听	高水平倾听				次数
	虚假性倾听	选择性倾听	评价性倾听		解释性倾听	移情性倾听	
			简单	阐述			
A 教师	5	20	7	3	1	2	38
B 教师	3	18	9	6	11	1	48
C 教师			10	6	19	12	47
D 教师	3	17	15	6	2	1	45
E 教师			4	9	18	24	55

从表中可以看出 E 教师的高水平倾听次数最多，总次数也最多。调查结果表明 E 教师的上课效果最好，与学生在课堂上的交流互动也较多。作者还具体描述了一次课堂交流的过程：①

多媒体出示：这是一位（　　　）的母亲。

师 E：你可以结合描写外貌、神态的句子思考一下，这是一位怎样的母亲？

（目光亲切地看着学生）

学生自由回答：

生1：这是一位瘦弱的母亲。

师 E：你是从哪句话里感受到的？

生1：我是从这个句子感受到的。（阅读课文原句。）

师 E：你感受到这是一位瘦弱的母亲。请大家齐读这句话。

（板书：瘦弱）

---

① 王淑杰：《小学语文教师课堂倾听差异分析》，硕士学位论文，云南师范大学2015 年，第33 页。

生2：我还感受到这是一位贫穷的母亲。我是从毛票这个词感受到的。

（板书：贫穷）

师E：毛票是怎样的钱啊？

生2：毛票应该是一些一毛的零钱。

师E：回答的非常好，这些零钱说明了什么问题？

生2：说明母亲很贫穷，钱都是靠一点一点积攒的。

师E：从而进一步说明什么呢？

生2：（沉思片刻）说明母亲赚钱很辛苦。

从作者给出的例子，可以看出E老师很善于引导学生，将学生的观点进行归纳，帮助学生理清思路，把握交流的方向，有时进行整理，有时并不是做出解释和评价，而是顺着学生思维做开放性的倾听。作者还描述了在倾听学生回答的过程中，E教师还会对学生的回答进行情感上的回应，如时而点头、时而悲伤。说明E老师是真正地在用心倾听，因而和学生的交流也很顺畅和富有成效。

（三）善用反馈

反馈是课堂交流的一个核心环节，它是指教师把经过编码的信息传递给学生所产生的结果再接收过来，以对再发送的信息产生影响的过程。这里的反馈主要指教师对学生反馈的信息的回应。反馈在课堂交流中体现了教师对学生的尊重。如果课堂交流中没有教学信息的反馈，就会产生失控现象。教师对学生回馈的信息的冷漠是对学生最大的伤害。在学生回答完问题或者结束某项任务后，不管结果正确与否，是否令人满意，教师都应该立即给予学生相应的反馈。一个有效的行为必须通过某种反馈过程来取得信息，从而了解目的是否已经达到。① 这句话表明

---

① 刘显国：《反馈教学艺术》，中国林业出版社1999年版，第9页。

反馈是保证课堂交流有效性不可缺少的一个环节，课堂交流的有效性也必须通过反馈来进行验证和核实。并且，有效的课堂交流会增加师生对下一次交流的期待。但是在实施反馈时，教师也要注意一些问题。

首先，以正面启发和肯定为主，对学生进行教学信息反馈。反馈分为积极反馈和消极反馈。积极反馈就是以激励为主，传达对学生的赞赏和鼓励，而消极反馈则传递的是一种负面评价，有可能损害学生的自尊心和自我效能感。教师对学生的教学信息的积极反馈有利于纠正破坏学习系统和偏离教学目标的行为活动，使之趋向于稳定有效的状态。当学生表现较好时，教师应使用"非常好""不错""很好的想法"等口头表扬语句或运用点头、微笑等非言语表达进行表扬；教师还可以在班级公示栏里以书面的形式进行表扬，使学生拥有强烈的成就感，这样可以激励学生在以后的课堂交流中踊跃参与。若学生的答案不尽人意，教师也应鼓励学生，如肯定他表述的清晰、思考角度的独特、发言的勇气等，再不失时机地进行引导，使学生感受到回答错误也并不是一件丢人的事情，不惧怕回答问题的困难，敢于发言交流。教师切忌讽刺、挖苦、侮辱学生，这样只会令学生胆小、怯懦，再也不敢参与课堂交流。

其次，反馈要及时。反馈是具有时间效应的，根据反馈的时机分为及时反馈和延时反馈。及时反馈意味着教师对接收到的学生的信息做出迅速的反馈，及时反馈有利于交流双方信息渠道的通畅，最终达到利用反馈进行调节和控制的目的。而延时反馈则是在学生回答完问题或者做完任务一段时间后才给出评价，延时反馈会导致学生学习热情的丧失。在课堂交流过程中，及时反馈不仅具有积极的强化作用，还能够使学生立刻明白自己的回答或者理解是否正确，提高了反馈信息的诊断、激励以及调控等方面的价值。学生更愿意参与能够获得及时反馈的教学活动，因为反馈不仅提高了他们交流的愿望，他们还可以利用这些反馈来指导随后的行动。及时反馈可以将教与学之间的信息流通调控为动态的平衡状态，已有的相关研究也表明，及时反馈能有效提高学生参与课堂交流的主动性。

最后，教师的反馈要有针对性。这一策略要求教师对学生的表现的评价要确定具体，不能模棱两可；教师对学生的引导要有效地指向具体问题，即根据不同的学生和同一学生的不同情况，给予具体的反馈，以使学生能够根据反馈很快地发现问题或者知道下一步做什么。课堂反馈的针对性是贯彻因材施教教学原则的具体体现。指教师对学生进行反馈时，要根据具体的情景和学生的个体差异对不同学生进行具体的指点和引导。研究表明，针对性缺乏的课堂反馈，其作用就可能减小或者消失。譬如在一节物理课上，教师在不同时段提问学生有关水形态之间的转换问题，在学习相关的核心概念之前，学生 A 的回答可能是"天气变热，水就会成为水蒸气"，学习完这课之后，学生 A 已经能够利用所学知识进行比较完整的回答"水遇热吸热蒸发成气体，遇冷放热凝固成固体，……"这一例子充分说明教师要因时施教，看到学生的发展，对于同一个学生，教师应根据具体的学习环境和学习程度进行反馈。而当我们在课堂上以同一个问题来提问不同的学生时，也要采取具体的反馈策略。对于学习成绩一贯较好的学生，对他的回答的反馈可以不要着急肯定或否定，可以进一步激发他对这一问题的思考，锻炼他们自己的耐心和从多角度思考问题的能力；而对一个胆小羞涩、成绩不太好的学生进行反馈时，即使他回答得并不理想，教师也不要立即给予消极反馈，可以针对他在回答过程中的表现进行挖掘，肯定他做得好的地方，如答题角度新颖，接着再分析他错在哪里，引导他自己找出正确答案。长此以往，在教师针对性的反馈下，学生能逐渐改进自己的不足，发现优点，这对于增强他们参与课堂交流的积极性有很大的推动作用。由此可见，有针对性的课堂反馈就是要针对不同学生的不同特点进行因势利导，以帮助所有学生都获得最佳发展。

第三节　学生课堂参与激励策略

学生在课堂中主动积极地参与是学生主体性的最直接的体现。随着教育研究的深入及课堂改革的推进，对学生课堂参与的研究也已经从单一的教学视角走向了多维度、多学科的视野。与此同时，教师需掌握更多的策略与技巧激励学生参与课堂教学。

一、学生课堂参与的内涵与类型

（一）课堂参与的内涵

参与，即"参预"。《晋书·唐彬传》中说："朝有疑议，每参与焉。"《辞海》有"预闻而参议其事"之说。《现代汉语词典》对参与的解释是"参加"，即"加入某种组织或某种活动"。"参与"最早使用于管理学、组织行为学等社会领域，指的是"个人的思想和感情都投入到一种鼓励个人为团队目标做出贡献、分担责任的团队环境之中"①。这种投入强调"做出贡献"、"分担责任"，是名副其实的投入，它"极大地激励了参与者，从而发挥他们的主动性、创造性和积极性"。② 在教学中的参与指的是学习者在与学业有关的活动中投入的生理和心理的能量。课堂参与反映了学生对课堂教学活动的态度，具体表现为在情感、思维、行为等方面对课堂教学活动的投入程度。Astin 指出，学生的课堂参与意味着内在心理活动和外在行为的共同投入，学生的内在心理活动往往通过外显行为表达出来。他认为，"卷入"意指一种行为成分，因为个体是否卷入"不在于个体想到或感觉到了什么，而是他做了

---

① ［美］罗伯特·G.欧文斯：《教育组织行为学》，窦卫霖等译，华东师范大学出版社 2001 年版，第 400 页。
② ［美］罗伯特·G.欧文斯：《教育组织行为学》，窦卫霖等译，华东师范大学出版社 2001 年版，第 374 页。

什么，又是怎样做的。"① 并且建立了著名的学生"卷入理论"，这一理论的基本框架包含五个设定②：

第一，卷入意味着生理和心理能量的投入；

第二，卷入的变化是一个连续体，不同的学生投入活动的能量随时间和目标的不同而变化；

第三，卷入既有量的成分，也有质的成分；

第四，学生的学习及其发展与他在学习活动中卷入的质和量成比例；

第五，任何教育措施的效能与其增进学生卷入的能力直接相关。

根据 Astin 的"卷入理论"及上述分析，可以看出课堂参与需具备几项元素：学生的投入意识、个体差异、教师为学生课堂参与创造条件、平等的参与机会。学生作为教学活动的主体，"他们对课堂活动的参与体现了教学过程中科学实践观与主体能动性的统一"③。因此，本文将课堂参与定义为：学生个体对课堂教学活动的投入及表现出来的态度倾向和行为，包括思维、情感和行为的参与。

（二）课堂参与的类型

根据学者曾琦的研究，课堂参与可以分为三个类型：主动参与、被动参与和消极参与。

1. 主动参与

主动参与包括聚焦任务的行为，但它更加强调学生情感、认知和意愿等方面所起的重要作用。当主动参与的特征包括聚焦任务的行为、积极的情感、付出的认知及个人的意愿时，它能为学生的学习和发展带来

①　Astin W. A., "Student Involvement: A Developmental Theory for Higher Education", *Request Psephology Journal*, 1999(405), pp. 518 – 529.

②　Astin W. A, "Student Involvement: A Developmental Theory for Higher Education", *Request Psephology Journal*, 1999(405), pp. 518 – 529.

③　裴娣娜：《主体参与的教学策略：主体教育·发展性教学实验室研究报告之一》，《学科教育》2000 年第 1 期。

很大的推动力。① 主动参与型学生对学习富有热情，有强烈的求治欲望，思维活跃，在课堂上积极思考，能够主动自觉地参与课堂教学活动。因而能够获得比其他同学更多的学习机会，并且在他们参与完教学活动之后，教师一般都会给予及时的反馈，这样学生便能够更加清晰地自己对课堂教学内容的学习情况，了解到自己对哪些知识点还掌握不够。在主动参与过程中，学生的"自主能力"随之增强，由主动参与导致的教师关注、同学钦佩等后果也会强化学生良好的自我认知，从而促进学生对自我的重新定位。相关研究表明，主动参与的学生成绩都比较好，并且主动参与反过来也会促进学生学业进步。

表5.3　主动参与和学业成绩之间的关系研究结果②

综合性研究	焦点	效应值的数量	平均效应值	百分值
Bloom（1976）	主动参与的一般效果	28	0.75	27
Frederick（1980）	主动参与的一般效果	20	0.82	29
Lysakowski 和 Walberg（1982）	主动参与的一般效果	22	0.88	31
Walberg（1982）	主动参与的一般效果	10	0.88	31

注：效应值是据 Fraser，Walberg，Welch，& Hattie（1987）的报告得出的。

2. 被动参与

被动参与与主动参与相反，他们对课堂活动的参与不是主动自觉地

① Reeve, J. , Extrinsic Rewards and Inner Motivation, In C. Evertson, C. M. Weinstein & C. S. Weinstein (Eds), *Handbook of Classroom Management: Research, Practice, and Contemporary Issues*, Mahwah, NJ: Erlbaum, 2006, p. 658.

② ［美］罗伯特·J. 马扎诺：《教学的艺术与科学：有效教学的综合框架》，盛群力等译，福建教育出版社 2014 年版，第 84 页。

加入，而是经由外力的推动。这类学生占了学生总人数的大多数。这类学生有想要参与课堂教学的意识，自身也具备一定的认知能力和知识水平，但是由于某些原因，比如性格、缺乏自信等因素影响而产生被动的学习倾向。在课堂上，如果教师不点名他们回答问题或者小组活动必须要参与，他们更愿意安静地坐在座位上听课。但是，这类学生有一些很明显的特点，意志不坚定，易受干扰，听课认真度受教学内容影响。具体表现为容易受外界事物和人的影响，一旦周围同学在干别的，很容易思想走神，被吸引过去；当教学内容是他们感兴趣的内容时，他们就会专心听讲，而如果遇到没兴趣或者枯燥乏味的学习内容时，他们的参与热情会大大降低。被动参与型的学生一般学生成绩都在中等偏下的水平，知识基础较差，对于稍难的问题，他们不知所措，教师讲得内容他们跟不上，很难理解。其次，这类学生参与后得到的评价一般是负面的。① 因此，对待被动参与的学生，教师要以客观平等的视角去看待问题，是不是因为在教学过程中的不当言行打消了他们参与课堂的热情？还是学生能力和认知水平的问题？亦或是性格问题？当教师对这些问题心中有答案时，才能正确地干涉学生被动参与课堂的行为。

3. 消极参与②

消极参与课堂教学活动的学生在课堂教学过程中不愿参与其中，对学习毫无兴趣，产生抵触心理，和教师"唱反调"，主要由于自身的认知水平、理解和表达能力相对较弱，每当遇到有深度的知识点，就会产生畏难情绪。对课堂上发生的一切无动于衷，表现在课堂上要么注意力不集中，思想走神，开小差，要么做小动作，交头接耳，"老师在上面讲，他在下面说"，扰乱课堂秩序，甚至导致课堂教学无法有序开展。

尽管对学生参与课堂的表现可以划分为多种类型，但事实上，学生在课堂上并不会只表现出一种参与类型，而是由不同水平的各种参与成

---

① 刘丽娜：《学生课堂参与研究》，硕士学位论文，华东师范大学 2012 年，第 18 页。
② 刘丽娜：《学生课堂参与研究》，硕士学位论文，华东师范大学 2012 年，第 17 页。

分组成的整体。

二、影响学生课堂参与的因素

影响学生对课堂教学参与的热情和积极性的因素有很多，也非常的复杂，归纳起来共有三大类：学生、教师和传统文化因素。

（一）学生因素

1. 个性

个性是"生而具有与后天习得的一系列生理、心理、社会的稳定特点的综合"。[①] 从教育学的角度来看，个性受到生理因素、心理因素和社会因素的共同影响。个性是主体内因与客体外因相互作用的结果，这一观点得到了部分专家和学者的认同。一方面，个性受主体内部积极能动的心理机能的重要影响，而外部的生活条件影响着主体的心理机能，从而对个性产生间接的作用；另一方面，主体内部能动的心理机能若想改变自身，发展个性，也只有通过外部生活条件这一途径。[②] 个性具有稳定性、可塑性、个别性、共同性等特点。

所谓稳定性，就是经常在一个人身上表现出来的特定，例如，有的人在生活中活泼好动、乐观开朗，人们会评价说这是一个乐观的人。而有的人在他的言谈举止中表现得十分稳重、不轻易发表看法、有时甚至很沉默，这样性格的人人们通常称之为内向或者沉稳。正是性格的稳定性这一特点，我们才可以说某一个人具有什么样的特点。然而，人的个性的稳定性只是相对稳定，并不是一成不变。人的个性特点都是在一定的环境下塑造而成，随着外界环境的变化，个体所处的人文环境和自然环境都会发生变化，这对人的个性会产生影响。世界上没有完全相同的两片叶子，同样，也没有两个人的个性是完全一样的。人的个性是共性中存在个别性。所谓共同性指"某些人具有的共同的典型特征"。[③] 如

---

① 高玉祥：《个性心理学概论》，陕西人民教育出版社 1985 年版，第 11 页。
② 胡克英：《教育与个性发展》，《教育研究与实验》1989 年第 2 期，第 1 – 8 页。
③ 高玉祥：《个性心理学概论》，陕西人民教育出版社 1985 年版，第 11 页。

中国人的普遍个性是崇尚和平、为人谦虚、热情好客等。但是每一个中国人又有自己的特性，如有些人喜静，有些人爱热闹等。正是个性中的独特性导致学生在课堂中的表现大不一样。个性活泼、热爱表现自己的学生可能会较多地参与课堂活动，而天性害羞、内向的学生则更愿意在课堂上安安静静地听课。

2. 自我概念

关于课堂参与，心理学家提出了一个更高效的影响因素：自我系统。这个系统能对我们决定参与的事情进行控制。"自我系统不是信息的普通部分……事实上，它（几乎）包含了受意识影响的方方面面：所有的记忆、行动、要求、高兴和痛苦。自我系统还有一点跟其他任何事情都不同的，那就是它能说明我们已经建立的目标具有层级性，并随着时间的推移，一点点地被构造起来……在任何特定的时期，我们通常只意识到了它的很小一部分。"① 根据以上论述，一些心理学家推断自我系统包含两个组成部分：客我和主我。"自我系统的结构包括主我和客我。主我可以产生更多持久的、自然的和高层次的自我概念；客我包含更多的任务或领域细节……客我是一种正在运作的自我概念，能在特定的情境中产生各种动机和自我调节策略。客我还会阻碍自我的发展。"②

主我是一般的思维产物，包含所有对个人来说很重要的东西。例如，个体可以将解决问题的能力和个人品质看作自我的一部分。客我是在特定的情境中发挥作用，相对来说更为具体，例如，如果一个学生认

① Csikszentmihalyi, M, *Flow*: *The Psychology of Optional Experience*, New York: Harper&Row, 1990, p. 34.

② McCaslin, M. Bozack, A. R., Thomas, A. et al, "Self – regulated Learning and Classroom Management: Theory, Research, and Consideration for Classroom Practice", In C. Evertson, C. M. Weinstein, & C. S. Weinstein (Eds.), *Handbook of Classroom Management*: *Research*, *Practice*, *and Contemporary Issues*, Mahwah, NJ: Erlbaum, 2006, p. 228.

为自己没有能力在体育课上学会游泳，那么这堂游泳课必然难以激起他的学习兴趣。主我和客我在教学过程中对教与学的影响统一表现为自我概念对教学活动的影响。自我概念是个体对自身的认知，包括对能力、兴趣、性格等的感知，由对周围环境的体验及对体验的理解和分析而形成。自我概念具有多维度、多层次结构的特征。层次结构的最上层是个人一般性的、整体的自我概念，简称"一般自我概念"；中间层是比较泛的自我概念类别，如社会、体貌、学业等方面的自我概念；底层则是个人在具体和局部范围内的表现所形成的自我概念。① 自我概念的稳定性随着结构层次的上升而加强，处于层次结构最上层的自我概念相对稳定。整个层次结构的自我是一个统一的整体，一般自我概念的变化需借助下层结构的变化。一般自我概念不会无端产生和消失，而是经过多方位、具体、局部的体验后才形成的。自我概念由自我描述和自我评价两个方面组成。描述性的自我概念如"我很聪明"，评价性的自我概念又称自我评价如"我数学学得很好"。自我概念影响着学生与教师之间的交流，并且与课堂参与成正相关。自我概念较低的同学对于主动参与课堂活动缺少热情，在课堂上，他们更喜欢听老师和其他同学讲，或者默默地做自己的事情；而自我概念较好的同学则对课堂参与表现出极大的热情，乐于参与活动，以彰显自己的能力。

自我概念会影响学生对课堂参与的主动性和积极性，反过来课堂参与同样也会对学生自我概念的形成产生影响。我国学者曾琦对学生自我概念与课堂参与的关系做了相关研究，结果表明儿童对课堂学习活动的参与状况可能会影响到儿童的自我概念的形成。从另一方面说，个体的自我概念不是天生的，而是个体参考、内化他人对自己行为的评价而来。对学生而言，父母、教师、同伴的评判和鼓励，特别是教师的评论对其自我概念的形成、发展有重大影响，而学生在课堂上的具体表现通

---

① 王初明：《自我概念与外语语音学习假设》，《外语教学与研究》（外国语文双月刊）2004 年第 1 期。

常是教师对他们进行评价的主要依据，因此，从这个角度来说，学生的课堂参与同样会影响其自我概念的形成和发展，自我概念和课堂参与相辅相成，互相影响。

3．焦虑和压力

焦虑和压力是影响学生课堂参与的重要因素之一。通常，焦虑会对个体产生一定的压力，并且压力会带来负面影响这一假设已得到证实，"一般情况下压力事件会导致不仅对学习有害，还对人的健康有害，影响荷尔蒙的分泌"。① 因此，对于学生课堂参与的表现，焦虑和压力起到了一定的促进或抑制作用。适度的压力和焦虑能够迫使学生集中注意力，在某些场合可能会促使学生积极参与课堂的教学活动。例如，如果教师在课堂上将学生分成几个小组，每组都分配有一个任务，并且说这是一个小小的比赛。在这种情况下，教师的话给学生造成了一定的压力，学生们都不想在比赛中落后，因而由压力产生了主动参与小组活动的愿望。这种情况下，压力和焦虑对学生参与课堂活动起到了正向的推动作用。只要合理把握，适度争论能够提高学生的参与度，这种行为叫"构造型争论"。②

不可否认，焦虑有时候会扼杀学生的学习积极性。众所周知，人都有怕犯错然后被他人讥笑。事实上，当你出现错误的时候，其他人并不会和你自己一样那么在意这个错误，有可能他人都没有注意到。但是如果犯错会成为笑柄这种心理暗示还是占据了大部分学生的思想。以学习英语为例，众所周知，语言是极度灵活和不断变化生成的，并且世界上的大部分语言都是极具包容性的，每一天都在吸收新词汇，语法表达可能也会随之改变。因此，没有一个人会说自己在语言的使用上从来不犯

①　Jensen，E.，*Teaching with the Brain in Mind*（2nd ed.），*Alexandria*，*VA*：*Association for Supervision and Curriculum Development*，2005.

②　［美］罗伯特·J.马扎诺：《教学的艺术与科学：有效教学的综合框架》，盛群力等译，福建教育出版社2014年版，第87页。

错。虽然很多学生都理解这个事实，但是他们在课堂上还是想表现完美，避免犯错。长此以往，在语言课堂上，面对同学和老师，学生更多愿意倾听别人发言，害怕用词不当，害怕犯语法错误，害怕表达不清，害怕受到其他同学的嘲笑。正是因为这种焦虑心理，大多数学生在课堂上往往选择沉默，从不主动参与课堂互动或者其他活动。学生的这种焦虑心理越强，给自己带来的压力就越大，越不愿意参与课堂活动，渐渐地他们就习惯了在课堂上做"隐形人"。正如 Liu 和 Little - Wood 所总结的那样，学生总是"缺乏对自己能力的感知",① 而且就因为这一原因，学生总是低估自己的能力。

综上，焦虑和压力主要通过增强或减弱学生学习的信心来影响他们对课堂的参与积极性。信心增强的学生会积极抓住课堂中表现机会，主动回答教师的提问或参与其他教学活动，并且自信心随着课堂参与次数的增加而增加，从而形成一种学习的良性循环。那些由于压力和焦虑而导致自信心减弱的学生在课堂上则不够积极，往往会失去许多练习的机会，而他们的自信心也因为平时缺乏锻炼而得不到提高，从而形成一种学习上的恶性循环。②

（二）教师因素

影响学生课堂参与的因素除了学生本身的特点外，教师对学生参与课堂的主动性与积极性也有很大影响。在课堂教学中，主要是教师对学生的引导，师生间、生生间的交流，因此，教师因素对学生课堂参与的影响不可忽视。有研究表明教师行为和学生参与的关系，发现教师行为和学生参与存在交互的影响。沈贵鹏等人认为在课堂教学中教师的言语表达内容、方式等会影响学生的课堂参与及其对教学内容的把握和理

---

① Liu N F. , Littlewood. W. , "Why Do many Students Appear Reluctant to Participate in Classroom Learning Discourse?" *System*, 1997(25) , pp. 271 – 384.

② 独雪梅：《谈情感因素与英语教学》，《连云港师范高等专科学校学报》2001 年第 2 期。

解，继而影响学生学业成败。此外，教师设计的课堂活动类型、教师的授课方式、对男女学生注意力的不同都对学生的课堂参与有影响。本书将教师对学生参与课堂的影响因素归纳为教师人格、师生关系和教师对学生的期望。

1. 教师人格

教师人格是指教师个人的尊严、价值和道德品质的总和，是教师个人行为和品质的高度统一和集中体现，是教师认知、情感、意志、信念、习惯及其过程的集合体。[①] 每个教师的人格各具特征，并且这种特征会在教师的课堂行为表现、教学风格、与学生相处的过程中体现。

按教师人格特征的不同，国外的布罗菲和占德将教师分为稳健型、僵化型、灵活型；国内通常将教师分为幽默型、亦师亦友型、智慧型和温柔型等。不同类型的教师在具体教学中有其优势必定也会有不足之处，如温柔型教师会让学生觉得亲切、易接近，但是有时可能会缺乏教师威严，不好管束学生。但是不管哪种类型的教师，只要其品质是善良、高尚的，都会受到学生的爱戴。教师良好的人格品质具有很强的导向、凝聚、使学生亲师的功能，一旦得到学生的认同，就会激起学生的学习需要，促使他们产生于教师互动的想法，提高课堂参与度。教师的人格与其教学风格是比较一致的。所谓教学风格是指教师在长期教育教学实践中形成的，适合自我个性特征、思维方式和审美意识的教学思想、教学方法、教学技巧的独特结合和稳定状态的外在表现。[②] 有研究按教学风格将教师大致分为五类：理智型教师、情感型教师、自然型教师、幽默型教师和技巧型教师。这些教学风格与教师的人格特征是可以对应得上的，例如稳健型的教师一般的教学风格就是理智型，温柔型的教师对应的是情感型风格。每种教学风格在某种程度都能激发学生的参

---

① 王少华：《试论教师人格在师生交往中的教育价值》，《教育研究与实验》2000年第4期。

② 李如密：《教学风格论》，人民教育出版社2002年版，第26-27页。

与动机，提高学生参与兴趣，但是高效的教学过程是需要教师的教学风格与学生的认知风格相匹配的。冲动型的认知风格更适合在幽默型与情感型的教学风格下成长，而在理智型的教学风格下就很难发展；情感型的教学风格能感染和触动沉思型认知风格的学生，而场独立型认知风格的学生就会难以适应，它会倾向于理智型的教学风格；技巧型的教学风格与场依赖型的认知风格相匹配，却会让分析型的认知风格感到无法适应。① 可见教师的人格特征会影响到学生对其教学风格的适应性，当学生能够适应教师的风格时，他们就会积极地参与课堂活动，反之，当学生无法接受教师的教学风格时，在课堂上的表现就比较沉默。但是人格与个性一样，都具备稳定性与可塑性，因此，教师和学生之间可以相互调节和适应，不断改变自己的教学风格和认知风格，让学生课堂参与真实而有效。

2. 师生关系

不论在传统还是现代的教学活动中，教师和学生都是两大中心，师生关系对教学过程的顺利推进有促进可能也会有阻碍作用。班级中的师生关系是指在班级环境下教师和学生之间的人际关系，它是教师和学生在交往中形成、维持和发展起来的。② 师生关系作为学生生活中一种重要的人际关系，对学生的学习、情绪、自我等方面的发展会产生重要的影响。课堂中师生关系的和谐、亲密与否，对学生的课堂参与有很大的影响。近些年来围绕师生关系与学生课堂参与之间关系的研究也表明师生关系会影响学生的课堂参与积极性。学生如果在课堂上感受到来自教师尊重、理解、支持和关心，在随后的学习活动中他会更加努力，有更

---

① 杨立刚：《教师教学风格与学生学习风格的相关性研究》，《教学与管理》2011年第 7 期。
② 张大均主编：《教育心理学》，人民教育出版社 2003 年版，第 541 页。

多的参与，并因此而取得更大的进步。[1]

师生关系主要由师生互动和师生交往两方面构成。在师生互动过程中，教师占据主导地位，教师能够通过师生互动对学生施加影响，而学生的行为最后会对教师的认知产生作用。

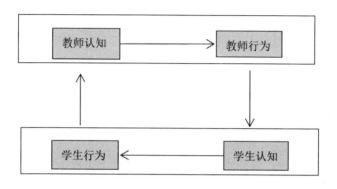

图 5.1　师生互动过程[1]

师生交往对师生关系的影响比师生互动大。师生交往一般有三种形式：单向交往、双向交往和多向交往。单向交往指的是教师对学生的教导，交往由教师发起，学生不会主动找老师与沟通交流；双向交往是仅指师生间的互动交流；而多向交往的交流方向不仅包括教师和学生、学生和教师还有学生和学生之间的交往活动。一般而言，师生间的多向交往既能体现教师的主导作用，又能体现学生的主导作用。[3] 多向交往充分尊重了学生在教学过程中的主体地位和主导作用，并且能够提高教学效能。

不论哪一种类型的交往，在师生关系中，主要是情感、态度的交

---

① Voelki, Kristin E, "School Warmth, Student Participation, and Achievement", *Journal of Experimental Education*, 1995(63), pp. 127 – 138.

② 张大均主编：《教育心理学》，人民教育出版社 2003 年版，第 542 页。

③ 张大均主编：《教育心理学》，人民教育出版社 2003 年版，第 543 页。

流，因而可以将师生关系分为紧张型、冷漠型和亲密型。① 在紧张型师生关系中，师生间感觉疏远甚至对立，学生对教师的态度是表面上服从，但是是由于畏惧、不喜欢而产生的"伪服从"，课堂交往呈现单向交往，易发生冲突；冷漠型师生关系顾名思义就是学生和教师之间的关系很淡漠，学生对教师既不喜欢也不讨厌，表现在课堂行为中，就是师生在课堂上全程基本无交流，学生对教师的态度是不合作也不反抗；亲密型的师生关系是一种比较理想的关系，教师和学生之间不仅存在师徒关系，更是一种朋友、家人的关系。学生尊重、信任、热爱教师，教师理解、鼓励、关心学生。在课堂教学中，师生交流较多，关系融洽。

从以上的描述，可以看出，师生关系与学生的课堂参与有很大的影响。Morgane 认为，良好的师生关系是课堂教学过程中促进学生学习动机，进行课堂管理的一个关键因素。教师通过与学生的交流、给予学生学业上的支持和帮助、创建支持性的课堂环境等手段可以减少课堂问题行为，提高学生课堂参与水平。② 良好的师生关系对学生参与课堂教学活动会起到一定的推动和促进作用，但是教师在师生交往互动过程还需要注意一些问题。如个体在人际互动中会极力表现和维护理想的自我形象，即我们平常所说的"面子"，在互动中面子的维护必须得到他人的支持。研究者在对师生言语互动中教师对学生的学业评价进行研究之后指出，教师对学生面子的维护如欣赏、赞同、合作和支持等，会促进学生学习动机的加强和学生对学业的投入。③ 还有学生间的个体差异可能会引起教师下意识地不同反应。程晓樵等人通过对教师课堂言语交往行为的对象差异的观察发现，学生职务、人际地位和成绩显著地影响着教

---

① 朱菊芳：《师生关系与教学质量》，《南京大学学报》1987 年第 2 期。

② Morganett, "Good Teacher – student Relationships: a Key Element in Classroom Motivation and Management", *Education*, 2001(112), pp. 260 – 265.

③ Kerssen J., "Sustaining the Desire to Learn: Dimensio of Perceived Instructional Facework Related to Student Involvement and Motivation to Learn", *Western Journal of Communication*, 2003(67), pp. 357 – 379.

师课堂言语交往行为对象的选择性，主要表现为：教师在选择交往对象时比较愿意与学生中的干部和人际地位高的学生交往，给这部分学生比较多的交往机会。在数学课上，教师还更多地选择成绩好的学生。① 因此，教师在交往过程中，尽量要避免传统的刻板印象对自己的行为的干扰，平等地对待每一位学生，并且还应当保护学生的自尊心。

3. 教师期望

教师期望是指教师在对学生过去和现在的表现了解的基础上，对学生未来认知、人格和行为发展的预测性行为。在教学过程中，教师通过自己的言行或明确或潜在地表达出对学生未来表现的期待，学生则根据自己独特的自我信念来理解教师期望的含义从而形成自我期望，自我期望会影响学生的自我观念，通过增强或减弱学生的自信心对学生参与课堂的行为起到促进或抑制作用。教师的期望过程假设如下：首先，教师形成了对每个学生特定行为和表现的期望；在这些期望的影响下，教师使用不同的行为对待不同的学生；这些对待传递给学生有关教师期望学生所做出的行为和表现的信息，进而影响了学生的自我概念、成就动机和期望水平；最后，如果教师的对待持续下去，而且学生也没有做出反抗，学生的表现就会与教师的期望保持一致。②

很多因素会影响教师对学生的期望，如教师的偏见、学生的成绩、自我效能感等。研究发现有偏见的教师在所有的教学中都与无偏见的教师存在着实质性的差别。而且教师期望效应，特别是教师负性期望效应

① 程晓樵、吴康宁等：《教师课堂交往行为的对象差异研究》，《教育评论》1995年第 2 期。

② Cooper, H. M. , "Models of Teacher Expectation Communication", In: J. Dusek, V. C. Hall, &W. J. Meyer(Eds.) , *Teacher Expectancies*, Hillsdale. NJ: Lawrence erlbaum, 1985, pp. 135 – 158.

总是发生在有偏见教师而非无偏见教师身上。[①] 教师偏见能够体现在对待"优生"和"差生"的问题上，很多教师对班级中的学生干部和学习成绩较好的学生一般都抱有很高的期望，在提问、反馈、眼神的交流、座位的安排等问题中都能看出教师对"优生"的照顾与期望，教师总是让成绩优秀的学生回答一些有一定难度的问题，而把容易的问题让成绩中等或成绩较差的学生来回答；教师可能接受较差学生的低质量的、甚至存在一些语法错误的回答等。而对于"差生"，教师的看法就是只要课堂上不捣乱，安静听课就行了。这些都在不知不觉中向学生传递自己对他们的期望。有些教师辩解道这样做是"因材施教"，而实际上学生能够感受到这些所谓的"因材施教"背后教师不同的期望，从而按照这些期望来"规范"自己的行为，这就形成了恶性循环。

在某种程度上，教师的自我效能感对他们对学生的期望也会产生影响。自我效能感是美国心理学家班杜拉最先提出的概念。教师自我效能感是指教师对教育价值、对自己做好教育工作与积极影响儿童发展的教育能力的自我判断、信念与感受。[②] 教师的自我效能感包括教师对自己会对学生产生何种及多大影响的感知，也包括教师对提高自己班上学生成绩、能力的个人看法。有学者认为"高自我效能感的教师形成的期望更积极"，[③] 对学生的积极期望进而导致学生的自信心增强，并且更多地参与课堂教学活动。

（三）文化因素

有学者曾说，"关于'文化'的定义现在已有几千种。不同的国

① Babad, E. , Pygmalion – 25 Years after Interpersonal Expectations in the Class, In: P. D. Blanck(Ed) , *Interpersonal Expectations: Theory Research and Applications*, New York: Cambridge University Press, 1993, pp. 125 – 175.

② 庞丽娟、洪秀敏：《教师自我效能感：教师自主发展的重要内在动力机制》，《教师教育研究》2005 年第 4 期。

③ Socherman. , R. E. , *A Study Measuring Teacher Efficacy and Teacher Expectation for Elementary School Students Exhibiting Different Dimensions of Behavior*, Doctor Dissertation, University of Georgia, 2000.

家、不同的时代、不同的学科、不同的人都有不同的说法"。① 文化是一个内涵极广的概念，可以包括"全部的知识、信仰、艺术、道德、法律、风俗以及作为社会成员的人所掌握和接受的任何其他的才能和习惯的复合体"②，但它并不是无所不包，其核心还是"传统"。每个人都是在特定的民族传统文化中成长，文化通俗的说法就是"民族生活的样法"。③ 因此，传统的民族文化在人的性格、习惯和行为方式等方面都打下了很深的烙印。

在我国，人们深受儒家思想、孔子的影响，儒家思想是我国传统文化的主流。儒家思想提倡"中庸之道"、"仁"等思想。"中庸"思想强调不偏不倚、折衷调和的处世之道；"仁"是道德的最高境界，指人与人之间相亲相爱。这两种思想造就了国人虚怀若谷、谦逊待人的性格，但从另一种意义上说，它们在一定程度上扼杀了人之个性的张扬和追求自我的一面。正是由于受到传统文化影响，大多数中国学生或多或少都带有几分腼腆和羞涩，不好意思在同学和老师面前表现自己，认为这可能被他人误会成骄傲、自负。例如，在中国的课堂上，几乎没有学生愿意主动提问、到讲台去演讲，表达自己的观点。此外，也不大可能看到像西方课堂那样教师和学生面对不同观点时的"唇枪舌战"，我们的学生已经太习惯接受、顺从他人的观点，就算对教师的观点和看法有异议，一般也会憋在心中，等到课下找老师或者同学，也有可能直接忽略。在传统文化的浸润下，学生的个性被压抑、被打磨，使得学生在课堂上不会做出反驳老师、上台演讲、提出质疑等"出格"行为。他们宁可"静观其变"也不想成为被其他同学视为"爱出风头"的角色，更不想成为"枪打出头鸟"的牺牲品。传统文化所创造出的"明哲保

---

① 石中英：《教育学的文化性格》，山西教育出版社 2003 年版，第 83 页。

② ［英］爱德华·泰勒：《原始文化》（重译本），连树声译，广西师范大学出版社 2005 年版，第 1 页。

③ 梁漱溟：《东西文化及其哲学》，商务印书馆 2003 年版，第 32 页。

身"的社会氛围给提高学生课堂参与积极性带来了一定的阻力。①

三、促进学生课堂参与的对策

人们已经认识到，学生能否在课堂上有机会参与课堂教学，以及参与水平的高低，对于其学业成就和个体社会化都有着重要的影响。② 在具体教学中，教师要采取多种策略以提升学生的课堂参与积极性。

（一）更新教育观念，引导学生参与

教师的教学观念要符合新课程的要求。课堂教学要从以教师为中心转变为以学生为中心；从对课堂活动的严格掌控到允许课堂留白，鼓励学生积极参与课堂教学；平等对待每一位学生，与学生自由对话。当教师以新的眼观看待学生、教学和师生关系时，学生对课堂的感受和体会也会随着改变，愿意在教师的引导下参与课堂教学。

1. 新的学生观

传统的学生观存在诸多弊病：缺乏对学生天性的正确认识，在教学中过分强调对心灵的塑造，而不考虑学生还只是未成年人；将学生当作知识的容器，在教学中不顾学生是否能接受和消化所教内容；忽视学生的情感发展，在教学中强调智力的发展和对心灵的塑造，而对学生缺乏关爱；对学生缺乏信任，认为学生离开教师的教导就不能学会知识；不能正确处理师生关系，主要表现为师生关系的不对等，单向交往居多。

而新的学生观则要求教师将学生视为独立的正在发展的个体，为学生提供各种可能条件，不能再将学生看作知识的容器，以"填鸭式"的方式进行教学。正视学生的发展就意味着正视在学习中可能犯的错。教师还应该清醒地认识到学生是具有可塑性的，学生的认知能力和兴趣爱好随着年龄、教育或者经历的改变而发生改变。因此，经过教育，学

---

① 章伟央：《学生课堂参与的影响因素及方法研究》，《湖州师范学院学报》2007年第4期。

② 曾琦：《学生课堂参与现状分析及教育对策——对学生主体参与观的思考》，《教育理论与实践》2003年第8期。

生是可以重塑自己的。此外，教师也不能忽视学生的个体差异。不同的成长经历和家庭背景可能导致学生不同的人生观和世界观。例如，在浓厚的知识氛围中生长的孩子，知识视野可能要宽广一些，而在贫寒家庭里生长的孩子，大多数在入学时视野相对要窄一些。教师只有深入了解不同学生的情况，才能因人而异地给予指导，促成学生积极向上的学习态度，并养成开朗、乐观对待生活的性格。[①] 同时这些成长经历会反映在学生的性格中，也会影响到学生的学习态度等。

2. 新的教学观

传统的教学观是一种以知识为本位的教学，教学和教师所追求的是学生的认知的发展，情感、态度、能力等的发展常常被忽略。这种教学观缺乏对生命的关怀，生生地试图将学生的认知和情感及其他方面分隔开。并且由于过分强调对知识和成绩的重视，教师希望在课堂上利用有限的时间讲授最多的教学内容，因而对于鼓励学生参与和与学生的互动往往是空有形式，却无实质行为。现代教学观以人为本位，旨在促进人的发展。新课程把发展的内涵界定为知识、技能；过程、方法；情感、态度、价值观三者（三维目标）的整合。其中，所谓"知识与技能"强调的是学科的基本知识与基本技能；所谓"过程与方法"强调的是了解和体验问题探究的过程和方法，并初步掌握发现问题、思考问题和解决问题的基本方法，真正学会学习；而所谓"情感态度与价值观"关注的则是"形成积极的学习态度、健康向上的人生态度、具有科学精神和正确的世界观、人生观、价值观，成为有责任感和使命感的社会公民等"。[②] 不可否认，人从来就应当是完整意义上的人，马克思也曾提出"培养全面发展的人"。只有当教师真正认识到教学的目的是培养"完整"的人时，课堂才会成为有生命、有活力的课堂。

3. 新的师生观

---

① 卢炳惠、张学华：《论新的学生观》，《教育探索》2004 年第 6 期。
② 靳玉乐：《新课程改革的理念与创新》，人民教育出版社 2003 年版，第 82 页。

长期以来，受传统文化和应试教育的影响，师生间的关系一直处于不平衡的状态。传统的师生关系中，教师是学习的主导者，学生是知识的接收者。师生间的关系远不是"我与你"的关系，更多的是一种依附关系。学生依赖着教师，基本丧失了自己独立思考的能力，在课堂上，学生唯教师是瞻，只顾埋头记笔记，教师对学生的这种学习态度也很满意。尽管，新课程改革已经实行多年，但是高考这根指挥棒仍旧控制着中小学教师。因而教师疲于教授学生应付高考的技巧与知识，无暇顾及与学生之间的对话交流。教师与学生的关系不是"我与你"，更像是"我与它"，学生的情感与感受常常被忽略。学习不能脱离学生的情绪感受而孤立地进行。在儿童的学习过程中，情感的教育与对数学、阅读的指导同等重要。[1] 所以，在教学过程中，教师要注意与学生的情感交流，教师必须要塑造一种新型的师生关系。

新的师生观主要倡导的是师生间亦师亦友、平等自由的关系。师生间的关系决不能是主客体的关系，而是主体与主体的对等关系，教师应努力建立一种平等自由的关系，以实现学生的最大潜力。爱只会在相同的水准上与爱相遇；爱在与爱的交往中而成为自己。[2] 教师要对学生心存关爱，不仅关注学生的成绩，更要关注学生的情感。只有教师和学生处于平等自由的关系时，学生才能真正地向教师敞开心扉，这不论对于学生的成绩和人格的完善都大有裨益，学生在与教师的自由平等的交往中而成为自己。要想营造自由平等的师生关系，教师在平时的教学中，要注重与学生进行对话与交流，不以教师的权威强迫学生，尊重并引导学生以使学生的潜能得到最大的发挥。反过来，自由平等的师生关系会促进学生对参与课堂的积极性。

---

[1] 丹尼尔·戈尔曼：《情感智商》，耿文秀、查波译，上海科技出版社 1997 年版，第 284 页。

[2] 雅斯贝尔：《什么是教育》，邹进译，生活·读书·新知三联书店 1991 年版，第 11 页。

（二）营造民主和谐的教学氛围，促使学生参与

现代心理学研究表明，学习者在学习中保持愉快和不紧张，有利于发挥主动性和创造性，实现有意识和无意识的统一，释放巨大的潜能。[①] 营造和谐民主的教学环境，建立平等自由的师生关系是激发学生积极参与课堂教学的重要因素。真正的教育发生于自由的精神交流中。要让教师与学生进行自由的精神交流，那就必须具有自由、平等、民主的教学环境。人的求知欲只有在自由的氛围中才能淋漓尽致地展现。

在课堂教学中，教师首先要确立学生的主体地位，重视学生主体意识的培养，让学生有积极的情感体验，照顾每个孩子的心理感受，肯定他们的努力，保护和鼓励他们所有创造欲望和尝试。其次，良好的课堂环境要求教师要带着饱满的热情走进课堂，对上好课充满信心。众所周知，情绪是会传染的，教师要以轻松愉快自信的情绪感染学生。当学生犯错或者学习遇到困难时，教师要予以谅解和鼓励。要尽量引导他们，鼓励他们，使其感受到安全和信任。教师还需认识到自己的教学使命，关心爱护学生，与学生做朋友。教师应尊重学生，信任他们，适当解放学生的天性，使学生主动参与学习、参与知识获得的过程，为学生主动参与课堂教学创建良好的氛围和条件。以英语课为例，英语课最主要的是要有一个轻松的听和说的环境，教师可以在课前十分钟与学生自由地用英语对话，对话的话题由学生自拟或者老师引导。

（三）采用形式多样的课堂活动，吸引学生参与

从人的生理结构来看，在与他人的交往中，要想加深对某物或者某人的印象，必须调动他的各种感官去感知和体验。从脑科学的角度来谈，逻辑思维是在使用左脑，形象思维是在使用右脑，如果我们只使用左脑，往往就会陷入思维的误区，而一旦有了右脑的加入，左右脑联合使用，就能够将大脑充分激活，从而解决问题。因此要让学生参与课

---

① 　魏清主编：《中学有效教学策略研究》，上海三联书店 2005 年版，第 47 页。

堂，首先要强调教学过程中学生主体的行为参与，即表现在学习过程中，需要充分调动学生的耳、口、手等神经系统和运动系统器官，让学生充分利用自己独特的智力结构和学习方式进行学习，把知识与老师、同学提炼的学习方法内塑到主体素质中去。[①] 要充分调动学生的眼、耳、口、手等器官，教师就要运用丰富多彩的课堂活动形式，将课堂由封闭变开放，创造一个活跃轻松的课堂。

很多游戏可以激发学生参与的主动性，游戏的形式和内容一般都比较吸引人，如果教师将游戏与学习相结合，那么学生的学习热情肯定能很快被点燃。有一些简单又有意思的游戏可以运用在课堂上。

"猜名称"。这个游戏的目的在于当学生想要确定一系列术语的共同点时，可以帮助学生了解术语所代表的或相关联的概念。具体的步骤是：第一步，教师利用白板、字幕版或者 PPT 制作一个金字塔棋盘（其他形状也可以），教师将类别名称隐藏起来；第二步，有一个线索提供者，他能够看到棋盘，并且为猜答者提供信息；第三步，根据线索提供者的信息，猜答者说出类别的名称，直到说对为止，继续进行下一个类别。如：假设线索提供者看到的是最下一行的战役，那么他可以说，"二战、诺曼底登陆、平型关大捷"，等词汇提示猜答者，直到他们猜出来。这个游戏比较适合低年级的学生。

政府类型 100 分
牛顿将要说明的事情 100 分
战役 50 分

图 5.2 "猜名称"的棋盘

---

① 林存华、张丽娜：《参与教学》，福建教育出版社 2005 年版，82－83 页。

"课堂问答"。教师可以在课堂上将学生随机地分成两组来进行这个活动，也可以在长时间固定小组人员。首先，教师为每个学生设计只是一个问题，问题的形式可以采用多项选择、填空、简单等。每个小组被提问的类型应该一致。即教师提问了 A 组一道填空题，也应该提问 B 组一道填空题。教师负责提问，两组轮流作答，小组成员按照某种方式分别作答，小组成员之间可以商量问题的答案。如果一方回答不出，那么答题机会就让给对方了，最后以分数高的一方获胜。这个游戏主要是检测学生对知识的熟练和掌握程度，以及锻炼学生团队合作的能力。

除了游戏，教师还可以采用其他的手段丰富课堂活动的形式，如讨论、辩论比赛、演讲等，精心安排每一堂课，使学生感到既紧张又轻松，尽量让学生积极主动参与课堂活动。对于这种比较开放的课堂，教师要注意一些问题，对于学生在参与过程中出现的问题，不要着急当面指出，这可能会打消学生参与的热情。教师要关注全体同学，尤其那些消极和被动参与型的学生，鼓励他们从课堂的角落中走出来。课堂教学过程其实就是一个不断探索的过程，需要学生的主动参与才能更深入地探究课堂学习的奥秘。

（四）重视课堂教学中的多向交往，使学生保持参与积极性

师生、学生之间交叉联系，叫多向交往。多向交往注重学生个体之间、师生间的交流互动，有助于学生接受多方面的知识信息，既可以接受来自教师的知识信息，又能够接受来自同学的知识信息，从而扩大知识面，提高学习的兴趣和效率……多向交往反对教师一言堂式的知识传递，主张发展学生的学习能力，注重学生寻求获得知识的方法；多向交往提倡师生平等相处，互相尊重，学生易获得肯定的评价和成功的体验而学生之间也交流了学习目的、动机、方法等，行动预期协调，因而学习气氛友好、和谐，有助于发挥学生的学习潜能。[1] 多向交往相比单向

---

[1] 张大均主编：《教育心理学》，人民教育出版社 2003 年版，第 599 页。

和双向交往，不论在信息的通畅程度，还是师生间关系的塑造方面都有明显的优势。交往频率和渠道的增多，能增加彼此之间的了解，增强信任感。

长期在交往过程中教学的教师，容易形成教学交往风格，即教师在长期教学实践中形成的富有成效、稳定的交往观念和习惯。而多向交往教学风格的教师更加关心学生的态度、情感和身体状态，这能有效提高教师在学生心目中的形象。并且一旦教师的教学交往风格形成后，就会成为其个人标签。学生对这类教师一般会比较信任和热爱，更加愿意在课堂上与教师进行互动，这就提高了学生参与课堂活动的主动性。

第四节　教师积极期望保持策略

有效教学过程不仅是知识与智慧的传承与交流，更是师生间情感的共鸣。教师期望效应在一定程度上体现了教师对学生的信任与关注，不仅有助于提高学生的学业成绩，还能增进师生间交流。因此，教师在教学过程中保持积极期望是影响课堂教学成效的重要因素之一。

一、教师期望效应

1968 年，哈佛大学心理学家罗森塔尔和雅格布森在美国一所小学的 1-6 年级学生中通过实验的方式，揭示了教师期望的重大教育价值。[①] 自此，教师期望效应在教育界得到了众多学者的关注，也使得研究者从教育的实际出发研究教师期望在教学中的应用。在教学的交流互动中，不仅教师的教学方式和内容会影响学生的学习效果，并且教师的言行也会以直接或间接的方式影响到学生的自我概念和个性的发展。教师期望是教师在对学生的知觉感受基础上产生的对学生行为结果的某种预测性认知，这种预测认知会在一定程度上影响教师在教学过程中对学

---

① 王文娟：《对教师期望效应的反思》，《现代教育科学》2009 年第 6 期。

生的行为表现，有意识的或者无意识地传递给学生，进而作用于学生的学习效果。这种由教师期望引发的对学生学习效果的影响就是教师期望效应。① 教师期望效应会对学生产生两种效果：正效应和负效应。正效应是学生将教师对自己的殷切希望和真挚的关爱化作激励自己的动力，促使自身智力、情感和个性等的全面发展；而负效应则是学生对教师的殷切期望出现了敏感不适的现象，导致他们的反感、反抗情绪的产生。

研究者们根据教师的期望效应对学生造成的影响的方式不同，划分了两种期望效应，即自我实现预言效应和维持性期望效应。

自我实现预言效应最初是由默顿（Merton，1948）提出，用来解释为什么银行破产的虚假信息会最终导致银行破产事实的出现。原指错误的期望会引起人们把这个错误期望变为现实的现象。② 该概念最初由罗森塔尔（1968）引入教育领域，他们对小学各年级儿童进行"预测未来发展的测试"，然后随机抽取一份名单交给教师，并说这些孩子有发展的可能性。8 个月后，名单上的孩子出现了教师预期的发展。在实验中，教师期望诱发了学生过去没有的行为，这种影响被称为皮格马利翁效应，也属于自我实现预言效应。

维持性期望效应主要是强化学生原有特性。发生在教师对学生有所了解的基础上，通过交流互动对学生形成的期望。这种期望并不改变学生已有的行为习惯，而是按照原有的期望对待学生。出现这种期望可能有两种情况：一是教师对学生现有的发展觉得比较满意，希望学生维持该发展模式；另一种情况是教师对学生的发展变化并不关心，忽略学生的实际变化和发展潜力，人为地拉大了学生的差距。许多自然研究都属于维持性期望效应。

---

① 范丽恒：《国外教师期望研究综述》，《心理科学》2006 年第 3 期。
② 范丽恒、金盛华：《国外教师期望效应研究进展与当代教育启示》，《华北水利水电学院学报（社会科学版）》2008 年第 1 期。

二、教师期望的过程模式①

（一）布罗菲和古德模型

布罗菲（Brophy）和古德（Good）（1970）通过对教师行为的观察，提出教师期望效应传递模型：首先，教师形成对每个学生的特定行为和表现的期望。其次，在这些期望的影响下，教师使用不同的行为对待不同的学生。这些行为传递给学生，有关教师期望学生所做出的行为和表现信息，进而影响了学生的自我概念、成就动机和期望水平。最后，如果教师的行为持续下去，而且学生也没有做出反抗，学生的表现就会与教师的期望保持一致。

该模型在理论上的优点是：教师的期望必须先转化成与之相符的行为后，才可能会改变学生的表现；学生必须将这些信息纳入他们的自我概念后，才可能影响他们的表现。不过因为该模型过于简单与概括，它更多是作为期望传递的一般模型而存在。模型图如图5.3：

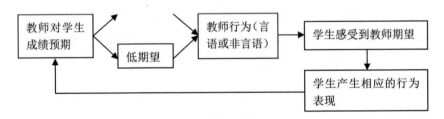

图 5.3　布罗菲和古德教师期望模型

（二）期望交流模型

库伯（Cooper）根据成就归因理论（Weiner，1977）、学习无助理论（Seligman，1975）和控制点研究（Lefcourt，1981）的概念、发现和假设，提出期望的交流模型。该模型的主要流程为：1. 教师通过对学生的家庭背景和能力等的了解，形成对学生的期望。2. 互动背景和期

---

① 范丽恒：《国外教师期望研究综述》，《心理科学》2006 年第 3 期。

望影响教师的控制知觉。互动背景主要包括互动发起者（教师或学生）和互动场景（公开或私下的）；控制知觉表现在互动内容、开始时间和持续时间三方面。当互动是由教师发起而非学生，是私下而非公开进行时，教师知觉到更强的控制。3. 教师的控制知觉影响气氛和反馈的性质。如果教师认为对低期望者的控制有利于该生的发展，那他就会对低期望者的高度控制很满意，而更不可能让低者成为互动的发起者，而更多和低者进行私下互动，给予该生更少的表扬和更多的批评。4. 反馈的性质影响学生的自我效能信念。5. 学生的自我效能信念影响学生表现。

（三）达利和法扎尔模型

达利（Darley）和法扎尔（Fazio）提出了更为全面、完整的对教师期望效应进行描述的模型。具体内容为：1. 教师根据学生的个人特征、过去和现在的行为表现等信息形成期望。2. 这些期望影响师生间的相互作用。3. 学生对教师的行为进行解释，形成自我期望，并对教师的行为做出反应。教师期望一般是与学生的自我概念有一定相关性，学生一般也是按照期望的方向行动。当然也有一些学生会以抵制期望的方式来行动。4. 教师对学生的行为进行解释。大部分教师一旦形成期望，就倾向于维持该期望，而将与期望一致的学生信息进行内在归因（如学生的人格），对与期望不一致的信息则进行外在归因（如情境），从而证实自己期望的可信性。5. 最后，学生解释自己的行为。

（四）罗森塔尔中介因素模型

罗森塔尔（Rosenthal）在 1973 年曾提出了四因素中介模型，认为教师期望的传递是以四种行为群为中介的，它们分别是：气氛：教师为高期望学生创造了更为温暖的社会情感氛围；反馈：教师给予学生有差别的表扬与批评；输入：教师教给高期望学生更多、更难的资料；输出：教师提供高期望学生更多的反应机会（如给学生更多的回答问题时间等）。1985 年 Harris 和 Rosenthal 对大量的关于教师行为研究进行了元分析，发现气氛和输入产生了最强的效应，其次是输出，而反馈却只有很微弱的效应。随后，Rosenthal（1989）将四因素中介理论重新修正为两因素理论，即情感与努力。情感与原来的气氛因素很相似，而努力包括输入与输出。

三、教师期望效应的运用原则

教师期望效应在很多情况下起着促进或阻碍学生发展的作用。因而，教师在使用期望效应时，需要注意一些原则。

（一）民主性原则

教师期望是对学生的未来发展的期待，在期望效应的使用中，教师占据主导地位。教学活动只有在平等、和谐、充满关爱的环境中才能取得最优效果，而教师期望效应正是为创造这一情景而服务的，并且教师期望效应在这样的教学环境中才能发挥最大效用。长久以来，教育学界一直倡导建构民主、平等、和谐友爱的师生关系。教学活动是人与人之间的互动交流，教师和学生在教学活动中都有自己的观点和想法。学生希望教师能够尊重他们，给予他们一些学习上的空间；而教师则希望学生能达到自己预期的发展进步。不论是学生的希望还是教师的期望都只有在民主、平等、生动、活泼的教学氛围中才能实现，教师对学生的期望和厚爱才能转化为学生的理解和愉快的情感体验，师生之间才可能产生精神的交流、情感的交融，从而结出期望效应的果实。

（二）暗示性原则

教师在传递自己的期望时，通过各种态度、表情和行为方式将其暗含的期望以相当微妙的方式传递给学生，也就是说教师期望的传递是相当隐蔽的。[①] 并且教师也不会意识到自己对高期望的学生和低期望的学生的态度和行为存在着差异。教师期望的暗示性原则主要体现在教师的自我暗示、教师的趋向暗示和学生的自我暗示。教师的自我暗示指教师在搜集和掌握学生的信息后，会在内心中暗示自己哪些学生是有发展潜

---

① 施良方、崔允漷主编：《教学理论：课堂教学的原理、策略与研究》，华东师范大学出版社 2007 年版，第 273 页。

能的，哪些学生的发展潜能不大。教师的自我暗示导致了教师总会无意识地关注那些赋予期望的学生，学生在感受到教师的期望后又将教师的期望暗示转化为自我暗示，并最终按照教师的期望采取相应的行为。教师期望的暗示性原则提醒教师在平时的教学中，要有意识地告诉自己不要因为学生的成绩或表现不好就产生低期望，并将这种期望传达给学生，这将导致学生发展的恶性循环。

（三）差异性原则

每个学生的性格、能力、行为表现方式都是不同的，这是孔子提出因材施教原则的客观依据。因而在教学中，教师应充分认识和肯定学生之间的差异性，对不同学生形成的期望要符合他们的特性，使其在各自的基础上全面、健康的发展。那种忽视学生个体差异，对所有学生的要求和期望都是一样的做法抹杀了学生的独特性与主体性。

学生们都希望在教师心里留下好印象，并且教师能够一视同仁地对待他们。但是教师也是具有自身独特思维和个人喜好的世俗中的人，要求教师始终用最适宜的态度和教学方法对待每个学生，尤其给予成绩较不理想的学生极大的关注和高期望，在实际教学中，这是对教师精力和情感的极大挑战，并不是每个教师都能做到。美国心理学家布卢姆认为，学生学习不及格有两方面的原因，一部分原因是教学内容设计及课程方法不完善，而另一部分原因则是教师并没有期望他们掌握那些内容。因而，教师对学生的期望和信心，不能仅仅局限于对好学生，应该更多地关心和帮助差生。因此，教师在运用期望效应时要注意学生的层次和差异，尽量了解学生的学习需求与基础水平，并根据不同水平提出不同的期望。并不是对成绩较差的学生形成高教师期望就一定有助于他们的学习，而是要有针对性地对他们提出期望，然后再一步步地提高，形成高期望。

四、保持积极期望的策略

（一）确定对学生的期望值

教师在向学生传递自己的期望的第一步时要意识到自己对学生有不

同期望。教师很难在一时之间改变对学生的想法，但是却可能用自己的一个不经意的举动就改变了学生的行为。因此，教师一定要确定自己对学生的期望值，以保证尽量保持对学生较高的期望。

教师可以通过正式或非正式的方式，在私下里对学生进行大致的分析，以确定对每个学生的期望水平。教师还要注意自己会因为哪些原因"看低"学生，也就是对学生的期望不高。在形成期望的过程中，尽量规避这些因素。

除此之外，教师还要确定自己是否对在心中默默归为低期望的那类学生存在任何系统的偏见。具体就是，教师要考虑自己是否会因为学生家庭背景、种族、外貌等因素，对学生形成一种倾向性的偏见。如果是这样的话，并不是意味着教师是个种族偏见者。每个人都是生活在信息高速发达的网络时代，这些庞杂的信息或多或少会影响教师的某些观点。这还与教师的成长环境有关。在一定程度上，这些偏见已经在教师的思维中根深蒂固，并且可能不断被强化。教师在评估自己对学生的期望度时，可以坦承自己的这些消极思维，当教师意识到自己可能有这些偏见时，就能对教师的思维模式产生影响，进而改善他们对学生的期望。

（二）重视教师期望效应的科学性与公平性

教师在使用教师期望时应该保持清醒和灵活的思维，教师的期望要符合学生的发展规律，不能对学生给予超过学生能力的要求，否则，学生再怎么努力也达不到教师的要求，学生就会感到沮丧和厌倦，失去信心；也不能对学生的期望过低，这会让学生觉得教师在敷衍自己，根本就没用心对待自己，打击学生学习的主动性。学生是不断发展的个体，教师应看到学生的改变，对学生的期望也要视情况而变。此外，学生接受、领悟教师的期望是一个比较耗时的过程，因此需要教师给学生更多的机会去感受教师的爱心和热情。教师要平等对待班级内的所有学生，平等并不意味着绝对的公平，而是有差异的公平，即是视学生的实际水平而给予相应的期望，让每位同学都能参与到学习的全过程，感受到学习的乐趣，增加学习的内在动机，而不是把学习机会都给予高期望的学生。教师可以尝试以下方法对低期望的学生提供支持：确保低期望学生受到重视及获得尊重的言语和非言语对待；向低期望的学生提问；当低期望的学生回答问题遇到困难时提供支持。

（三）关注低期望学生，创设民主的学习环境

教师期望效应模型以及对教师期望效应的调节变量的研究均认为：在教师区别对待学生现象很明显的班级中，教师期望效应更显著，学生发展的两极分化现象也更严重。教师如何避免和减少区别对待不同学生的行为，减少学生发展间的差异，布罗菲和古德通过对课堂的大量观察，总结出教师区别对待学生的18种行为，为教师提供了衡量日常区别对待，减少区别行为的指标。这些行为有：差生回答问题时教师的等待时间较短；教师更倾向于告诉差生答案或叫其他同学来回答，而不是尝试通过给差生提供回答线索或重复问题等方式来改进差生的回答；奖励差生的不恰当行为或不正确答案；对差生的失败经常批评；对差生的成功很少表扬；对差生在大家面前的回答不置可否；一般不太注意差生或很少与其互动；叫差生一般不是让其对问题做出分析，或是只叫差生回答简单容易的不用分析的问题；把差生的位置排得离老师远远的；降低对差生的要求；与差生打交道私下多公开少，密切监视和组织他们的活动；对差生的管理、考试打分、作业布置方面都区别对待，在情况不明的时候，优等生而不是差生会得其好处；很少与差生友好往来；对差生的回答所做出的反馈非常简短且信息含量少；很少正视差生或以其他非言语交流表示关注与回应；在时间有限的情况下，对差生很少用有效率的却往往是耗时的教学方法；对差生的见解很少接纳和采用；提供给差生索然无味的课程。① 将这些带有"歧视"的行为列出来，教师可以在平常教学中比照自己的行为，看自己是否存在上述行为。当教师开始

---

① 范丽恒：《国外教师差别行为的研究现状与展望》，《华北水利水电学院学报（社会科学版）》2006年第3期。

重视对低期望学生的态度和行为时，这些区别对待行为就会逐渐减少直至消失。当低期望的学生意识到自己是被重视的，为了不辜负教师对自己的信任，学习主动性和努力程度可能会倍增。学生的学业水平提高，和教师之间的关系也得到改善，变得轻松和谐，这样反过来促使教师对学生一直保持高期望。

第六章 有效教学的管理策略

教学管理关乎课堂教学的顺利开展与教学活动的成败，有序的课堂教学是课堂教学成功的关键因素之一。为了提高课堂教学的有效性，教师必须掌握一些课堂教学的优化与管理策略。有效的预防性的课堂管理包括营造良好的教学环境，制定清晰的规则和可预见的日常程序，以监督学生行为，预测可能出现的问题并及时应对。

第一节　环境优化策略

环境是指围绕着主体、占据一定的空间、构成主体存在条件的种种物质实体和社会因素。教学环境是一种特殊的环境。概括地说，教学环境就是学校教学活动所必需的诸客观条件和力量的综合，它是按照发展人的身心这种特殊需要而组织起来的育人环境。教学环境又有广义与狭义之分。从广义上说，社会制度、科学技术、家庭条件、亲朋邻里等，都属于教学环境，因为这些因素在一定程度上制约着教学活动的成效。从狭义的角度，即从学校教学工作的角度来看，教学环境主要指学校教学活动的场所、各种教学设施、校风班风和师生人际关系等等。[1] 本文采用的是后一种定义，即狭义的教学环境。按照教学环境诸要素的主要特点可将教学环境分为两大类：即物理环境与心理环境。课堂物理环境是指课堂内的颜色、温度、照明、班级规模、座位编排方式等时空环境

---

① 田慧生、李如密：《教学论》，河北教育出版社1999年版，第245页。

和自然环境。心理环境则主要是指教师与教师、教师与学生以及学生与学生之间相互作用而形成的相互关系，如班风、课堂心理气氛等。

努力营造积极的课堂环境是进行有效教学的保证，也是有效教学的标志。学生在课堂里如果产生舒适感、安全感、归属感和使命感，会使他们处于最佳的学习状态，充满自信，对学习充满兴趣。因而，优化教学环境，也是提高教学效率的重要因素。

一、课堂物理环境的优化

（一）颜色

这里所说的颜色指的是教室中墙壁的颜色以及课堂中课桌椅等的颜色。研究表明，颜色对课堂中师生行为的影响是显著的。如凯其姆（Ketcham）研究了三种教室的颜色对学生学习的影响。第一个教室没有用油漆，第二个教室用一般的机关常用的淡黄色油漆墙壁并用白色的天花板，第三个教室按照颜色产生动力的原理将走廊刷成令人兴奋的黄色，配上灰色的门，朝北的教室都是淡玫瑰色的，朝南的教室都用蓝色和绿色等冷色。教室前方的墙壁都比两边的墙壁的颜色深。美术室用的是灰色，以减少耀眼的程度。他用两年时间观察效果。结果表明，第三种颜色搭配的教室的学生在几个方面的进步最大，第二种颜色搭配的教室的学生的成绩次之，第一种颜色搭配的教室的学生的进步最小。[1] 大量的研究还表明，不同的颜色对于人的生理和心理发展和学校的活动都具有不同的影响：浅色（如浅绿色和浅蓝色）可以使人消除疲劳，心平气和，从而提高学习效率，也可以使学生的注意力集中的时间更长；深色（如深红色和深黄色）则会强烈刺激人的大脑，使人兴奋，也会使人产生一定程度的焦虑。[2] 由此看来，颜色对于人的影响不可小视。为了提高学生的注意力，教室墙壁的颜色既不宜粉刷过于鲜艳、明亮的

---

① ［美］洛雷塔·A. 马兰德罗、拉里·巴克：《非语言交流》，孟小平等译，北京语言学院出版社1991年版，第179页。

② 刘家访：《有效课堂管理行为》，四川教育出版社2003年版，第157－158页。

颜色，也不宜选择过于灰暗的颜色，而应选择较低亮度的冷颜色。

（二）温度

温度更多地取决于天气，看起似与教学效率无关。但有关研究表明，温度是影响学生的课堂行为和活动的重要原因之一。吉里兰（Gilliland, J. W）研究发现，[1] 最适宜学生智力活动的教室温度是20℃—25℃，环境温度每超过这一适宜温度I℃，学生的学习能力就降低2%。当教室的温度达到35℃时，学生大脑的消耗就明显增加，表现出无精打采，智力活动水平以及活动的持续时间都大大降低或缩短；同时，可能增加学生的攻击性行为。因此，在可能的情况下，教师应尽量将教室温度调节到适宜的状态。

（三）光线与照明

教室的光线与照明对学生的学习也会产生一定的影响。无论是在自然光还是在人工光的环境中，不同的亮度都会在一定程度上影响学生的视觉功能。光线太强，会使人感到心情烦躁，头晕目眩，无法集中注意力；光线太弱，会使人看不清字，易使人产生疲劳，甚至产生昏昏欲睡的感觉。因此，教室光线的强度既不能太强也不能太弱，更要避免来自直接光源或反射表面的强光。事实上，世界上许多国家都对教室的自然光或人工光的照射课桌面的标准做了规定，如美国定为 300 勒克司，英国、日本定为 100 勒克司，前苏联定为 75 勒克司。结合我国经济发展状况和学校教学以及学生的视力保护等因素，将照度标准定为：60 勒克司—100 勒克司为中小学普通教室自然光必需的课桌面照度，180 勒克司为最优照度，教室人工照明课桌面的照度，白炽灯为 60 勒克司—70 勒克司，荧光灯为 90 勒克司—100 勒克司。[2]

---

[1] Gilliland, J. W., *How Environment Affects Learning*, American School and University, 1969, Dec, p. 42.

[2] 刘家访：《有效课堂管理行为》，四川教育出版社 2003 年版，第 158 页。

（四）班级规模

心理学的研究结果表明，班级规模是影响教学效果的一个重要因素。首先，班级集体的大小会影响成员间的情感联系。集体越大，情感纽带的力量就越弱，每个学生并不感到其他同学都是很亲切的，少数同学逐渐被冷落。其次，班内的学生越多，学生间的个别差异就越大，难免发生争论，产生利害冲突，甚至形成破坏力量，因而统一认识就比较困难。再次，班级集体的大小也会影响交往模式。班级越大，成员间相互交往的频率就越低，相互间的了解就越少，建立集体规范也会越困难，学生不太容易接受集体的任务。最后，班级集体越大，内部越容易形成各种非正式小群体，而这些小群体又常常违背班级集体的目标，影响课堂教学目标的实现。[①] 研究还发现，在人数少的班级，学生的学习兴趣更浓，学习态度更好，违反纪律的现象较少，师生关系和生生关系融洽，课堂气氛友好愉快，学生有较强的归属感，教师有更多的机会进行个别辅导、因材施教，教学活动和教学方式更加多样化，学生也更积极地参与课内外学习活动。小班可以为提高教学质量创造良好的教学环境和学习气氛。[②] 在西方的课堂教学中，班级学生人数少的有 10 人左右，人数多的可达百余人。在哈佛大学工商管理学院，一般认为最恰当的进行课堂教学的班级人数是 15 人，认为这个数量可以使学生充分交换意见，进行充分的讨论。当然，我国由于学生人数多，教师短缺，再加上教室、教学设备以及场地等条件的限制，班级规模往往过大，不可能做到十多人一班。在我国现阶段，在进行课堂教学时，班级人数应以 30—40 人为宜；否则班级人数过多，学生的活动空间就会受到限制，学生的行为也容易受到其他人的影响，师生之间以及生生之间的互动频率和互动效果都会受到影响。

---

① 邵瑞珍主编：《学与教的心理学》，华东师范大学出版社 1990 年版，第 302 页。
② 冯建华：《小比大好，还是大比小好》，《教育研究与实验》1995 年第 4 期。

（五）座位编排

在课堂教学中，课桌椅的排列至关重要，因为如果教师不能清楚地看到和听到学生的反应，或者学生与学生之间不能面对面地进行交流，就会影响到学生的参与积极性以及课堂教学的效果。课桌椅的排列方式一般有以下几种：

其一是传统的课桌椅排列方式。我国传统的课桌椅排列方式是"秧田形"的，教师的讲台放在最前面，下面整齐地排列着学生的课桌椅（如图6.1）：

研究表明，在课桌椅以这种方式排列的课堂中，就座于黑实圈的学生与教师及其他同学之间互动较多，就座于空白圈位置的学生参与互动极少，而就座于双圆圈位置的学生参与互动的可能性介于前两者之间。[1] 这种方式适合于开办讲座，学生的主要任务就是听教师讲解，交流与沟通是单向的，而不是双向、互动的。由于课堂交流与讨论主要是双向的，需要师生互动、生生互动，这种排列方式势必会使得前排学生与后排学生难以进行交流，而且前排学生也难以转过身来观察后排发言的同学。显然，这种排列方式不适宜于课堂教学。它把教师置于整个活动的中心，使得学生难以充分地参与。[2]

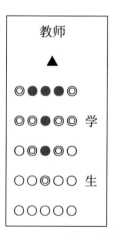

图6.1
秧田形课桌椅
排列示意图

其二是马蹄形课桌椅排列（如图6.2）。在这种课桌椅排列中，与教师互动机会最多的是在教师正对面黑实圈位置上的学生，空白圈上的

① 伍宁：《课堂教学时空构成的社会学分析》，《教育研究与实验》1996年第2期。
② 郑金洲编著：《课堂教学指南》，华东师范大学出版社2000年版，第28页。

座位上的学生容易避开教师的视线，互动机会最少。① 双圆圈位置上的学生则介于前两者之间。当然，在本图中仅仅排列了一排桌椅，在实际的教学过程中，也可以排列好几排，但由于受教室空间的限制，也不可能无限制地排列下去，否则，马蹄形又会成为秧田形的变形。

其三是马蹄组合形课桌椅排列（如图6.3）。在这种排列方式的课堂中，与传统座位排列的课堂相比，马蹄组合形的空间构成更有利于学生在课堂中的相互交往。②

其四是圆形座位排列，这种座位排列方式又有两种类型（如图6.4）。在圆形座位排列的课堂中，适合各种课堂讨论，它可以大大增加师生之间、生生之间的言语和非言语交流，最大限度地促进学生的交往活动，从空间特性上消除了座位的主次之分，有利于师生之间平等关系的形成。如果将教师的位置设定在圆圈外面（如图6.4左），学生与学生之间的交往将会出现两种情况：当座位编排成较小的圈时，学生一般倾向于同对面的人交往；当圆圈较大时，学生则更多地倾向于同邻座的人交往。如果将教师的位置设定在圆圈中心（如图6.4右），学生则会表现得更为积极主动，会提出更多的观点和想法。③

图 6.2
马蹄形课桌椅
排列示意图

综上可见，座位排列方式是影响人际互动和交往的重要因素。对于上述座位排列的形式及其优劣，有学者指出："秧田形排列形式是最常

---

① 伍宁：《课堂教学时空构成的社会学分析》，《教育研究与实验》1996 年第 2 期。
② 伍宁：《课堂教学时空构成的社会学分析》，《教育研究与实验》1996 年第 2 期。
③ 田慧生：《浅谈课堂座位的编排设计及其教育学意义》，《上海教育科研》1995年第 6 期。

见、最基本的一种传统排列形式。它最适合于大班教学，有利于学生集中注意于老师，有利于教师主导作用的发挥，传授知识效果比较好。不足之处是，容易形成教师与学生的单向交往，限制了学生之间的交往。……圆形排

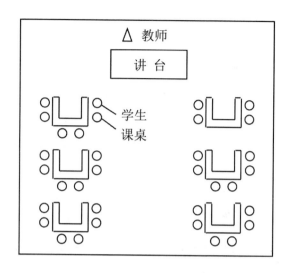

图 6.3 马蹄组合型座位排列示意图

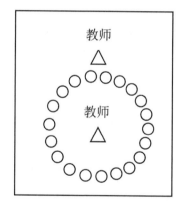
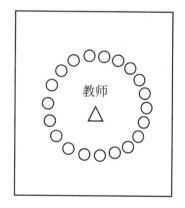

图 6.4 圆型座位排列示意图

列方式更适合各种课堂讨论。……马蹄形排列方式兼有秧田形和圆形排列的某些特点，既可以增进师生之间的交流、有助于问题讨论和实验演示，又可以突出教师对课堂的控制，发挥教师的主导作用。不足之处是

所需要的时间较多，不适合人数较多的大班。"① 因而，在课堂教学的过程中，教师应根据班级规模的大小及其实际教学需要而采取多样化的座位排列方式，既可选其一种，也可几种混合。

二、课堂心理环境的优化

课堂心理环境相对于有形的课堂物理环境来说，对学生行为的影响有时显得更为重要，因为在一个互相攀比、充满敌意和疏远氛围的课堂环境中，会使学生感到焦虑和苦恼；而在一个教师和同学相互支持、相互关爱的课堂环境中，有利于维护学生的自尊心，进而树立起自信心，增进学生学习的动力，最大限度地发挥其学习潜能。因而，营造一个富有心理安全感和归属感的课堂心理环境非常重要。

（一）建立和谐的师生关系②

和谐师生关系的建构是师生双方共同努力完成的。师生双方应树立正确的观念，并不断提高自己的能力和运用各种策略以此来实现师生关系的和谐。

首先，师生应转变观念，提高认识。思想观念是行动的指南，树立正确的观念是构建和谐师生关系的关键。要树立正确的观念，教师应做到：首先，树立正确的教育观。教师应热爱教育事业，将学生的最大发展看成是自己最大的成就和满足。正确认识和履行教师的职业道德，认识到职业道德是教师的灵魂，是贯穿教育的精神支柱。其次，树立正确的教学观和学生观。认识到教学不仅仅要发展学生的智力，还要发展学生的心理品质和道德情操，重视学生非智力因素的培养，不以成绩的好坏、是否对自己言听计从来评价学生的好坏。相信学生的潜能，把学生作为一个与自己平等的人来对待。再次，树立正确的交往观。教师应正

---

① 李定仁、徐继存主编：《教学论研究二十年》，人民教育出版社 2001 年版，第 305－306 页。
② 张家军、马吉宏：《论和谐师生关系的含义、特点及建构》，《天津市教科院学报》2007 年第 1 期。

确认识社会中的不良观念给师生关系所带来的不良影响，自觉抵制不良思想的侵袭。树立正确的金钱观和名利观，不以学生家庭的财富和名利来确定交往的对象和交往的目的。

同时，学生也应做到：第一，树立正确的教师观。学生应理解教师的良苦用心，尊重教师的劳动成果，尊重教师的人格，支持教师的教学工作。学生还应从小学会宽容、学会爱自己和爱别人。学生应知道教师也是人，也需要爱。学生对教师的"爱"表现在学生对教师的接纳，真诚、热心地对待教师。第二，树立正确的学习观。学生的学习观是指学生个体对知识、经验所持有的直觉认识，也有人把它看成是学生个体对知识和学习的一套认识论信念系统，它涉及对知识性质、学习性质、学习过程与学习条件等多维度的直觉认识。① 树立正确的学习观，对于正确指导自己的学习行为、"评教"和师生关系的发展有重要作用。第三，树立正确的自我观。学生应学会正确认识自己，认清自己的优势和劣势，并发挥自己的优势，改变自己的劣势。这就需要通过与教师的交往，将教师的阅历、经验和见解等作为自己的借鉴。学生应树立自信，克服胆怯心理，认识到教师是一般的、同自己地位平等的人，敢于同教师交往，乐于同教师交往。

其次，师生应提高能力，正确对待。师生的能力素质是师生能否建立起和谐师生关系的关键。师生提高彼此的能力有利于和谐师生关系的建立和维系。为此，教师应做到：第一，提高自身素质。教师应注意通过不断的学习和反思来提高自身素质。在道德方面，提高自己的道德品质，注意自己的言行是否符合道德标准，做到为人师表。在个性方面努力做到开朗大方、和蔼可亲、严于律己、宽以待人等。第二，全面了解学生。教师只有全面地了解学生，才能正确地对待学生。"如果教师没有对自己的学生进行细致的观察，他就常常对学生抱一种完全不正确的

---

① 刘儒德：《学生的学习观及其对学习的影响》，《教育理论与实践》2005 年第 5 期。

看法。"① 因此教师需要全面地观察、了解学生，充分考虑学生的身心发展规律和性格特点，考虑学生的兴趣爱好，尊重学生的主体地位，灵活运用多种教学方法，进而做到因材施教。第三，平等对待学生。学生对教师对待自己和同伴的态度是很敏感的。学生会为教师对自己的不公平待遇而对教师产生反感态度，并进而影响着师生关系的发展。前苏联著名教育学家赞科夫曾指出：孩子们受到不公平的待遇，特别是这种待遇来自一个自己亲近的人的时候，他的痛苦心情会在心灵留下一个长久的痕迹。② 因此教师应不因学生的家庭条件、外貌特征、成绩状况、性格特点等而不公平地对待学生。第四，主动关爱学生。爱是一切情感建立的基础。教师对学生的爱，不仅有利于学生智力的发展和良好心理品质的形成，还有利于激发学生对教师的爱。只有教师和学生真诚的相互关爱，师生关系才能更好的发展。教师还要对每一个学生抱有期望。著名的"皮格马利翁效应"告诉我们，期待会带来期待对象的戏剧性变化，即按照期待的结果变化。因此，教师应对每个学生抱有期望，主动与每个学生接触，更多地关注学生，关心学生的身体和心理，为学生的发展创造良好的条件。

同时，学生也应做到：第一，主动提高自己，始终追求进步。学生的主要任务是学习，应充分发挥自己的主动性，努力提高自己的知识技能和道德修养，树立正确的世界观、人生观和价值观，通过不断努力的学习使自己身心全面发展。全面发展的学生会赢来教师对他的好感，并激发教师教学以及与学生交往的热情。这种好感和热情有利于和谐师生关系的建立和维持。另外，学生还应注意自己的交往方法，提高自己的交往能力。第二，尊敬教师，善待他人。教师对学生的培养叫"育

① ［前苏联］列·符·赞科夫：《和教师的谈话》，杜殿坤译，教育科学出版社1980 年版，第31 页。
② ［前苏联］列·符·赞科夫：《和教师的谈话》，杜殿坤译，教育科学出版社1980 年版，第39 页。

人"，这种劳动是不能用金钱来衡量的，它是倾注了教师大量的心血、精力以及情感的体力劳动和脑力劳动的总和。因此，学生应该尊重教师，理解教师的良苦用心，爱教师。"学生的尊敬和爱慕，可以进一步激发教师的爱，而学生的对立情绪又往往是许多教师感到对学生'爱不起来'的原因。"① 学生对教师的尊重是人格上的尊重，而不是对教师一味地服从。学生还应主动关心和善待身边的其他人，通过善待其他人，能更好地赢得他人和教师的好评和喜爱。

最后，教师应善于运用策略，与学生深入交往。由于教师经验的丰富性和角色的特殊性，决定了教师在师生关系的构建中处于主要的地位，因此我们这里主要探讨教师如何运用策略来建立和谐的师生关系。第一，换位思考。师生应多站在学生的角度审视彼此交往的态度、言行等。理解学生的情感、需要、兴趣爱好，理解学生不成熟的态度和言行。教师在要求学生的时候，应考虑是否适合学生的身心特点和情感态度且自己应做出表率。第二，兴趣融合。教师应善于捕捉学生的兴趣爱好，形成与学生兴趣的融合点，再逐步扩大对话范围。"兴趣融合点就是双方共同感兴趣的事物，它不是强者对弱者兴趣的剥夺，既不是教师强迫学生接受自己的兴趣，也不是教师迫于某种压力而向学生的兴趣无原则地让步，而是形成师生共同的兴趣。"② 共同的兴趣是师生扩大和深入交往的基础，是师生形成良好的印象和建立和谐师生关系的重要因素。第三，艺术批评。和谐的师生关系不是要求教师对学生的错误视而不见，而是要采取学生能够接受的批评方式。在批评学生的错误时应视其所犯错误的性质、严重程度、学生的性格和批评的场合，灵活地运用批评。在批评学生后，应适当运用安抚。这种批评的结果是不伤害学生自尊心、学生易于接受和改正并且不伤害师生关系。第四，恰当赞赏。教师应对学生的进步和优秀表现加以赞赏。教师的赞赏是学生学习的动

① 南京师范大学教育系编：《教育学》，人民教育出版社1984年版，第147页。
② 熊川武、江玲：《理解教育论》，教育科学出版社2005年版，第279页。

力，也是师生关系和谐发展的因素。恰当的赞赏就要求教师根据学生的实际表现，挑选值得赞赏的地方来以各种方式进行赞赏。这种赞赏包括教师眼神的肯定、语言的赞赏、行为的认可、物质的奖励等。教师在对学生赞赏的过程中，应注意避免赞赏过度和赞赏不及，避免对不值得赞赏的行为表现的赞赏。第五，及时反馈。教师可以通过谈话、匿名信等方式保证学生的反馈通道的畅通。这种反馈包括学生对自己的教学、交往的方式方法以及个别行为习惯的意见和建议。教师应仔细思考这些意见或建议。对于自己做错的要改正，做得不好的要改进，学生误会的地方要想办法澄清。

（二）创设良好的课堂气氛

课堂气氛是指师生在课堂教学过程中表现出来的情绪、情感状态。课堂气氛是影响课堂教学效果的一个重要因素。西方国家早在 20 世纪 20 年代就开始对课堂气氛进行研究，并将其作为教师培训的重要内容。

1. 课堂气氛的类型

依据不同的标准，课堂气氛可分为不同的类型。课堂气氛的经典研究，当推勒温、李皮特和怀特（Lewin，Lippitt，White，1939）以及李皮特（1940）的研究。他们借助于观察四组由五名十至十一岁儿童组成的"俱乐部"的行为模式，研究了三种领导角色（民主、专制、自由放任）的作用，以及与之相伴随的群体气氛。观察内容包括：群体成员的相互作用；领导和群体的相互作用；外显的侵犯性行为；俱乐部的工作效率。通过观察、研究，他们得出了如下结论：不同领导风格导致不同的社会气氛、群体行为和个人行为；专制领导所引起的儿童行为，或者是对领导的攻击性反抗，或者是毫无感情地顺从；民主领导使群体更加注重工作、合作和友好相处；自由放任领导带来的是群体成员间的敌意和寻找替罪羊。几乎在任何一种情况下，群体都喜欢民主的领导风格；在形成气氛差异中，领导者人格是首要原因，其次是俱乐部成员的影响。① 我国有研究者认为，可将课堂气氛分为两种类型：即支持型和防御型。前者表现为在课堂教学情境中，教师的行为能满足学生的需要，在师生、学生之间形成和谐、民主、平等的关系，学生在这样的环境中能产生满意、愉快、合作、互动、互助等积极的情感状态，它能极大地促进师生之间情感的交流和信息的传递，取得最佳的教学效果。后者表现为在课堂教学情境中教师起到绝对的权威作用，形成"家长制式"的教学气氛，学生在教学过程中处处受到教师的严格管制，师生之间关系紧张甚至对立，学生之间猜忌、不满、矛盾等情感时常出现，师生之间的交流困难等。概括起来，支持型课堂气氛的特征是"自信与信赖"、"宽容与互动"，而防御性课堂气氛的特征是"恐惧与不信任"、"专制与服从"。② 还有人认为，课堂是师生的一种"情绪生活"，依据情绪生活的特征，将课堂气氛分为依恋型、融洽型、淡漠型和厌烦型。其中，依恋型课堂亲切热烈，教师的讲授不仅富有启发性，而且充满激情，学生思维活跃，思路敏捷，课堂反应热烈，师生双方的教和学的热情产生共鸣，教学效率高，教学效果佳。③ 还有论者提出课堂气氛可以分为积极型、消极型和对抗型，并通过列表对三者之间在学生的心理指标方面的异同进行了分析（见表 6.1）。④

① 张引：《西方课堂气氛研究评述》，《外国教育研究》1989 年第 1 期。
② 吴立岗主编：《教学的原理、模式和活动》，广西教育出版社 1998 年版，第 511 页。
③ 沙麟：《浅议课堂教学中师生的情绪生活》，《普教研究》1992 年第 5 期。
④ 刘家访：《有效课堂管理行为》，四川教育出版社 2003 年版，第 177 – 178 页。

表6.1　三种课堂气氛类型与师生的心理指标

	积　极　型	消　极　型	对　抗　型
注意状态	师生对教学过程的注意力表现出稳定和集中，全神贯注甚至入迷。	呆若木鸡，打瞌睡（在教师严厉的情况下），搞小动作（在教师管理能力差的情况下）。	学生的注意力指向与课堂无关的对象，常常是故意的。为了维持课堂秩序，教师被迫分散对教学过程的专注，甚至停课整顿纪律。
情感状态	积极、愉快、情绪洋溢、师生感情融洽，对学习有兴趣，师生情感共鸣。	压抑的、不愉快的（在教师严厉的情况下），无精打采、无动于衷（在教师管理能力差时）。	激情、学生有意捣乱、敌视教师、讨厌上课。教师不耐烦，发脾气。
意志状态	坚持、努力克服困难，确信教师讲课内容的真理性，定势状态"亲其师，信其道"。	害怕困难、叫苦连天、对教师所讲的内容抱质疑态度。	冲动，不信任教师，甚至故意挑教师的错。
思维状态	开动脑筋，从而迸发出创造性；教师的语言生动、有趣、逻辑性强，学生理解和解答问题迅速。	思维出现惰性，不大动脑筋，反应迟钝。	不动脑筋，教师讲什么都听不进去。
交往状况	师问生答，生问师答，同学间、小组间互相讨论。组成一个全员参与的交往网络，师生关系良好。	对教师提问没有人回答，学生不提问题，小组讨论冷场或者讲无关的内容，交往频率低。	不理睬教师，也无法组织讨论。

2. 课堂气氛的营造

要营造和谐的、积极的课堂气氛，可从以下方面着手：

其一，提升教师素质，提高教师的个人学识及人格魅力。

博学多才是教师应具备的素质，人们常用"一桶水和一碗水"来比喻师生知识水平的差别。教师渊博的知识是建立学识权威的条件之一，因为"就微观而言，如果一个人在中国社会里能识字，那么对不识字的人而言，他本身就成为了权威者，因为认识这种难认的图画式的方块字本身就意味着此人是个有文化、受过教育和知书达理的人。语言之所以如此重要是因为它能表达人们的所思所想而成为思想的载体，也因为它能成为人们交际的最重要手段，更因为它能把人们的所有活动记载下来并传递给后人。这就提醒我们，如果谁能掌握和控制言语的表述、书写和传播的权利，谁就是该社会的权威。"① 而"教师扮演知识传递者的角色的一个前提是在知识占有方面应尽可能地多于学生、优于学生、先于学生，尽可能实际上拥有对学生而言的'知识权威'地位。"② 所以具有渊博学识的教师会受到学生的尊敬和爱戴，学生从心理上对教师有一种认同感和信服感。教师对学生的这种影响力是存在于无形之中，完全是建立在学生自主认同的基础之上的，其影响效果是深刻的。当然，即使教师拥有的知识量远远超过学生，也并不一定就能使学生认同和信服教师，教师对学生的影响还受到人格等其他因素的影响。尤其是随着学生年龄的增长，教师人格对学生的影响愈来愈强，这就需要教师加强人格方面的修养，不断提高自己的人格魅力。

其二，讲究教学艺术，优化课堂气氛。

教师的教学方法运用是否得当，对于形成良好的、和谐的课堂心理气氛具有非常重要的作用。因此，在课堂教学中，教师应讲究教学艺术，才能优化课堂气氛。要使教学艺术化，就应当注意以下方面：一是

---

① 翟学伟：《中国社会中的日常权威：关系与权力的历史社会学研究》，社会科学文献出版社 2004 年版，第 127 页。

② 吴康宁：《教师是"社会代表者"吗——作为教师的"我"的困惑》，《教育研究与实验》2002 年第 2 期。

了解学生状况，调整教学进度。教师在教学过程中，要注意运用眼睛来观察学生的表情，了解学生的反应，掌握学生的情绪状态，并根据学生的状态及时地调整自己的教学进度。当发现学生不在状态时，要注意对学生引导与调控。二是设疑置问，循序渐进。学生思维的积极活跃是形成良好的、和谐课堂心理气氛的重要方面。教师在教学过程中，不能平铺直叙，照本宣科，应当依据学生思维的发展规律适当、适时地设疑一些置问，以调动学生思维的积极性，避免学生昏昏欲睡，思维不集中。设疑置问要恰到好处，要有新意，同时又要符合学生思维的发展水平，以使学生通过思考能够解决问题，获得知识。三是教学语言应简练、形象生动。教师教学语言的艺术化，是课堂心理气氛的调节剂。在课堂教学中，知识的传授和思想的交流主要是借助语言来完成的。因此，教师在教学过程中，应力求语言的形象生动，风趣幽默，精炼简洁，注意语言的抑扬顿挫和音量大小，让学生在课堂上有张有弛，保持最佳学习状态。四是采取多样的教学方法与手段。在教学过程中，教师不能一味地"一言堂"、"满堂灌"，而应根据学生思维规律和教学内容的变化，采用多种教学手段和方法，以新颖的刺激使学生保持课堂学习的兴趣和注意力。

其三，采取民主的管理方式，吸引学生参与课堂管理。

教师的管理方式在很大程度上制约着积极、和谐的课堂心理环境能否形成。教师的管理方式是指教师在课堂教学中行使权力和发挥支配作用的行为方式。心理学家勒温等人在 20 世纪 30 年代就进行了一项管理方式的研究，研究结果证明，即便在同一个班级，不同的教师管理方式可以导致不同的课堂心理环境。教师的课堂管理方式可以概括为三种类型：专制型、民主型、随意型。

专制型的管理方式是课堂上完全由教师说了算，根本不听取学生的意见和要求，强制学生执行教师的决定，完成教师布置的各项任务，否则学生就会受到严厉的惩罚。这种主导方式往往会使学生既害怕又反感，敢怒而不敢言。表面上的顺从是这种主导方式下最常见的学生行为。

民主型的管理方式是，在课堂教学过程中，课堂上的教学内容、要求、方法和步骤都是在充分考虑了学生情况的基础上制订的，并且能在课堂实施过程中，根据学生的反馈随时加以调整。因此，在教学过程中，学生注意力高度集中；组织讨论时，学生能积极主动、畅所欲言。在课堂里，教师不是呵斥、训斥学生，而是对学生进行循循善诱、启发诱导。在民主型管理方式下，学生心情舒畅，关心集体，纪律较好，表现出较高的独立性。

随意型的管理方式完全与专制型的管理方式相反。在这种管理方式下，教师采取的是一种完全不介入的姿态，课堂上没有明确的教学目的，允许学生为所欲为。结果导致课堂教学的无组织、无结构的放任自流状态。随意型的管理方式导致学生情绪不稳定，纪律松弛，在集体内产生较多的攻击性行为，工作效率极低。

由于专制型的管理方式和随意型的管理都错误地理解了教师的主导作用，因此，无法营造和谐的课堂气氛。

为了营造和谐的课堂气氛，教师应采取民主的管理方式，尊重学生的兴趣、爱好、个性和人格，了解学生的特性，虚心听取他们的意见，以一种平等、博爱、宽容、友善的心态对待每个学生，培养学生的主体人格，弘扬学生的主体精神，引导学生以主人翁的姿态参与到课堂管理中来。而学生的积极主动的参与，可以增强教师在教学过程中的自信心，激励教师不断地调整自己的教学行为。如此一来，就为学生的发展创造了一个宽松和谐的环境，并形成了教学的良性循环。

第二节　课堂管理策略

课堂是复杂的，难以预测的，现在的课堂由于学生差异的增加，以及社会标准的改变而变得更加复杂。在课堂教学的过程中，往往会出现各种意料不到的情况，从而干扰正常教学秩序的进行。有效实施课堂管理的教师应具有较强的敏感性，可以在教学过程中注意到学生的行为表现，能够及时发现学生的违规行为，并迅速处理好。毫无疑问，这就要求教师必须掌握课堂管理的基本策略。

一、课堂管理的内涵与类型

（一）课堂管理的内涵

对于什么是课堂管理，见仁见智，中外学者基于自己的立场提出了不同的观点。

约翰逊（L. V. Johnson）等人认为"课堂管理"是"建立和维持班级团体，以达成教育目标的过程"。[①]

埃默（E. T. Emmer）认为，"课堂管理是指一套旨在促使学生合作和参与课堂活动的教师行为与活动，其范围包括物理环境的创设、课堂秩序的建立和维持、学生问题行为的处理、学生责任感的培养和学习的指导"。[②]

莱蒙齐（K. Lemlech）认为，课堂管理是一种提供能够开掘学生潜在能力和促进学生学习进步的良好的课堂生活，使其发挥最大效能的活动。[③]

麦克卡斯林（McCaslin, M.）等人则认为，课堂管理"远远不是诱导学生的服从，它能够或应当成为促进学生的自我理解（self – understanding），自我评价（self – evaluation）和内化为自我控制"。[④]

---

① L. V. Johnson & M. A. Bany, *Classroom Management*, New York: Macmillan, 1970, p. 3.

② Emmer, E. T., Classroom Management, In Dunkid, M(Ed.), *The International Encyclopedia of Teaching and Teacher Education*, Oxford: Pergamon, 1987, p. 437.

③ K. lemlech, *Classroom Management: Methods and Techniques for Elementary and Secondary Teachers*, New York Inc: Longman, 1988, p. 3.

④ McCaslin, M., & Good, T. L., " Compliant Cognition: The Misalliance of Management and Instruction Goals in School Reform", *Educational Research*, 1992 , (21) .

古德（Good, T. L.）和布罗菲（Brophy, J. E.）认为，课堂管理是"确立与保持有效的学习环境的过程"。[1]

台湾学者李祖寿认为："课堂管理是安排教学环境（包括物质的和精神的），以使学生能有效地利用其学习时间，在教师的指导与希望之下，从事其应有的及可能的学习。"[2] 朱文雄则认为课堂管理的意义，应指"教师管理教学情境，掌握并指导学生学习行为，控制教学过程，以达成教学目标的技术或艺术。"[3] 还有台湾学者把班级经营视为课堂管理，认为"班级是一个多元的有机体，教师为了达成教育目标，运用适当的方式和过程，使班级中各个元素产生良性的互动，使教学活动在愉快的氛围中顺利进行，这种方式和过程，即是班级经营"。[4]

我国大陆学者对课堂管理方面的研究主要集中在教学目标、课堂行为以及教学过程三个方面。如有学者认为"课堂管理是教师通过协调课堂内的各种教学因素而有效地实现预定的教学目标的过程"，[5] "课堂管理是建立适宜课堂环境，保持课堂互动，促进课堂生长的历程，其中，建立适宜课堂环境是课堂管理的基本前提，保持课堂互动是课堂管理的衡量尺度，促进课堂管理生长是课堂管理的最终目标"。[6] 有学者认为"课堂管理是鼓励课堂学习的教师行为和活动"。[7] 还有学者认为，课堂管理是"教师为了保证课堂教学的效益和秩序，调整课堂中的人和事、时间、空间等因素及其关系的过程"。[8]

---

[1]　Good, T. L., & Brophy, J. E., *Looking in Classroom(8th ed.)*, New York: Harper & Row, 2000, p. 164.

[2]　李祖寿：《教学原理与技法》，大洋出版社 1979 年版，第 169 页。

[3]　朱文雄：《班级经营》，复文图书出版社 1989 年版，第 11 页。

[4]　吴清山等：《班级经营》，心理出版社 1990 年版，第 6 页。

[5]　田慧生等：《教学论》，河北教育出版社 1996 年版，第 332 页。

[6]　陈时见：《课堂管理：意义与变革》，《教育科学研究》2003 年第 6 期。

[7]　陈琦等主编：《当代教育心理学》，北京师范大学出版社 1997 年版，第 297 页。

[8]　施良方等：《教学原理：课堂教学的原理、策略与研究》，华东师范大学出版社 1999 年版，第 279 页。

　　以上定义虽侧重点不同，但对课堂管理内涵的阐述基本相似。在上述定义的基础上，我们认为，课堂管理是教师在课堂教学过程中，根据教学的目标或任务要求，遵循一定的原则，采取一定的方法和措施，有效地处理课堂上影响教学的诸因素及其之间的关系，使课堂教学顺利进行，调动学生学习的积极性、主动性而对教学活动实施的一种调控行为。对于这个定义，我们可以从如下方面进行理解：课堂管理的本质不仅是一种结果（实现教学目标），而且是一种过程（运用各种策略）；课堂管理的目标在于遵循一定的原则，营造良好的教学环境，提高教学效率和效能，促进学生发展，实现教学目标；课堂管理的方式要求必须遵循一定的原则，这种原则反映了教师的教育理念和教育哲学观，符合教育的基本规律；课堂管理的范围涵盖了影响课堂教学的诸因素及其之间的关系，如师生之间的关系、教室情境、教学中所发生的一切活动等。

　　（二）课堂管理的类型

　　从不同的角度划分，可将课堂管理类型划分为不同的种类。

　　其一，根据教师的领导方式，可将课堂管理行为划分为专制型、民主型和放任型的课堂管理行为。专制型的课堂管理方式是教师提出课堂目标，安排课堂活动，制订课堂活动的实施步骤，分配学生任务并根据学生表现进行表扬与批评，但自己从不参与集体从事的活动。民主型的课堂管理方式是由教师将课堂要求、活动以及实施步骤交与学生讨论，然后概括课堂目标、确定可供选择的步骤，并让学生们自己分配工作，再根据学生的表现予以客观的表扬与批评。放任型的课堂管理方式是由教师提供各种材料要求学生完成，但教师采取一种被动的、不介入的姿态，课堂目标、课堂活动以及实施步骤全部由学生自己完成，教师不提供任何计划和建议，在解答问题时，也不提供帮助。一般来说，在教学实践中，放任型的课堂管理方式并不多见。

　　其二，根据教师课堂管理行为的态度，可以将课堂管理行为划分为积极的课堂管理行为和消极的课堂管理行为。在积极的课堂管理行为中，教师对学生的基本情况持积极的态度，认为学生有强烈的学习兴趣和态度，他们愿意遵守课堂规范，有较强的自我控制能力，能够独立地解决问题。教师倾向于对学生进行激励，注重改善师生之间的关系，主张放手让学生去自我管理，从教师的角色和作用看，教师在学生自我管理过程中是一个指导者和参与者。消极的课堂管理行为实则是一种传统的"指挥与控制"的观点在课堂管理中的运用。在这种课堂管理行为中，教师认为大多数学生都不喜欢学习，学生是受到家长的强迫而迫于无奈才来到学校的学习的，但他们本身对学习并不感兴趣，他们都喜欢逃避责任，宁愿受教师的指挥。这一类型的课堂管理行为比较关注学生的问题行为，一旦学生出现问题行为时，教师就给予严厉的惩罚，以达到矫正的目的。

其三，根据对学生的问题行为的处理方式，可以将教师的课堂管理行为划分为预防性的课堂管理行为和干预性的课堂管理行为。预防性的课堂管理行为是教师在学生尚未出现问题行为时，针对学生出现问题的苗头，及时采取措施预防。这实际上也是一种积极的课堂管理行为。干预性的课堂管理行为是教学过程中，当正常的课堂行为受到干扰时，教师采取一定的干预措施以矫正学生的问题行为。干预的结果和目的是使学生的问题行为得到有效的控制，尽快地恢复教学秩序，以使教学活动顺利进行。

二、课堂管理应遵循的基本原则

关于课堂管理应遵循的原则，一些学者不乏自己的论述。

台湾学者温士颂提出，课堂管理应遵循六大原则，[①] 即：以积极的指导为主，消极的管理为辅；培养良好的行为为先，奖惩与管理于后；师生共同认定可能达成的行为标准、可能容忍的最大行为限度；采取民主领导，培养学生共同学习的合作态度；改善处理行为问题的智能和技巧，以

---

① 温士颂：《教育心理学》，三民书局 1970 年版，第 350 页。

他律为始，自律为终；减少造成不良行为的校内、校外刺激因素。

台湾学者李咏诗认为，课堂管理可遵循五项原则。① 这五项原则是：厌足原则（The Satiation Principle），要求学生从事某一项在教师许可下他所选择的替代行为到他厌恶为止；削弱原则（The Extinction Principle），即事先安排，使学生无法从不良行为中得到报酬或注意；不一致的选择原则（The Incompatible Alternative），即如果教师能在引起学生不良反应的某一刺激出现时，同时安排引起学生产生良好反应的刺激，则该不良反应可以予以抑制；负增强原则（Negative Reinforcement Principle），即建立一个让学生起反感的情境，若学生欲结束此一情境，则必须改进其不良行为；处罚，即给予学生一种不愉快或痛苦的刺激，以阻止不良问题行为的出现。

我国大陆有研究者认为，在课堂管理中，以下的原则是要特别强调的②，即：其一，预先建立课堂常规，明确学生的行为标准。有效的课堂管理，应事先制订课堂常规，确定学生在课堂上的行为标准，让每位学生确切明了什么样的行为是好的，什么样的行为是错误的，以及什么行为可以被接受，什么行为是不能被接受的。其二，处理学生外在的问题行为。课堂问题行为处理的前提条件是，应把重点放在学生的外在行为上，学生的行为，只有表现出来，才能判断其是对是错，该奖励还是该处罚，可接受或不可接受。教师千万不可仅凭主观猜测或模糊笼统的感觉，就"教育"学生。其三，激励学生良好的课堂行为，避免强化问题行为。在学生表现良好行为时，教师应适时给予愉快的增强，切忌在学生出现不当行为时误给增强。其四，尽量避免惩罚问题行为。课堂管理中，教师应极力避免惩罚学生不良的行为。不是在实在不得已的情况下，不要使用惩罚。目前除了教育行政部门一再申明禁止体罚外，一般心理学家、教育学家也都反对采用惩罚的管理方式，尤其是报复性或

① 李咏诗：《教学原理》，远流出版社 1985 年版，第 290 页。
② 杜萍编著：《课堂管理的策略》，教育科学出版社 2005 年版，第 63 - 66 页。

泄愤性的惩罚。其五，体现一致性、公平性和个别差异性。教师对于不同学生所表现出来的相同行为，或同一学生在不同时空里所表现出来的相同行为，无论是好的行为或问题行为，在处理时，应考虑处理方式的一致性和公平性，避免学生误以为教师偏心或喜怒无常，影响师生关系。当不同学生表现相同的问题行为时，公平性和个别差异性实际上必须结合起来考虑，既不要让学生觉得委屈，也不要让学生觉得教师偏心，这是教师在处理时必须留意的主要原则。其六，寻找课堂问题行为的成因。有效地处理课堂问题行为，应该先找出造成学生问题行为的原因。学生出现问题行为的不同原因，要求教师在处理问题行为时应该运用不同的方法，对症下药。

由此看来，对于课堂管理应遵循的原则，每个人的看法都不尽相同。但不论什么原则，课堂管理都必须遵循下述两大原则，即：一是不能伤害学生，课堂上教师的所有行为和措施都必须顾及学生的自尊及人格；二是必须有助于课堂教学秩序的维护，以使课堂教学能够顺利进行，最终完成课堂教学任务，达成课堂教学之目标。

三、课堂违规行为的干预原理与策略

（一）课堂违规行为的干预原理

当学生在课堂上出现违规行为时，教师一般都要进行干预，只是干预的时间和程度有所不同。对有效性教学来说，课堂违规行为管理的四步反应计划（请见表6.2）应该说是比较合理的，四步反应计划以最少干预原理为理论基础。该原理由斯莱文（R. E. Slavin, 1997）提出。他认为，当正常课堂行为受到干扰时，应该采用能够发生作用的干预方式中最简单的、干扰性最小的一种来纠正违规行为。如果干扰性最小的干预没有发生作用，教师可以升级到干扰性更强的方法，主要目的是采取有效的行为处理违规行为，同时要避免对教学产生不必要的干扰。干预的结果应该是尽可能使教与学的活动继续下去，而违规行为也得到控制。

如何运用最小干预原理？当发现学生开始对上课失去兴趣或者开始

走神的时候，教师首先可以提供"情境帮助"，以帮助学生处理情况，继续学习；如果学生继续走神，教师可以选择"温和反应"，将学生注意力唤回到学习活动上来；如果温和的反应仍不奏效，教师可以采用"中等反应"；如果以上反应方式都不能奏效，教师才能采取"强烈反应"。

表6.2　运用最小干预原理处理违规行为的四步反应计划①

教师的反应	提供的情境帮助	采取温和反应	采取中等反应	采取强烈反应
目的	帮助学生应付教学情境，使之专心于学习	采取非惩罚性的行为将学生唤回到学习活动	剥夺奖励以减少违规行为	加大剥夺奖励以减少违规行为
干预行为举例	移走引起分心的事物 提供常规支持 强化恰当行为 提高学生的兴趣 提供线索 帮助学生克服障碍 再次指导行为 调整教学 非惩罚性的暂停 调整课堂环境	非言语反应 漠视行为 运用暗示干预 接近控制 接触控制 给学生写纸条 言语反应 强化其他学生 在课堂上叫学生回答问题 运用幽默 运用积极的措辞 提醒学生纪律 给学生提供机会问"你应该做什么?" 给予语言谴责 运用不同的强化	逻辑推论 行为矫正技术 剥夺奖励 暂停	过度纠正 身体结果
教师控制的程度	低 ←——————————————→ 高			

---

① Burden, P. R. & Byrd, D. H. , *Methods for Effective Teaching*, the United States of America: Allyn & Bacon, 1999, p. 201.

（二）课堂违规行为的干预策略

1. 情境帮助

对于分心的学生，教师可先通过设计一种帮助学生摆脱分心或纠正违规行为的教学情境，使他们能够继续学习。通过情境帮助，使得违规行为在升级或波及到其他学生之前就被终止。情境帮助的主要做法有以下几种：

其一，移走引起分心的事物。当教师发现有事物影响学生的学习时，教师可直接走过去没收这些东西，并且安静地告诉学生这些东西在下课后才能归还。教师要态度温和而坚决，不啰嗦。

其二，提供常规支持。在课堂上，如果让学生知道下一步该干什么，往往会使他们产生安全感和方向感。教师可通过宣布或张贴日常时间表，使学生明白时间以及活动安排。如果时间表有变化，教师要事先通知学生。另外，进教室和离开教室、分发试卷和材料、参与小组活动时的常规都有助于学生安全感的产生。

其三，强化恰当行为。对于做得好的学生，教师应予及时表扬，这有助于向那些分心的学生传递这样的信息，即什么样的行为才是恰当的行为。当然，这种方法在小学阶段可能较有效果，而在初中和高中则稍显幼稚。

其四，提高学生的兴趣。在课堂教学的过程中，学生的兴趣可能会随着时间的推移而降低。此时，教师应采取多种方法如变换一种教学方式、讲讲有关的小故事等等来提高学生的学习兴趣。

其五，提供线索。有时教师会要求全班学生做某件事，这时教师就应提供线索。线索就是该做某种预定行为的暗示。例如，教师可以把关教室门作为开始上课、希望每个学生准备好所有材料的线索。在这些情况下，教师可以选择某一线索并向学生解释其含义。持续使用同一线索有助于提高效率。

其六，帮助学生克服障碍。教师的这种行为是用于帮助学生克服困难，继续学习，其方式有多种，如可以是鼓励的话语、针对具体任务提供援助、提供其他可利用的材料或设备等。

其七，再次指导行为。当学生表现出对学习失去兴趣时，教师可以问他们一个问题，让其解决一个难题或者读一段课本，以唤回他们的注意力。如果学生的反应恰当，则表明他们是专心的，应给予强化。

其八，调整教学。在教学过程中，学生可能会因为各种原因而失去兴趣。当学生开始做白日梦、递纸条、打哈欠、伸懒腰或离开座位的时候，教师可适当地调整教学活动，如开展小组讨论、小组竞赛、角色扮演等，以使学生的注意力集中于课堂教学上。当然，教师应注意选择不同类型的活动，避免活动的单一。

其九，非惩罚性的暂停。有些受挫的、激动的或者疲劳的学生可能会放弃学习和分心。教师发现这些情况后，可以给予学生非惩罚性的暂停，即让学生离开课堂教学情境一段时间，使之安静下来，整理思绪，然后在回到学习任务上来。这种暂停并不是对学生放弃学习或分心的处罚。

其十，调整课堂环境。课堂环境有时也会引起学生的分心行为。课桌、讲台、教学用具以及教室里的其他东西都可能阻碍师生间的交流。一旦出现这种情况，教师教要对情境做出某些改变。

2. 温和反应

教师有时采取情境帮助策略并不一定奏效，学生仍然可能发生违规行为。此时，就需要教师采取温和反应来予以纠正。温和反应是处理违规行为，同时指导恰当行为的非惩罚性方法，可分为非言语反应和言语反应。

——非言语行为。

非言语反应包括有意漠视、暗示干预、接近控制、接触控制、传递纸条等。

首先，漠视。对于那些试图引起教师或同学注意的轻微的违规行为如用铅笔敲打、身体摆动、摇手、掉落书本、不举手就回答问题、打断教师讲话等，如果采取漠视的态度，不给予其强化，学生就会自感没趣，而最终取消其行为。当然，对于那些侵犯行为、暴力行为，则不适用漠视。

其次，暗示干预。暗示干预是一种向分心的学生传递其行为不恰当的非言语暗示，如教师可采用与违规学生的目光交流、面部表情、摆手、举起手来制止学生的喧哗等方式，让学生明白自己的行为是不恰当的。

再次，接近控制。对于违规的学生，当教师暗示之后仍然难以奏效的情况下，可采取接近控制。接近控制是教师身体靠近分心的学生，以唤回其注意力的方法。例如，当某个学生在上课时看课外书籍或者做其他事情时，并没有用眼睛看着教师，此时暗示对其是无用的。而如果教师上课时在教室里走动，接近学生的课桌，学生就会注意到教师的出现，并停止有关的违规行为。

第四，接触控制。教师采取一些温和的、非侵犯性的身体接触，表示教师不欣赏学生的某种行为即为接触控制。如教师可以把手放在学生的肩上让其安静，或者抓住学生的手将其送回座位等，都是接触控制的例子。

最后，传递纸条。有时教师在课上、课前或者课后都没有机会与违规学生进行交流。此时，教师可以在第二天上课之前写一张简短的纸条给学生，描述该学生的问题以及其对学生问题的看法，该行为对学生本人以及其他同学可能造成的后果，以及教师的建议等。

——言语反应。

言语反应主要有以下几种方式：

一是强化同伴。当学生的问题行为较轻微时，教师可以强化坐在该生附近的其他学生，比如，表扬他学习认真，从而将全班学生的注意力集中于恰当行为，而不是问题行为，这样也会使违规的学生改正。

二是提及学生姓名或回答问题。教师通过在课堂上提到学生姓名也可使之重新集中注意力。例如，"现在我举个例子，假设某某同学……"。此外，教师还可以让学生回答问题来提醒其注意。

三是运用幽默。对情况的幽默反应或者自我解嘲，能够缓解违规者的压力，进而消减矛盾，促进问题的解决。但是，教师应注意，幽默不等于讽刺。讽刺是为了取笑学生，它非但无助于问题的解决，甚而会激化矛盾。

四是传递"我信息"（I－message）。即教师针对学生的违规行为讲自己的感受，而不是直接对其下命令。"我信息"的传递有三个步骤，即：①对违规行为的简单描述；②违规行为对教师和其他学生所产生的影响的描述；③教师对这种影响的感觉的描述。由于这种方法在国内并不多见，我们用下述案例来加以说明：①

第一步

教师：霍勒斯，我能和你谈几分钟吗？

霍勒斯：可以。

第二步

教师：你怎么把拉里惹恼的？

霍勒斯：我没怎么。

教师：霍勒斯，我不是要责备你或跟你过不去，我只想帮你解决问题。但我首先要知道是怎么回事才能解决问题。

霍勒斯：我把拉里的书从桌子上弄到了地上，把他写了字的纸全弄乱了。

第三步

教师：谢谢你对我的坦诚。听起来，你好像正打算解决这个问题。你这样做，对你和拉里都没什么好处，不是吗？

霍勒斯：是的。但他用钢笔在我正要交的作业上乱画一通，把

---

① 转引自刘家访：《有效课堂管理行为》，四川教育出版社 2003 年版，第 249－250 页。

我的作业给毁了，害得我现在不得不重做。

第四步

教师：谈完你的问题后，我会去找拉里谈他的问题。但现在，你考虑一下制订一个怎样的计划，保证下次发生同样的问题时，你不会做出报复的举动。

霍勒斯：我再不会这样了。

教师：我很高兴你能这样说，这对你有好处。但除此之外，你还可以怎样做呢？

霍勒斯：我不知道。

教师：好吧，那我给你一些建议，怎么样？

霍勒斯：好。

教师：给那位同学发一个"我—信息"，告诉他你的感受怎么样？比如，"你毁了我的作业，使我不得不重做一遍，这令我很烦。"或者你可以这样做：站起身，离开他，让他感觉得出你对他的不满。霍勒斯，你觉得这两种方法哪一种更好呢？

霍勒斯：好吧，既然我们一直都在发"我—信息"，而且你也希望我们自己解决问题，那下次发生这种情况时，我会发"我—信息"的。

教师：太好了。为了确信我们都已理解这一做法，现在你告诉我：当下次有人干扰你学习时，你该怎么做？

霍勒斯：对那位同学发"我—信息"。

教师：好了。过两天我会检查你做的情况的。

两天后

第六步

霍勒斯：奏效了！昨天拉里撕了我写满字的纸，我就发了一个"我—信息"，他真的就向我道歉了，我都不敢相信。

教师：我为你实施了这个做法而骄傲。看得出来，你也为这种

结果感到高兴。

五是运用积极的语句。当不恰当行为发生的时候，教师使用积极的措辞可以突出恰当行为的积极结果。通常的结构是"当你做……（某种恰当的行为），那么你就能做……（某种积极的结果）。"

六是提醒学生纪律。一般来说，每个班级都有一套管理学生行为的纪律以及相应的处理措施。当学生出现违规行为时，教师可适时地提醒学生注意课堂纪律，可使学生重新集中注意力。

七是给予语言谴责。这是一种直接制止学生违规行为的方法。这种方法对一些温和的以及中等程度的违规行为较为有效，但对严重的违反纪律的行为效果可能会差一些。如教师可以说："XX，请你不要说话，注意听讲。"

八是运用不同的强化。不同的强化是一种弱化行为的积极的方法。如果持续地给予学生强化，需要根据行为的性质安排不同的频率，主要有三类干预强化：第一类是低频率行为的不同强化，用以使学生的不恰当行为处于或低于一定的水平而给予的强化；第二类是其他行为的不同强化，用以使学生在某一时间里完全消失特定问题行为而提供的强化；第三类是矛盾的不同强化，用以减少不恰当行为，同时保证做出恰当的行为。

3．中等反应

在做出情境帮助和温和反应之后，学生可能继续其违规行为。此时教师可采用中等反应以纠正学生的违规行为，主要包括自然结果以及行为矫正技术。

——自然结果

自然结果指的是教师所做的与学生违规行为有直接的关系的活动安排。例如，如果有学生把废纸乱扔在地上，他必须把它捡起来；如果有学生在课桌上乱写乱画，教师就要求他把桌子擦干净，如此等等。具体说来，自然结果主要有以下一些措施：

其一，剥夺机会。在课堂教学过程中，教师往往会给学生提供一些特殊机会，如担任临时小组长、上黑板示范、使用特殊的设备或者玩游戏等。如果学生的违规行为与所提供的机会类型有关，教师可剥夺学生的机会。如，有学生不举手就想上黑板去示范，教师提醒他没有举手，不让他去示范。

其二，重新调整座位。如有几个同学关系比较好，上课爱讲悄悄话。这时，教师可通过重新安排座位以消除这种行为。

其三，写下对问题的反思。教师可让学生在课余时间写下对自己违规行为的反思。通过让学生反思自己的问题，有助于学生认识到其行为的有害性，有助于提高学生的自制力。这种反思通常包括：我究竟做了哪些违规行为？这些行为产生了哪些后果？应该对我怎样处置？我应该怎样改正？

其四，留置。留置指的是在可以自由走动或做其他事情的时候，让违规的学生留下来，剥夺其自由时间以及与其他同学交往的机会。留置还包括让学生放学后留校。教师在采取这项措施的时候，一定要让学生明白留置的原因。同时，留置的时间不可过长，放学后20—30分钟比较合理。留校要考虑学生回家的交通问题以及回家所需时间。

其五，联系家长。当学生经常出现违规行为而又屡教不改时，教师有必要与其家长或监护人取得联系。教师可以通过便条、信件或者打电话告知家长其子女的问题，寻求家长的帮助与支持。情况较为严重的，可与家长面谈。

——行为矫正技术。

行为矫正是涉及对人类行为进行分析和矫正的心理学领域。分析是识别环境和某一特定行为之间的相互作用关系，从而识别该行为产生的原因或者确定为什么一个个体具有他所表现出来的行为。矫正是指开展和实施某些程序和方法，来帮助人们改变他们的行为。行为矫正的程序和方法被专业人员及其辅助人员用来帮助人们改变其显著的社会行为，以达到改进其生活的某些方面的目标。① 常用的行为矫正方法有：

其一，塑造。塑造是用来培养一个人目前尚未做出的目标行为的手段，它可以定义为使个体行为不断接近目标行为而最终做出这种目标行为的差别强化过程。② 使用这种方式通常需要经过以下一些步骤：定义目标行为；判断塑造对于违规学生是否是最合适的方法；确认初始行为；选择塑造步骤；选定强化刺激；对各个连续的趋近行为实施差别强化；按照合适的速度完成塑造的各步骤。③

其二，代币法。使用代币法的目的是课堂教学过程中，增加学生极少出现的恰当行为，并减少他们的不良行为。代币法有三个因素组成：一整套指令，该指令描述了教师想要强化的学生行为；一个成熟的代币体系（如红五星、小红旗等），以奖励学生的恰当行为；一套兑换程度（如十个红五星可换一面小红旗，两面小红旗可换一个笔记本等），该程序用以说明学生如何用他们已获得的代币交换或参加特殊活动的机会。

其三，行为契约。④ 行为契约或表现合同（Performance Contract）是一份具体的、书面的协定，它规定了其中一方或多方在特定的课堂情境中需要做出的确切行为方式以及具体的奖励和惩罚。行为包括单方契约与双方契约。在课堂教学中，教师与学生签订的通常是单方契约。一般来说，一份行为契约由五个基本部分组成，它们构成课堂行为契约的基本要素。一是确定靶行为。明确陈述合同当事人（即教师与学生）彼此的责任，并对责任的完成情况做出详细要求。它规定了要做或不要

① [美] R. G. Miltenberger：《行为矫正的原理与方法》（上册），胡佩诚等译，中国轻工业出版社 2000 年版，第 8 页。

② [美] R. G. Miltenberger：《行为矫正的原理与方法》（上册），胡佩诚等译，中国轻工业出版社 2000 年版，第 248 页。

③ [美] R. G. Miltenberger：《行为矫正的原理与方法》（上册），胡佩诚等译，中国轻工业出版社 2000 年版，第 256 页。

④ 周小宋、李美华：《美国课堂管理中的新方法：行为契约》，《比较教育研究》2004 年第 5 期。

做什么、要多做什么或少做什么的具体条款。靶行为必须规定在客观可操作的范围内。靶行为可以是非期待行为的减少，也可以是期待行为的增加，或两者兼而有之。二是规定测量靶行为的方法。规定靶行为出现的客观依据。靶行为应当是易于观察的事物，它可以是固定的行为产物，也可以是协议各方能直接观察的行为文件。三是明确规定合同执行的起始与终结时间。四是确定强化和惩罚的偶联。要具体确定合同完成后所能得到的"特权"或奖励的种类和数量。合同中也要明确适当有效的惩罚，但要尽可能把惩罚限制在最小范围内，强化或惩罚的偶联要清楚地写在契约中。五是确定由谁来实施这项偶联。在教师与学生的单方契约中，契约的管理者通常是教师。单方契约的格式请见图6.5：

行为契约

　　我，×××，同意在自习课认真完成第三单元的英语作业，并保证不在自习课哼歌、影响其他同学学习。履行合同的时间是从这周的星期一开始到下一周的星期五结束。

　　自习课是否遵守纪律由同学监督，如果有同学反映我继续哼歌，老师调查属实，就算违纪。我第三单元的英语作业做完之后，在下周星期五下午5点交由班主任兼外语教师检查。

　　如果我没遵守纪律，继续哼歌，或者没有及时做好作业交给老师，老师将从我的歌碟中选一张送给学校"校园之声"播音室。

　　学生：＿＿＿＿＿＿＿（签名）　班主任：＿＿＿＿＿＿＿（签名）

　　签约时间：＿＿＿＿年＿＿月＿＿日　星期＿＿

图6.5　单方契约格式

其四，自我管理。这是一种通过提高学生的自觉性，增强其自制力，让其自我管理，从而减少违规行为的方法。自我管理通常包括下述九个步骤：第一，做出采用自我管理法的决定。在经历了一些自己不满意的行为之后，决定采用自我管理程度。第二，定义靶行为及对抗行为，确定哪些是需要改变的行为以及哪些是与之相对抗的行为。第三，建立目标，确定一个适宜的靶行为。第四，自我监督。可以用一份备忘录或一些记录仪器，在每一次靶行为出现后立即记录下来。第五，功能性评估，以明确靶行为的前提、结果及对抗性的替代行为。第六，选择适宜的自我管理方法，以矫正靶行为，可采用行为契约等。第七，变化评估。通过自我监督法连续收集资料，并评估靶行为是否朝着期望的方向变化。第八，重新评价自我管理方法。如果在实施自我管理法后，靶行为没有朝着期望方向改变，可以考虑选择的自我管理方法是否正确或是否恰当地实施。第九，连续性实施的方法。一旦达到了自己设定的目标，就可以采取将靶行为为此在期望水平的方法。在理想的情况下，可以停止使用自我管理方法，让自然的强化性偶联或惩罚性偶联来为此靶行为或替代行为。①

4. 严厉反应

有时采用上述反应都不能纠正学生的违规行为时，就需要采用一种更深层的干预手段来制止学生的违规行为，即严厉反应。严厉反应是一种通过增加令人厌恶的刺激以达到减少不恰当行为发生，维护课堂秩序的方法。常见的形式有过度纠正和身体结果。②

过度纠正是指让学生对其违规行为负责，通过实践正确的行为方式，从而学会恰当的行为，它包括还原性过度纠正和积极实践过度纠正。还原性过度纠正要求学生将环境恢复到比破坏前还要好的状态。例

---

① ［美］R. G. Miltenberger：《行为矫正的原理与方法》（上册），胡佩诚等译，中国轻工业出版社 2000 年版，第 733－745 页。

② 杜萍编著：《课堂管理的策略》，教育科学出版社 2005 年版，第 82－83 页。

如，在教室里乱扔纸屑的学生将被要求捡起地上所有的纸屑，虽然这些纸屑并不全是他（她）扔的。积极实践过度纠正要求有违规学生去积极地实践与违规行为相反的行为。

身体结果指的是以身体约束和运动作为对违规学生的惩罚，如做仰卧起坐。更为严重的身体结果是体罚，指的是通过造成身体痛苦或不适来纠正行为的惩罚方式，拳打、脚踢、掐捏等都是体罚。体罚的弊端是很多的，如，不恰当行为可能只是被暂时压制了，恰当行为也可能只是被迫如此；常常可能导致其他负面行为，如逃学（逃离惩罚者）、回避（撒谎、偷窃、欺骗）、焦虑、恐惧、紧张、压力、退缩、缺乏自我意识、反抗、敌对等，学生还可能会受到身体上的伤害；体罚也可能被当作是对学生的侵犯行为。鉴于以上弊端，教师原则上不应该使用体罚。而我国也早已对禁止体罚学生、保护学生权益做出了明文规定。例如，在1993年颁布的《中华人民共和国教师法》第八章第三十七条中明文规定：对"体罚学生，经教育不改的"教师，"由所在学校、其他教育机构或者教育行政部门给予行政处分或者解聘"。在1995年颁布的《中华人民共和国教育法》第六章第四十二条中规定：受教育者有权"对学校、教师侵犯其人身权、财产权等合法权益提出申诉或者依法提起诉讼"。

第七章　有效教学的评价策略

教学评价是教学过程的起点，同时也是终点；既是教学活动的目标，又是对教学结果的检验。评价策略是课堂教学策略中的重要组成部分，是教师在教学过程中，为促进学生的学习和改善教师的教学而实施的、对学生的学习过程与学习结果进行评价的策略。① 它是对课堂教学过程和结果做出价值判断的行为，贯穿整个教学活动。

第一节　教师教学行为的评价策略

新课程背景下，有效教学的评价不仅要关注学生的学业成绩，发现和发展学生多方面的潜能，还要对教师的教学行为做出评价判断。即有效教学评价的目的不是为了鉴别和选拔学生，而是通过教学评价发现教师在教学活动中有待改进的地方和学生在学习过程中的问题，创造适合学生的教育。教师是教育活动的组织者和引导者，教师要确保让学生掌握最适合自己的学习方式，能够独立地进行有效的学习，从而真正形成有效教学。

一、教师行为评价的意义

评价理念的价值取向和服务功能随着时代的改变以及人们对教育的理解一直在变化，20 世纪 60 年代以前，受评价产生初期测量、量化倾向的影响，评价目的较多地强调其总结性、鉴定性功能。这一评价目的

---

①　W. James Popham：《促进教学的课堂评价》，国家基础教育课程改革"促进教师发展与学生成长的评价研究"项目组译，中国轻工业出版社 2003 年版，第 3 页。

仅仅关切的是测试的结果，对学习的过程并不关心，因而这一评价目的越来越受到人们的质疑和批评。如美国学者克龙巴赫 1963 年在《通过评价改进教程》一书中指出，过去的评价仅仅局限在对事后的结果评价上，关心的是最终分数，而这种"要求评价者评价其课程编制的结局，以证实已完成的工作，这是提供给他一个奴仆的职能"。① 并认为要想使评价真正能够发挥其应有的作用，就必须摆脱对原有评价目的的束缚，重新对评价目的进行定位。"用于改进正在实施中的教程的评价，对于改进教育所做的贡献，要比那种用于评估市场上现有产品的评价大得多。"② 为了完善这种只注重评价目的的评价方式，美国教育评价专家斯克利文（M. Scriven）在 1967 年所写的《评价方法论》一文中首先提出了形成性评价和总结性评价的概念。

形成性评价又称过程性评价，是发生在教学过程中的评价，这种评价的目的不是为了鉴定学习成绩优秀的学生，而是发现每个学生的潜质，改进学生的学习。总结性评价又称结果评价，通常发生在学期或学年末，是对整个教学目标实现的程度做出的总结性评论。形成性评价与总结性评价的出现使人们意识到评价的目的和功能不仅是鉴别和选拔，也有形成、诊断和教育的发展功能。教师课堂教学行为评价的提出是以促进教师专业发展为目的的，同时也体现了评价的形成、诊断和教育的发展功能，即教师课堂教学行为评价主要在于促进教师发展，淡化评价的选拔性、监督性与管理性。评价活动的依据是价值标准，价值标准形成的两种表现主客体价值与交往价值都要受一种共同的元价值决定，即人的存在价值。③ 教师课堂教学行为评价也是由教师的价值决定的。从

① ［美］克龙巴赫:《通过评价改进教程》，陈玉琨等译，人民教育出版社 1989 年版，第 165 页。
② ［美］克龙巴赫:《通过评价改进教程》，陈玉琨等译，人民教育出版社 1989 年版，第 165 页。
③ 刘志军:《走向理解的课程评价》，中国社会科学出版社 2004 年版，第 58 页。

某种程度上看，评价活动的目的就是不断追寻和实现人的存在价值的过程。对教师教学行为评价的作用不是鉴别教师的优劣和简单地判断教师行为的得当与否，而是为了促进教学的优化和发展。评价的发展性要求评价时不能只对教师的教学行为做简单的优劣之分，更重要的是强调其形成功能，注重发展的功能。评价不仅是对一段教学行为的总结，更是下一次教学活动的起点、指南和动力。对教师的课堂教学行为的评价不仅使教师明白课堂教学进展如何，收获有哪些，有哪些地方存在不足之处，更是能够确保教师对下一步教学活动的开展有更明确的目标和更坚实的基础，从而进行更有效的教学。教师课堂教学行为评价应致力于对教师的理解而不是控制，教师是有思想、有主见、有主见、有尊严、有情感的自由独立的人，是不断发展的生命体，评价不是学校或者其他部门对教师精神和行为控制的手段，而是发现和解决教师在发展过程中的困惑、疑问，探索他们的欣喜和满足等等生命体验的途径，对教师课堂教学行为评价过程应是一个充满人性关怀、充满理解和对话的过程。教师课堂教学行为评价应尊重每一个被评价者的心理感受和精神世界，使评价活动成为评价者与被评价者之间平等交流的平台，通过评价活动促进教师的自我反思，帮助教师获得专业发展和自我发展。

二、教师教学行为评价的形式

（一）领导评定

教师的教学行为是决定教学有效性和效率的关键，因而也是学校领导重点关注的行为。领导评定不是某个教务领导的个人评价，如果这样评价会由于个人喜好或者其他因素等造成不公平现象。因而领导评定指的是学校组织多位领导共同对所要评定的教师做出的评价。领导评定影响较大，可能会影响被评定教师的升值加薪或者其他的奖惩，有一定的权威性。而这种评定的形式主要是校领导通过听课、学生考试的成绩和教师的教案，召开师生座谈会等形式了解教师的教学质量，做出评定。

（二）同行评价

同行评价是指学校内其他教师对被评定教师的教学行为做出的评

价。相对领导评定具有更高的专业性和真实性，相互评价的教师应该是互相了解，可以是一个教研组或者同一门课的教师。教师相比校领导是每天奋斗在教学的第一线，对教学目标、意图、内容、方法等以及对师生的背景情况较为熟悉，因而，同行教师更易做出准备、恰当的评价，因此，提出的意见与看法也能为被评价者所接受。同时也有利于教师之间的相互学习、相互交流，为了达到这个目的，同行评价最好在同一个教研组内开展，同一个小组的教师相互之间比较熟悉，在沟通课堂与教学方式方面障碍较少。同行评价可以采取以采取观摩课的方式定期开展。观摩课的评价活动可以按照三个步骤进行：预备会议、课堂听课、课后讨论。预备会议阶段是为了明确听课目的和加强教师之间的交流，消除潜在的抵触情绪。课堂听课的阶段就是评价者按照教师课堂教学行为的评价标准来观察和记录真实的课堂教学行为，多采用描述性评价，必要时可以录音等。课后讨论阶段，就是评价者和被评价者一起对本堂课进行交流、探讨本节课上被评价者的教学行为的优点与不足之处。

（三）学生评价

学生是对教师教学的最直接的感受者，并且在小学高年级和中学阶段，学生们已经完全有能力对教师的教学行为做出评价。但在教学实践中，学生的作用常常被弱化，有些教师认为学生的评价完全凭主观感觉，不真实。因此，在进行学生评价时，教师要指导学生的评价行为，帮助他们掌握一定的评价知识和技能。通过学生对教师的教学评价，不仅可以反映出教师的教学质量如何，还可以反映出教师在学生中的威信、受欢迎程度以及师生人际关系。但由于学生自身认知能力有限，缺乏对教学目标或意图、内容和方法上的总体了解，他们的学习方法、学习成绩甚至师生关系都可能使他们在评定教师的课堂表现中产生一定的误差。

（四）自我评价

教师的自我评价是教师在某堂课或某门课程结束后对自己在教学活

动过程中的表现和行为进行反思的过程。自我评价可以采用反思日记或者自我分析等方式，如写一篇教学日记，以记录和反省自己的教学行为。由于自我评价是教师自身主观意识到教学存在的问题与优点，更能激起教师改正和完善教学行为的主动性和积极性。

教师的课堂教学行为是由上述四个方面综合评定而成。由于每种评价方式的侧重点不一样，对教师课堂教学的真实情况反映的方面和程度也不同。对这四方面的人员的评价应赋予不同的 r_1、r_2、r_3、r_4 权值（r所占的比重由四个评定人员所处的地位决定），计算方法如下：[①]

$$M = r_1 A + r_2 B + r_3 C + r_4 D$$

三、教师教学行为评价的内容[②]

对中学教师的课堂教学行为的评价应该是全面的、整体的。教师课堂教学行为评价的内容是多方面的，不仅包含教师为了完成教学任务所涉及的行为方式，还包括激起学生积极性的行为方式。教师课堂教学行为包括主教行为、辅助教学行为和课堂管理行为。对这三种行为的评价都出自设计认知、情感和技能三方面：

第一，认知方面。评定教师在教学中表现出来的认知品质，如对基础知识的落实，对程序性知识的关注，对学生运用知识、形成能力的重视等。

第二，情感方面。评定教师在教学中表现出来的真诚、热情、民主的程度，对师生间的情感交流的重视，对情感态度的培养以及课堂气氛的民主化，创设教学情境的度等。

第三，技能和习惯方面。评定教师在教学中表现出来的专业技能与行为习惯，如教学基本功方面、对教学技术的掌握等。

---

① 施良方、崔允漷主编：《教学理论：课堂教学的原理、策略与研究》，华东师范大学出版社 2007 年版，第 359 页。

② 施良方、崔允都主编：《教学理论：课堂教学的原理、策略与研究》，华东师范大学出版社 2007 年版，第 354 页。

20 世纪以来，几乎在所有正式的教师教学行为评定中都采用了评定等级量表的形式，这种量表主要包括了教师行为范围和方式的一览表，以及评定计分的规定。教师的任何一种量表的质量主要取决于三种特性：列出那些教学方面（或教师特性）、每项定义是否清楚以及评价者对每个项目感知的精确度。教师课堂教学行为的评定采用定性评价和定量评定相结合的形式。定性评定的表述包括：

总体印象。综合课堂教学的各方面因素，依照素质教育的新的质量标准给以判断，评定等级为优、良、一般、差。

评定陈述。用描述性语言将总体印象具体化。

定量评定的表述采用"五维度"、"十五项目"、"四等第"表述法：每个维度内的项目都采用四个等第：优、良、一般、差。

学校：　　　　　年级：　　　　　班级：　　　　　学科

时间：　　年　月　日　午第　节　　教师：　　　评价人：

表 7.1　教师课堂教学行为评定记录表

评价维度	评价项目	评价等第			
		优	良	一般	差
教学目标（0.15）	目标明确、具体				
	目标全面、适当				
	让学生知道目标				
教学内容（0.2）	内容正确、思想性				
	知识点落实				
	联系学生经验				
程序与方法（0.3）	步骤清楚、活动转换				
	教学、管理方法把握				
	全程以目标为定向				

续表

评价维度	评价项目	评价等第			
		优	良	一般	差
教师素养（0.15）	语言、板书、教态				
	真诚、热情、民主				
	视听技术的应用				
学生学习（0.）	目标达成程度				
	主动学习时间				
	问题行为（少至多）				

	优	良	一般	差
总体印象				
评价陈述				

四、课堂教学行为的评价策略

（一）转变对教师教学行为评价的观念

评价行为是发生在一定情境中，评价主体在多种心理机制的作用下对被评价者的行为做出的一种价值判断。对教师课堂教学行为进行评价需要评价者对课堂教学行为的本质有所理解，从而可以对评价教师的教学行为有具体的模式和方案。评价是一种主观的行为，受到评价者的价值取向和价值观念的影响。因此，要提高有效教学的教师行为的评价，首先需要在价值取向上发生转变。教学行为评价与学生观、教学观、教师观等都有密切的关系，要转变对教师教学行为的评价，本质上是要用全新的眼光重新审视教学。

评价行为的价值取向一般是目标取向、过程取向和主体取向。目标取向的评价是将教学实际结果与预期结果相对比的评价。这种价值取向的评价行为在过去占据主导地位。对教师教学行为的评价以课堂目标为准则，将最终课堂取得的实际目标与预设的课堂目标对照，以此衡量教师的教学行为。目标取向的评价忽视了教师主观能动性和教学过程。过程取向的评价在一定程度上弥补了目标取向的不足。过程取向的评价的价值在于对具体行为的重视，将教师在实际教学过程中的行为表现作为评价的主要内容，避免了目标取向的评价只重结果不重过程所带来的评价的不全面性。并且过程评价还考虑到人的情感、需求、价值观等方面在评价中的重要作用，开始关注被评价者的精神世界和情感需求，对被评价者的主观能动性和创造性给予了尊重。主体取向的评价将被评价者和评价者置于同等重要的地位，并且认为评价不是做出最终的判断，而是让被评价者接受和认同所做出的评价，并根据评价的结果做出改进。主体取向的评价认为评价是双方共同建构意义的过程，以改进和提高被评价者为目的，倡导对评价情境的理解而不是控制。

实际上，自新课程改革实施以来，我们无论是在课程实施的哪一个环节，都非常强调要发生从内部思想观念到具体教学行为的一系列变化，教师课堂教学行为评价亦是如此。通过课程改革的一系列介绍、培训、学习，无论是教师还是学生，甚至家长以及社会各界人士都对新的教育教学理念有了一定程度的了解，其思想观念也发生了不同程度的变化。然而，通过实际的调研，我们发现仍然有许多教师以及家长没有转变原有的评价观念，依然沿袭旧有的评价方式和行为，片面地以分数、等级来衡量教师的教学行为、考察课堂教学的质量。因此，我们仍强调要深层次改变评价理念。

综上，对教师教学行为评价的全面、公正和客观的要求需要评价者将传统的以目标为取向的评价行为转变为过程取向和主体取向的评价。观念决定行为，要改进评价者对教师教学行为的评价，首先得从观念上进行转换。然而评价者评价观念的形成受特定历史文化传统、所处的具体情境及自身的价值取向等因素的共同影响，因而转变观念是一项长期且艰巨的任务。

（二）构建评价指标体系

对教师课堂教学行为的评价主要是为了促进教师的专业发展和自我发展，在评价过程中要结合定量分析和定性分析。评价指标体系可以兼顾定量和定性分析的要求，而且指标体系建构完成后，可以指导教师日常教学。在建构评价指标体系的过程中要注意几项原则。

1. 指向性原则

教师课堂教学行为评价指标体系应有明确的指向性。即对教师行为的评价有一个评价标准，可以使教师根据指标体系不断改进自己的行为以达到标准。因此，在确定评价指标时应认真贯彻新的评价观念，以表现对不合时代要求的评价观念的扬弃与超越。评价指标体系应导向教师的专业发展，给教师以明确的行为准则，以使他们对自身的教学行为做出反思，努力提高和调整其不合理的教学行为，提高课堂教学的有效性。

2. 有效性原则

有效性即有用性，教师教学行为评价指标体系的存在的最大意义就是能够提高教师课堂教学行为。因而，评价指标体系应符合课堂教学的规律，展现课堂教学的特点，并且得到有效教学的行为主体教师的认同和接受。指标体系的有效性，是对指标进行信度和效度的考验。信度和效度是教育评价指标体系实施的前提条件，是衡量教育评价指标体系构建质量的重要尺度。① 信度指评价的稳定性与一致性，效度是指评价内容与评价的指标体系的关联程度。评价的有效性在很大程度上取决于评价指标体系的信度和效度。即使评价主体再客观、再精确，如果指标体系的有效性缺失，这样的评价也是有失偏颇的。

3. 弹性原则

课堂教学是师生、生生之间多向交流的过程，在这个过程中，师生间通过言语交流和非言语交流不断地进行着智慧的碰撞，师生都是具有

---

① 龚孝华：《教师评价工作需要处理好的几个问题》，《教育管理》1997 年第 4 期。

创造性的独特主体。在交流过程中，新的想法、新的问题和新的要求不断生成。并且不同教师有不同的教学风格，即使是同一个教师在课堂中都可能呈现不同的教学风格。此外，不同学科，如英语、政治、数学、语文等，也要求对教师课堂教学行为评价指标体系的生成性。因此，评价指标体系不能是一个固定、封闭的框架。指标体系只是从课堂教学的共性出发，对各学科的教师课堂教学行为评价发挥导向作用，在实际运用时需结合教师特点、学科特点等各个方面实际予以调整。指标体系中的各项指标是相对灵活的、有弹性的，为评价者在评价过程中具体掌握标准留下一定的余地，根据不同的情况体现不同特点的评价标准。

以下是一个课堂教学行为评价指标体系的例子：[1]

表7.2　课堂教学行为评价指标体系

一级指标	二级指标	评定等级				简短评语
		优	良	中	差	
学习动机的激发与培养	激发学生参与学习的热情					
	合理创设问题情境					
	引导学生主动探究					
讲述行为	语言的科学性、逻辑性					
	讲述有艺术性、富感染力					
	表达流畅、生动，用普通话					
	使用鼓励、赞扬用语					

---

[1]　田馨：《新课程下教师课堂教学行为评价指标体系初探》，硕士学位论文，贵州师范大学2005年，第33页。

续表

一级指标	二级指标	评定等级				简短评语
		优	良	中	差	
创建课堂环境	创建师生关系良好、融洽的课堂环境					
	创建有秩序的课堂环境					
	创建便于师生互动、合作的教学环境					
	创建便于学生实践知识的教学环境					
适应性教学行为	采取适合学生水平和特点的教学内容、教学方法					
	根据学生学习情况调整教学速度或进度					
	教学进程照顾到各个层次的学生					
问答行为	所提问题便于学生理解，多数学生能回答					
	让每个学生有机会回答并补充问题					
	提问后有一定时间停顿，留给学生思考					
	对学生的回答及时给予评价					
讨论行为	讨论目的和主题明确					
	鼓励学生参与讨论					
	适时引导讨论					
	小结或归纳讨论					
课堂行为管理	有效地组织教学					
	用课堂规则维持课堂秩序					
	发现和处理学生分心行为					
	能应对课堂中的突发事件					
管理教学时间	让学生迅速注意教学内容					
	迅速开始正式教学					
	抓住有效时间教授重要内容					
	减少因教学中断和过渡而浪费的时间					

续表

一级指标	二级指标	评定等级				简短评语
		优	良	中	差	
板书、音像呈现行为	适合教学内容					
	与教学进程相匹配					
	有助于增强学生的理解					
	节时性和适时性					
非言语行为	上课精神饱满，富有激情					
	面部表情丰富，善用眼神					
	辅以恰当的肢体语言					
	运用走动接触空间距离					
管理课堂练习	布置难易适度的课堂练习					
	布置数量适当的课堂练习					
	布置与教学内容相关的练习					
	在学生练习时指导学生并给与及时评价					

该表的计算方法：估算法，即将优、良、中、差四个等级分别赋值为 4，3，2，1。每项一级指标的评定得分为该一级指标下所有二级指标等级得分的平均值。其公式是：

$$X_i = \frac{1}{n} \sum_{i=1}^{n} a_i$$

式中，a_i 为等级得分，n 为该一级指标下的二级指标个数。

（三）鼓励教师进行评价的行动研究

20 世纪 70 年代，"教师即研究者"、"反思的实践者"、"行动研究"等概念越来越多地出现在教育文献中。教师即研究者意味着教育学界对教师的定位已不仅仅局限于拿着课本上课的形象，教师要和专家一道参与到对教材、对课程、对教学的研究中去。在教育（教学）研究方面，由于缺少当事人的参与和过多地脱离了现实背景，传统的教育（教学）研究对教育实践而言越来越显得"不可靠"、"不真实"，也不"民主"。① 行动研究最早出现于19世纪30年代，但直到20世纪70年代以后才得到了很大的发展。行动研究鼓励教师从事教学研究。教师由于有教学任务以及专业知识的局限，在从事教学研究时，不可能像教育专家那样全身心投入。但是教师有专业研究者没有的第一线教学经验，因而比较理想的形式是教师与教育专业者联合研究。

对教师教学行为进行评价是教学活动中十分重要的一环，因而同样倡导教师对课堂教学行为评价进行行动研究。评价的目的在于促进教师的专业发展，亲身参与到评价标准的制订、评价内容的确定及评价方法的使用中，并渐渐将它们内化，这对教师提高自身教学行为有很大的帮助。行动研究强调实践者的参与，注重研究过程与教学行为的结合，通过对自身行为的反思，针对实际出现的问题，找到妥善的解决方法。行动研究一般包括发现问题、分析问题、拟定计划、搜集资料、批判和修正、试行与检验和提出报告七步，并且是一个循环过程。行动研究的循环过程可转换为一组以教育活动为背景的陈述②：

1. 当我的教育价值观遭到实践否定时，我碰到了问题（比如：我的学生在我的课上并不如我所要求的那样积极参与）。

2. 我设想着解决这个问题（重新组织以使他们积极性提高，是以小组活动还是进行结构性练习）。

3. 我实施这个想象中的解决方案（我让他们进行小组活动并引入了有结构的联系，使他们在没有我经常监督的情况下，提出和回答问题）。

4. 我评价我行动的结果（我的学生参与性加强多了，但他们太吵

---

① 施良方、崔允都主编：《教学理论：课堂教学的原理、策略与研究》，华东师范大学出版社2007年版，第376页。

② 施良方主编：《中学教育学》，福建教育出版社1996年版，第504－507页。

闹，并且在有结构性练习的情况下仍依赖我）。

5．我根据自己的评价重新系统阐明问题（我必须找到一种方法，使他们既积极参与又不太吵闹；我必须找到一种方法，使他们在自身的发展中更具独立性）。

从上述例子中可以看出行动研究能推动教师对自身教学行为的积极反思，并且主动寻找解决方案。因此，对教师教学行为评价的行动研究使教师从等待评价者走向主动参与评价过程中的研究者。对教师课堂教学行为评价的目的在于帮助教师根据行动结果来评价教学过程，这里的行动结果不特指一堂课结束之后的结果，也可以是课堂教学中，教师实施某一教学行为的结果。通过对教学行为的评价使其发现自身有待改进之处，并帮助其分析产生问题的原因，指出今后发展的方向，并督促教师行为的改进，最终实现自身专业的发展。

要充分地发挥教师在评价行动研究中的作用，需做好许多方面的准备工作。首先，研究不是教学经验，是有一定的规范的，一般教师在这方面所受的训练比较少，因而研究意识缺乏，研究技术不够。此外，教师对教育理论的掌握也不够。因此，在开始对评价的行动研究之前，要对教师进行教育理论和研究规范方面的培训，以使他们掌握所需要的学术知识和技术，提高评价水平。其次，增加教师评价的权力，进行评价的"权力下放"。"权力下放"是教师能够切实参与到课堂教学行为评价的过程中来，并成为评价主体之一的重要前提。让教师从评价理念的被动执行者转变为评价行为的主动参与者。最后，鼓励教师不断地进行行动研究，在实践中不断地提高评价能力。

第二节　学生学业评价策略

学业成就指的是通过教师的指导以及学生本人的努力而在学业上取得的成果。学生的学业成就是评价教师教学是否有效的重要指标。学生学业评价是通过一定的指标和方式来测定学生是否掌握了教学内容及教师教学达到教学目标的程度。因此，在教学评价中，对学生学业进行评价是非常重要的。

一、学生学业评价的意义

心理学家布鲁姆认为，教学评价对教学的作用有以下五个方面：①

一是评价是一种获取和处理用以确定学生水平和教学有效性的证据的方法。

二是评价包括了比一般期末书面考试更多种类的证据。

三是评价是简述教育的终极目的与教学任务目标的一种辅助手段，是确定学生按这些理想的方式发展到何种程度的一种过程。

四是评价作为一种反馈－矫正系统，用于在教学过程中的每一步骤上判断该过程是否有效；如果无效，必须及时采取什么变革，以确保过程的有效性。

五是评价作为教育研究与实践中的一种工具，用于查明在达到一整套教育目标时，可供选择的程序是否同样有效。

从教学实际来看，对学生学业进行评价的主要意义和作用是对于提高教学质量、学生的学习质量及教学活动的完善提供了诊断和指向作用。

（一）有助于提高教学质量

教学活动是学校教育活动的核心，也是学校教育得以被认可和存在的重要条件，而教学质量则是学校教育赖以生存的关键因素。学校教育中的所有活动都是为了促进学生的全面发展，而教学质量的提高则是实现这一目标的最重要途径。学生学业评价的价值主要体现在导向、诊断及激励功能上。开展对学生的学业进行评价可以使教师了解学生的学习真实状况，在了解了学生学习的优点与吃力之处，教师可以随时对教学安排做出适当的调整、改进教学内容和教学方法，促进学生对教学内容

---

① ［美］布鲁姆等：《教育评价》，邱渊等译，华东师范大学出版社 1987 年版，第5 页。

的吸收和理解。教师可以从评价的结果中，判断自己的教学活动与教学目标之间的"距离"，发现教学中存在的不足，明确地了解到自己的教学效果，检查教学目标与教学计划是否得以实现，还存在哪些问题等。并且通过学业评价，教师还可以了解到有哪些非预期的教学目标在教学过程中实现了，这有利于教师在进行教学准备时能够比较准确地掌握学生的真实发展，预设新的教学目标。当教师准确地了解到自己的教学效果、正确认识成绩和不足、全面地了解学生的发展时，才能进而实现提高教学质量的目的。教师在对学生学业评价的过程中既能够体验到成功的快乐和满足，也会因未实现目标的遗憾而感到压力和紧张。这些情绪体验对于教师来说具有一种激励作用，鼓励、刺激他们努力提高自己的专业素养，提高教学质量。

对学生学业评价除了对教师有直接的影响外，对教育管理者也会产生影响，间接地有助于提高教学质量。这种间接影响主要作用在对教学的管理上。通过课堂教学评价，教育管理部门和教育机构（包括学校）把教学评价的结果不仅当作对教师和学生进行评价的根据之一，而且能够看到教师和学生的进步，并以此调整学校教育发展的布局、方向，改进教育教学活动。① 这说明对于学校的教育管理者来说，学生学业评价给出了教师的教学效果和学生的整体水平的一个说明，"评价是查明已形成和已组织的学习经验在实际上带来多少预期结果的过程；同时，评价过程总是包括鉴别计划的长处和短处，这有助于检核已组织和已编制的教学计划的基本假设的效度；同时也检核了特定的手段——也就是教师和用于实施教学计划的其他条件——的有效性。"② 因此，学生的学业评价对于教育管理者来说既可以掌握教师在教学工作中取得的成果，也可以了解到学生的学习需求，进而为教师和学生在教育资源和软性支

---

① 裴娣娜：《教学论》，教育科学出版社 2008 年版，第 293 页。
② ［美］泰勒：《课程与教学的基本原理》，施良方译，瞿葆奎校，人民教育出版社 1994 年版，第 84 页。

持方面提供调整和帮助。

（二）有利于提高学生的学习质量

学生学业成绩评价可以让学生了解自己的学习成果，意识到自己在哪些学科或哪些方面有优势，在哪些方面存在困难。学业评价不仅可以让学生从纵向了解自己的学习进步与发展、问题与不足，还能从横向的比较中了解到其他同学的学习优势，互相学习，取长补短。从纵向来看，通过学业评价，学生了解到自己与预期目标之间的差距和已经取得的进步，促进他们及时巩固知识并加深对知识的理解，激发学习动机，发挥学习的主动性和积极性。横向层面来看，通过学业评价，一方面学生同伴之间互相都明确自己在班级中的总体地位，对于成绩靠前的同学，需要继续保持，而对于成绩不太理想的同学则可以激发他们学习的动力；另一方面，根据评价结果，学生能够了解其他同学在学习上的优势，同学之间相互请教和学习，通过分享学习经验和方法，共同提高学习成绩。事实证明，"通过评价证明成功的学习，会给学生带来满意而愉快的学习体验，这种体验能增强学生的学习信心，提高他们的学习兴趣，强化他们的学习动机。而被证明失败的学习所引起的不愉快体验，也会使学生为了避免这种不良后果的再度发生，在以后的学习中更加努力。"①

因此，学生学业评价的价值主要体现在其导向及激励功能上。通过评价，学生能够知晓自己"达标"的水平与层次，并能发现自身在学习中取得的进步、潜力以及存在的不足，从而调整努力的方向和目标，为今后的学习与发展奠定基础。并且，通过学业评价，学生看到自己取得的进步，在某种程度上获得一定的成就感和满足感，进而激励他们更加努力地学习。此外，学业评价也能够使学生看到自己的问题所在，这可能会给学生带来一些压力和焦虑，但只要这些压力和焦虑在合理的范

———————————

① 周军：《教学策略》，教育科学出版社 2003 年版，第 174 页。

围之内，都有助于学生学习及成长。恰当的评价，不但有利于提高学生的学习质量，而且对学生思想品德的培养也有一定作用。

（三）推动教学活动不断完善

对学生的学业评价的目的不仅仅是对教师的教学活动有效与否做出鉴别，也不是为了将学校教育划分为三六九等，而是通过评价活动，使学校领导了解教与学的具体情况，了解本校学生的真实学习水平，并且通过分析评价结果，为更好地推动和完善教学活动提供参考。"通过评价活动，教师和学生可以获取反馈信息，从而对教与学的活动进行有效调节，并完善教与学的目的。通过评价活动，教学成果不断得到强化，在客观上产生巨大的刺激、激励作用。通过评价活动，对教学工作的决策和咨询就有了可靠的依据，大量的事实表明，没有教学评价所提供的具有说服力的结果，改革教学工作的决策便难以产生。"[1]

具体来说，学业评价可以为教学活动提供反馈信息。当教学活动的主体教师和学生都已经清楚地明了自身在教学过程中的进步和问题，这一信息会促使教师和学生对现存教学活动进行调节，以确保有效教学取得最大的成效。不论是学校领导、教师还是学生在教学的过程中，总是需要正面的成绩来鼓励他们继续前进，而学业评价的成果则是最好的证明。学业评价可以提供分析教学质量与学习质量的实际材料，为检验教师的教学效果提供依据，也为教学管理者对教学活动做出决定提供了有力可靠的根据。此外，学生学业评价也可以作为教育诊断方面的资料，提供给家长作为参考。家长可以从中了解子女的学业状况，配合学校做必要的鼓励和帮助。随着现代教育的发展，家长也越来越多地参与学校的教学活动，而家长参与教学活动的首要前提是了解自己的孩子的学业水平。只有了解了自己的孩子的真实学业状况，才能与教师很好地配合，促进教学活动的顺利进行。教师和家长之间的关系可以是像伙伴一

---

[1] 施良方、崔允漷主编：《教学理论：课堂教学的原理、策略与研究》，华东师范大学出版社 1997 年版，第 335 页。

样的合作关系，这种合作是涉及共享专业知识和共同致力于为儿童提供最佳教育的合作关系。[①] 因此，学生学业评价通过对教学活动提供反馈、激励师生的教学主动性、为教学管理者做出正确决策提供依据及使家长有更好的途径了解学生的进步等推动教学活动的不断完善。

二、学生学业评价的特征

（一）重视对学习过程的评价

传统的教学评价注重的是对教学结果也就是学生在考试中所取得的成绩做出评价，而新课程特别强调对学习过程做出评价，把过程和方法本身作为课程目标的重要组成部分。这说明在评价学生的学业成绩时，不仅要关注学生的认知和技能发展了多少，同时也要关注学生在获取新知的历程中获得丰富的体验和多方面收获，使获得知识的过程同时成为形成情感态度和价值观的过程。因而，现在大多的教学评价强调对过程性评价的重视，即是对学生的学习动机、学习过程与学习结果三位一体所进行的评价，单纯地强调或淡化某一方面都是不正确的。[②] 过程性评价不仅评价学生认知结构的建构结果，更为关注学生构建新知识体系和掌握技能的过程中的学习方法，如学生在道德品质、态度和能力、交流与合作、个性与情感以及创新意识和实践能力等方面的发展。通过过程性评价，教师可以了解学生的知识水平，促进学生的学习，此外还可以为教师的教学提供反馈信息，以便及时地调整和改进教学。过程性评价的主要特点是关注学习过程和重视非预期的结果。因此，在对学生的学业进行评价时应注重对学习过程进行评价，即注重评价学生认知的过程、探究的过程、合作交往的过程和努力的过程，如下：[③]

---

① 赵耸婷、许明：《家长参与：英国学校教育改革的新亮点》，《外国教育研究》2014 年第 1 期。

② 赵亚夫主编：《历史课堂的有效教学》，北京师范大学出版社 2007 年版，第 146 页。

③ 吕宪军、于德江：《促进学生有效学习的课堂教学评价策略》，《大连教育学院学报》2009 年第 2 期。

学生的认知（学习）过程，不是把外界的知识简单地"移植"到自己的大脑中，而是要在头脑中经过一系列的信息加工，在保持注意并采取相应认知策略的条件下，从选择和接受信息开始，经过记忆、理解、应用等几个基本环节，才能变成自己的知识。注重评价学生的认知过程，即注重评价学生保持注意并积极参与教学的全过程、进行积极思考加工教学活动负载的教学信息、积极的情感体验、灵活应用知识解决问题以及为理解知识而采取的策略。

探究是认知的一种特殊形式，学生的探究过程是围绕着问题而展开的一系列活动。新课程倡导探究式学习，将其作为学生学习的主要方式之一，其重要意义在于让学生在主动参与的过程中进行学习，让学生在探究问题的活动中获取知识并主动建构新的认知结构、了解获取知识的方法、学会探究所需要的技能，使学生在探究过程中学会独立思考，体验并领悟其中蕴含的情感、态度和价值观。评价学生的探究过程，即评价学生在探究活动中表现出来的兴趣、好奇心、投入程度、合作态度、意志力、创新精神、实事求是的态度；评价学生提出有价值的问题的能力、运用已有知识做出合理的假设、制订计划、进行观察、实验、调查、讨论、得出结论、进行表达和交流，尤其是学生在活动中表现出来的独特思维方式和解决问题所采取的特殊手段。

学生的合作是指在学习、探究的过程中通过分工协作，与他人一道完成学习任务，达成共同目标的过程。评价的重点应放在每个人的积极参与、责任心、协作精神以及体验成功的快乐，评价小组合理的分工、凝聚力、团队精神、分享精神、处理整体和局部关系的能力、组织能力、解决问题的质量和交流能力。

对学习过程的评价主要是以学生为主体，是对学生学习过程的价值判断。以往注重对结果的评价，通常不关注学生在学习过程中的体验与非认知方面的收获。而对学习过程的评价要求教师根据学生在学习活动中的各种行为表现，对其做出相应的评价，这有利于学生随时掌握自己的学习状况和调整学习方向和态度。

（二）注重学生的自我评价和同伴互评

在传统的教学评价中，对学生的学业评价主要由教师一个人做出。这种自上而下的单向评价不能全面、综合地反映学生的发展程度，不利于学生自我评价能力的发展，也不利于学生主题意识的培养和发展。[①]传统教学评价的主体一般只有教师，这对于学生的评价是很不全面的。首先，教师承担着升学的压力，对学生的评价往往只关注课堂表现和考试成绩。学生生活上、情感上的和态度上的改变被视为无关紧要。其次，教师的评价会带有主观色彩，这对于学生来说是不公平的。例如，在有些教师眼里，成绩差的学生一般都是坏孩子。而新课程标准规定要体现评价促进学生发展的教育功能，这就要求对学生学业的评价可以涉及更多的主体和方式。

学生本人对自己进步与否是最有发言权的。不论采用哪种评价方式，在资料收集过程和记录进步的过程中吸收学生参加讨论都是有好处的，例如：当学生在参与制订评价标准的工作中，他们可能会更快地理解和辨别评价标准的目的。[②]学生最清楚教师的教学是否满足自己的需要，是否通过学习解决了困惑。无论别人怎样看待或评价自己的学习，最终都要转换成学生的自我评价，从而进一步调整自己的学习行为。[③]自我评价表明学生要对自己的学习负责，即学生通过自我评价来反思在一节课、一个学期或一个学年中，自己对学习做了哪些努力，在哪些方面还存在不足。当学习者整个人（包括情感和理智）参与学习过程中，从学习准备到最后的评价，这样的学习是最持久的。当学生学会自我评

① 杨九民、梁林梅：《教学系统设计理论与实践》（第二版），北京大学出版社2014年版，第183页。

② 王淑芹、王爱霞：《英国中小学公民教育课程之管窥》，《现代中小学教育》2005年第9期。

③ 王希华：《现代学习理论评析》，开明出版社2003年版，第172页。

价、自我批判时，他们的独立性、创造性和自主性就会得到发展。自我评价是对我自我在学习过程中的认真剖析，能够使学生充分认识到自己的长处和缺点，促进学生的自我意识和个性健康发展。无论别人怎样看待或评价自己的学习，最终都要转换成学生的自我评价，从而进一步调整自己的学习行为。①

学生不仅关注教师对自己的评价，也很在意自己在同伴心目中的形象。学生每天相处时间最长的当属同伴，他们一起学习、玩耍，相比教师，同伴能更真实地看到学生的变化。因而，对学生学业的评价还应提倡同伴互评。每个人对其他同学这一学期的表现都有一个印象与内心的评判标准。同学之间互评相比自我评价更加客观与可靠。同伴互评促使学生进行横向比较，通过观察和批判其他同学，确定自己的优势和待改进之处，及时地做出反思、调整和改进，促进双方共同进步。

因此，在新课标的背景下，对学生学业进行评价要为学生自我评价和同伴评价留下时间和空间，鼓励学生的自评和互评，有助于使学生由被动接受评价转向主动参与评价，发展学生自觉参与评价的意识和提高自我评价的能力。在评价过程中，先由学生自评，通过自我反思评价，看到自己的长处与不足，激发他们内在的学习动机，建立良好的反思与总结习惯，对其在评价中可能出现的相对片面性、不完善性，特别是学困生，往往过高或过低估计自己，但他们比较容易接受同学或合作者的评价，通过同学之间的进一步互评、领悟、欣赏、反思自己或他人在活动中的表现和活动成果，逐渐学会比较客观地评价自己与他人，提高他们参与评价的热情，评价自己与他人，体验到成功的快乐，获得继续前进的动力。② 因此，对有效教学进行评价的策略中，对学生学业的评价要注重评价主体的多样性，重视学生在教学评价过程中的参与，切实提

---

① 王希华：《现代学习理论评析》，开明出版社 2003 年版，第 172 页。
② 侯小英、姚雪飞、卜忠利等：《初中科学实验教学中利用发展性评价促进学困生发展的探索》，《上海教育科研》2008 年第 8 期。

高教学评价的针对性和有效性。

（三）重视评价方式的多元性

传统的教育评价体系是一个常模参照评价主导的模式，它鼓励学生、教师、学校和地区之间通过考试成绩来竞争，而不是为了促进学生的全面发展而努力。教师对学生的评价往往只注重成绩的部分，关注学生的认知发展，而学生真正重要的发展，如情感、态度、价值观，反而被忽略了。评价的主要方式还是标准化的测验，排名，强调学生学习和思维方式的一致性，这明显忽略了学生认知方式的独特性，无法客观公正地对学生做出评价。纸笔测试确实为教师了解和掌握某些学生行为的证据提供了一种简便易操作的方法，可是，教育目标所期望的其他行为是难以用纸笔测验来评价的。我国目前的教学评价，由于评价手段单一，使得我们只能或更多依赖于事实判断，比较多地关注事物的表现，这就在一定程度上影响了评价结果的科学性。[①]

任何一种评价方式都是不完美的，都有不足之处，如量化评价客观精确却忽视了学生的主体个性，质性评价生动活泼，却受到评价主体的个人因素的影响，没有量化评价那么客观公正。因此，我们的评价手段也应该由多种形式结合，破除"考试"一统天下的局面，立足学生的发展，将多种评价方法结合起来使用。学生学习活动的复杂性、"不确定性"以及评价手段与工具的局限性，致使完全追求资料的数量化或客观化难以对学习活动及其结果做出有效的评价。因此，在学业评价中，我们应当注意将各种不同的评价方法结合起来运用，使评价技术手段的运用更加灵活、有效。比如，我们可以综合运用定量分析与定性分析、相对评价与绝对评价、主观评价与客观评价等对学生的学进行评价，从而可以对学生的学进行全面、系统的评价，使得学生与教师相应策略的

---

① 施良方、崔允漷主编：《教学理论：课堂教学的原理、策略与研究》，华东师范大学出版社 1997 年版，第 339 页。

调整更有针对性。①

对学生学业的评价可以结合诊断性评价、形成性评价及总结性评价，课内与课外相结合等多种结合方式。此外，除了可以结合多种评价形式，我们还可以改进评价的形式。如传统的纸笔考试，教师可以实行开放式的考核，纸笔考试可以实行因人而异的测试形式，即对于不同发展水平的学生采用不同难度的试题，甚至对于成绩特别好的学生可以实行免除考试，对于理解能力较差的学生可以降低要求和难度。还可以引进其他一些非正式的评价方式，如由学生组织的讨论会，这类型的讨论会主要是汇报学生中期进步情况，参加的成员包括学生、教师和家长，主要是讨论和评价学生在各种学习活动中、大小测试及一些实践活动中的表现，评价学生当前与学习标准相关的成绩水平。

三、学生学业评价的主要方法

（一）日常检查和考查

日常检查是指在日常教学中，教师检查学生作业完成情况和知识水平情况如何的一种常用的简要检查。日常检查可以有多种形式。如在上课之前抽查家庭作业的完成情况，这样的检查形式具有不确定性，学生因为害怕被抽查到，都会尽量地完成作业；对上一堂课学习过的内容进行个别提问，这样的评价手段能有效地测试出学生对已学习过的内容的掌握情况；还有一种形式是检查学生对新课的预习情况。通过准备的充分程度，教师可判断学生的学习动机及根据学生的准备情况了解他们的学习难点和兴趣。

日常检查有两个目的：一是为学习过的内容提供一个额外联系和过度学习的机会。因为学生即使通过一节课的教学已经掌握了新的学习内容，往往是不牢固的，只是储存在工作记忆中，很容易遗忘。为了把信息从工作记忆迁移到长时记忆中去，就必须让学生反复练习。二是让教师有

---

① 张大均、郭成编：《有效教与学的策略》，人民教育出版社 2011 年版，第 140 页。

机会对学生感到困难的内容提供纠正和再教学。[①] 日常检查是一种非正式的评价手段，但是其为教师诊断学生的问题和判断教学重难点提供了重要依据。并且它具有极大的灵活性，能够及时发现问题或者新的教学生长点，进而教师能够及时调整教学过程，保证教学过程的连贯性。

考查是在日常检查的基础上，在某一相对完整的教学单元结束后，对学生学业成就做的综合检查和评定，以发现存在的问题。考查的重心不在于对学生打分、排队，而在于检查学生的知识掌握程度和综合运用知识的能力。[②]

（二）考试

考试是在一个学期的中间或学期、学年末对学生的学习成效做的最后检查。按其参照点的不同一般分为常模参照测验和标准参照测验。根据测验的编制来源分，有专家编制的标准化测验和教师自编测验。根据考试形式，可分为笔试和口试，笔试又包括闭卷考试与开卷考试。通常的划分方法是按照参照点的不同来划分，即常模参照测验和标准参照测验。

常模参照测验具有非常久远的历史。我国长达1300多年的科举制度可以说是常模参照的源头。18世纪，西方借鉴科举考试，引入文官考试制度。科举和文官制度都是通过考生与全体考生相比较，决定该考生的相对位置，以此区分考生的水平，重在选拔和排名。因此，常模参照测验是指参照群体在考试中的平均水平解释分数的测验。常模群体可以是个体不在其中的另外选定的团体，也可以是被测所在群体的本身，如班级。常模群体的平均分数（或百分位数）一般可以反映它的水平，称为常模。以常模为参照点，将被测个人的成绩与常模比较，并把比较的结果所反映出来的差异数量化，作为导出分数。参照常模解释分数，

---

① 施良方、崔允漷主编：《教学理论：课堂教学的原理、策略与研究》，华东师范大学出版社1997年版，第344-345页。

② 施良方、崔允漷主编：《教学理论：课堂教学的原理、策略与研究》，华东师范大学出版社1997年版，第345页。

突出反映了被试在常模群体中的相对位置，便于进行比较和选拔，适用于带有竞争性质的入学考试、竞赛以及为相对评价提供信息的各种测验。① 常模参照测验在心理测验中得到广泛的应用，如比纳量表、韦氏智力量表等均是依据常模参照测验的理论编制的。

1962 年，匹斯堡大学的格拉泽（Glaser）首先提出了标准参照测验，但直到 20 世纪 70—90 年代，有关标准参照测验的研究才开始得到研究人员的重视。标准参照测验是依据考试的既定目标的标准来解释分数的考试，用以描述考试所达到既定目标的程度。② 即用来测量学生的实际水平，而不是通过参照常模来决定个体在团体中的名次。标准参照测试参照课程标准、教学目标来编制练习题，用于测量和检验学生是否达标及达标的程度，为诊断、指导教学和学习提供参考。在教学中，标准基本指的就是教学目标，教师设计测试题的目的就是为了检验学生对教学目标的完成状况。因此，标准参照测试在教学中又可以称为目标参照测试。试题内容的设计根据目标的不同而不同，难度取决于目标的难度。以下是根据三维目标设计的试题对学生进行检测和评价。

1. 设计知识与技能目标测试题进行评价

知识与技能目标要求学生对知识的记忆、理解和应用，以及对技能的掌握。因此这类试题主要考查知识层面的内容居多。设计知识与技能目标测试题要注意区分不同的目标所对应的内容和难度及测试题的题型。例如，"知识"目标中，"基本事实"属于最基础的水平，这类学习内容主要是要求学生熟记一些历史事实、知识定义等，采用的题型比较简单，常常以填空、选择、判断、连线等形式出现，通常一个知识点对应一道题。"概念、原理、规律"等需要理解、领会等认知过程，采用的题型较复杂，常常有选择题、简答题、论述题、实验设计题等，通

① 郝若平：《试论常模参照测验与标准参照测验》，《山东教育科研》1999 年第 4–5期。

② 曾桂兴：《标准化考试常识》，四川教育出版社 1987 年版，第 67 页。

常一个知识点可以综合出现在多道题目中。"技能"目标测试题不像认知目标较好测量，往往要通过具体的活动来考查学生使用某一技能的水平和熟练程度。因此，对技能的测试需结合具体活动和情境采取多种评价方式。以体育课上，教师教授学生游泳技能为例，针对学会游泳这一技能目标，要在学生在游泳池内具体的活动中考查学生的掌握情况，如对一些游泳的知识是否理解，游泳的姿势和动作是否标准，还有哪些不足之处需要加强等。技能目标测试题的题型主要是实际操作、观察、计算、调研、实验报告、调查报告等。

2．设计过程与方法目标测试题进行评价

过程与方法目标侧重对能力的考查，主要是考查学生在发展过程、探究过程、学习过程、合作过程中能力的提高与正确使用各种方法的能力。设计测试题时，要注意对思维能力的考核与方法的应用，能力无法单独进行考查，只能由学生在完成一项任务的过程中所展现的知识和智慧来评判，因此，它通常与知识和技能结合在一起。设计的测试题，既要能够考查学生解决问题的过程，又要能展示学生在解决问题的过程中表现出来的思维过程和思考方式。题型以论述题、实验设计题、调查报告、论文、实际操作、角色扮演、探究等为主。

3．设计情感态度与价值观目标测试题进行评价

情感态度与价值观目标包括接受、反应、价值判断和个性化四个水平。情感是一个人的内心感受，是一种心理过程，只能通过主体对一系列客观事物的反应来体现。在设计这类目标测试题评价学生时，内容主要有价值观、态度、兴趣、动机和自我概念等方面。基本方法有：以语言表述为途径的评价方法；以行为观察为途径的评价方法；以成果考核为途径的评价方法。评价过程中需要注意学生情感的变化性、评价过程的可靠性、评价内容的针对性以及结果使用的合理性。①

---

① 蔡敏：《论教学过程中的学生情感评价》，《中国教育学刊》2004 第 3 期。

三维目标相互渗透，互相补充，是一个不可分割的整体。因此，三维目标测试题也不能截然区分哪一些题目是评价知识的，哪一些是测试能力的，试题可能涉及不止一个目标，只是会有一个侧重目标。不论是哪一种形式的考试，在运用这些考试形式时，都要注意科学性、有效性和多样性的统一。考试内容强调加强与社会生活、学生现实经验等的联系；考试目标要明确且灵活开放，既要重视对学生认知能力和解决问题的能力的检测，也要注重对学生思维能力和创新能力的考查；考试的题目类型要丰富多样，以全面检查学生的能力，既要有封闭型试题，也要有适量的开放型试题。

（三）课堂测评

课堂测评主要指教师在教学大纲和授课计划的指导下设计和采用各种方法来收集、分析有关数据信息的一整套系统化过程。[①] 课堂测评一般是教师对学生的学习、行为、态度和道德方面的评价，其重点是对学习的测评。课堂测评的结果可以为教师和学生对学生的学习状况和教师自身的授课情况进行判断、评价和决策，并调整制订出最适合学生身心发展的教学计划。课堂测评有多种形式，如小测验、作文、周记等。有关学生学习习惯、学习态度和行为品德等方面的测评，许多学校通过对操行进行优良中差的等级评定和班主任的品德鉴定来评价学生的行为和品德。多数美国学校，也针对每个学生制作了行为登记卡，来描述和评价学生的行为，如"听从老师的指导"、"能够与其他同学合作"、"听课认真"、"善于有效地安排使用时间"。[②] 课堂测评有助于教师了解本堂课教学与教法上的优点与不足，检验教学质量，考查学生认知发展的状况，为学生的学习提供即时反馈，以便师生及时调整教和学。

---

① 陈琦、刘德儒主编：《教育心理学》（第二版），高等教育出版社 2011 年版，第 439 页。
② 陈琦、刘德儒主编：《教育心理学》（第二版），高等教育出版社 2011 年版，第 439 页。

　　课堂测评除了小测验、周记等纸笔测评，还有一种很重要的形式，就是即时评价。即时评价可以贯穿整个教学过程，教师可以很快地对学生表现做出回应。因此，相对于其他的课堂测评形式，即时评价更加方便可行。即时评价可以分为几类，根据评价的表现形式，分为言语评价和体态评价；根据教师的态度倾向分为中性评价、肯定性评价、赞赏性评价、引导性评价。根据态度倾向的分类方式与前一类分类方式，有相互重叠之处，因为中性、肯定性、赞赏性和引导性评价可以归类到言语评价和体态评价，但是为了更加清楚地叙述，本节还是将它们分开说明。

　　言语评价即是教师通过与学生的对话交流来对学生进行评价。教学过程本就是师生互动交流的过程。在这个过程中，教师使用口头语言对学生做出评价。言语评价可以是正面的，也可以是否定性评价，比如："你回答得得非常正确"，"你这个行为不太好"等。言语评价针对性较强，因而在教学过程中，教师比较多地使用这种形式的即时性评价。苏霍姆林斯基说："教师无意中的一句话，可能造就一个天才，也可能毁灭一个天才"，[①] 在教学过程中，教师要谨慎使用教学语言，尽量避免使用负面性词语，激发学生积极向上求知的热情，呵护学生思维的火花；当学生回答错误或表现不佳时，没有必要使用过分苛责的语言刺伤学生的自尊心。在教学中教师应该多尝试开发和运用诸如下列评价学生的话语，会使课堂和学生发生不一样的变化。

　　　　这位同学虽然回答错了，可是老师能看出他（她）认真思考了，下次肯定能回答正确的。（体现评价的激励性，增强学生数学学习的信心和勇气。）

　　　　这位同学回答问题的思路是正确的，只是由于……（这种看似为学生找借口的评价，会照顾到学生的敏感的自尊心。）

---

① 　孟繁华主编：《赏识你的学生》，海南出版社 2006 年版，第 176 页。

"你能给老师说说你为什么认为答案是这样的呢?"（当学生回答完时，应该给学生解释和进一步思考的机会。）

这位同学说的这个方法不同于课本给出的解法，很有创意，非常好……（运用评价呵护学生的思维火花，鼓励学生勇于求异创新。）①

体态评价　顾名思义就是教师通过行为表现、仪态动作等对学生进行评价，包括教师的眼神、动作等，比如：对于表现较好的学生，教师通常会点头表示赞许；对于课堂上捣蛋的学生采取眼神示意的方式等。体态评价不需要教师停止当前的教学活动，不会打断教学活动的连续性，教师通过身体或眼神释放出来的一些信号，学生基本就能领会教师要表达的意思。这种无声的语言对学生的表现做出的评价在有些时候震慑力也很大，对于学生而言，有时候往往"此时无声胜有声"。

中性评价　就是教师在评价学生时，不带过多的感情色彩，如实地对学生的表现做出反应。比如："对，请坐"，"谢谢这位同学的回答，来我们看一下正确答案"。这类型的评价由于对学生的表现没有做出肯定或否定的描述，教师最好在教学中少用。因为中性评价不能对学生起到激励作用，学生不知道自己的表现如何，因而也就不知道哪些地方做得好，哪些地方做得不够，往往对学生起不到太大的促进作用。

肯定性评价　是指教师对学生的表现给予直接的肯定评价。比如："你的答案是对的"，"你这堂课的表现非常好"。这是教学中最为提倡的一种评价形式。教师通过简单的言语评价或者动作行为让学生明确知晓自己的回答正确与否，自己的表现是好还是不好。肯定性评价有助于强化学生好的行为。但这种评价方式往往容易过于简单，评价的语言过于笼统，有时候教师只是很习惯地说出一些肯定性评价，并没有根据学生的具体表

---

① 王海芳：《学生发展性评价的操作与案例》，中国轻工业出版社 2006 年版，第 77－80 页。

现做出针对性的分析。这样会让学生认为教师对其他学生也是这样，并不是因为自己表现好得到肯定，老师并没有特别关注自己，可能会引起学生内心小小的失落。

赞赏性评价　是指教师根据自己的评价标准对学生的表现给与适当及时的鼓励和表扬，让学生感受到教师对自己的关注、欣赏和认可。这是一种带有比较强烈的感情色彩的评价，比如："你很聪明的，再仔细些，一定能想出正确答案来"，"你做得很棒"。在学生回答错误、对教学内容的理解有困难时，若教师能够及时地对学生进行鼓励和打气，学生内心会觉得老师这么相信自己，说明自己真的是可以做到的，就会重新点燃学习的热情，鼓足勇气努力前进。正如"罗森塔尔效应"所证明的那样教师或家人的期望和信任会激励学生发生与期望趋于一致的变化。人性最深刻的原则就是希望得到别人的赏识。① 因此，教师在平时的教学活动中，应尽量多使用赞赏性评价以激发学生学习的信心和热情。

引导性评价　指的是在教学过程中，由教师发出的可以引导学生进行学习的即时性评价形式，引导性评价可以是对具体的问题也可以是对某一学科学习规律的。具体层面指的是在课堂教学中对学生遇到的某个难以解决的题目时进行的思维引导性的话语，比如让学生通过多角度地分析问题从而获得解题思路或者学生回答不上时对他们进行引导，例如教师的"不要拘泥于课本给出的思路和解法，只要认真思考，或许我们可以得到更好的解法"；"同学们，再想一想，我们上节课教的知识，可以利用得到"等等对一题多解或没有思路时的引导，让学生不再拘泥于固定的答案或者陷于没有思路的窘境，而是积极地探索解决问题的方案；也可以大到对某一学科学习规律的把握，比如对于数学课，教师可以借助评价有意识地引导学生在学习了许多数学概念之后进行阶段性的总结，反思和整理数学知识结构，进而优化数学认知结构，或者在学习

---

① 蒋碧艳等：《学习评价研究：基于新课程背景下的实践》，华东师范大学出版社2006年版，第36页。

一段时间的英语单词后，教师可以借助引导性评价让学生对这些单词进行总结和分类，以便学生能更牢固地记住单词。

课堂测评除了能鼓励激励学生朝着既定目标前进，此外，还能诊断学生在学习中遇到困难的问题所在，掌握个别差异的状况，作为个别辅导或补偿教学的依据。可见，作为形成性评价的一种，课堂测评是学习过程中的一个部分，对师生在教学中的活动有着不可忽视的影响，也是教师对其教学工作进行设计和调整的重要手段之一。

（四）档案袋评价法

1. 档案袋评价法的内涵

档案袋评价法起源于 20 世纪 80 年代的美国，当时美国政府加大了教育改革的力度，评价理论也得到更新，出现了一波新的评价方法，如观察、记录等，档案袋评价法逐步风靡欧美国家。

档案袋是学生的学习档案，档案袋里面具体包括的东西因人而异、因校不同。有的人认为档案是学生作品的有目的的收集，主要包括在收集过程中学生的参与度，选择材料的标准、学生作品质量评判标准以及学生反思的材料。有人认为档案是学生学习成果的汇集，主要就是学生的作品和反思。还有人觉得档案是学生本人、教师或同学选择并做出评价的相关资料的收集，是一个不断持续的过程，以反映学生的发展进步的情况。虽然对档案袋的内涵有不同的理解和描述，但是有一些是共同的。首先，档案袋里的主要内容是学生的作品，包括书面作业、小组任务完成情况、观察报告、学习体会心得等；其次，档案袋里的东西是经过选择的，不是所有的学生成果都需要放进去，最好是那些能反映学生能力发展变化的证据；其三，收集档案的过程是一个反思的过程，在收集的过程中，对学习成果进行筛选过程就是一种有意义的学习经历；最后，档案袋中的资料必须是真实的和能够反映学生个性的。

档案袋评价是通过有目的收集能够证明学生的努力、进步、成就的作业，来判断学生学习状况的过程，在这个过程中鼓励学生参与到作品的选择和作品的评价活动中，此外，还要求学生在完成作品后，能进行自我评价，并说明选择该作品的理由。① 因此，档案袋评价法的目的是衡量学生的学习状况，参与的主体可以有教师、学生、家长及同伴，途径就是通过有目的的收集反映学生发展变化的学习资料。该评价法强调对学习过程和学习结果的同等重视，结合了学生的自主评价和多元主体评价。档案袋评价法有助于将教学和评价结合起来。档案袋评价鼓励学生对学习的反思，要求学生对档案中的每个条目做出评价，引导学生的反思性学习，提高学生的自我评价能力；对于学习过程的记录也十分有利，能够清楚地展示随着时间推移学生的学习发展状况，实现评价的真实性和过程性。② 以英国中小学公民教育课程对档案袋评价法的使用为例。目前英国很多学校正在发展运用以档案袋为依据的评估方式，用以搜集学生公民教育方面取得的进步。③ 档案袋里的内容记录了学生在知识、技能和态度方面的变化。它既包括了年终或学期末的总价性评价，也包含了形成性评价。这种评估方式可以作为日后教师对学生的公民教育水平评估的一个参考证据，以保证公民教育的连续性。此外，它还可以作为一份总结报告呈现给家长，使家长了解孩子一学期在公民教育方面的进步。历史学习档案的主要内容包括学生在考试成绩、历史习作、调查报告、历史制作与历史学习过程中各种表现、师生和家长的评语等。通过教师、学生与家长的共同建设，教师可以对每个学生建立完整的学习档案，对学生的历史学习进行长期、稳定的综合考察与全面客观的评价。

2. 档案袋评价法的基本步骤

---

① Northwest Evaluation Association, Portfolios, *Portfolio News*, 1991(3).
② 杨九民、梁林梅：《教学系统设计理论与实践》（第二版），北京大学出版社2014年版，第197页。
③ 王淑芹、王霞：《英国中小学公民教育课程之管窥》，《现代中小学教育》2005年第9期。

　　尽管每个教师实施档案袋评价法的步骤和策略都不完全一致，但是基本步骤还是一致的，即确定评价目标、确立评价的标准和内容，对档案的保存和分析。

　　确定评价目标　评价活动是教学过程中的一个环节，任何教学活动都需要有明确的目标，评价也不例外。制定的目标不同，评价过程中对材料的收集，人员的参与等都有所不同。因此，在开始汇集档案时，教师就应该明确设立评价目标，并将目标告诉给学生，让学生理解收集档案的目的以及将档案袋收集作为评价的一种手段的意义。

　　确立评价标准和内容　评价的目标确定后，就要开始制订评价的标准及选择收集的内容。没有评价标准，教师和学生在整个评价过程中对学生成果的选择就很难确定，导致选择的材料重复或者遗漏，不能准确地反映学生的进步情况。而档案袋中内容的确定则依赖于目标和标准的确立，然后还与特定的科目、学习过程等有关。

　　档案的分析和解释、保存　将学生的学习作品收集完毕后，就是对作品进行分析和处理。教师对于学生的作业的评价一般采取等级加评语的形式，等级一般分为优、良、一般、差。学生互评基本就是在小组活动中，给予同伴的口头评价。而家长评价就是学生将档案袋带回家，给家长阅读，家长会写下评语或签名。档案袋的保存一般是教师放在办公室的柜子里，一段时间后发给学生翻阅，或者直接交由学生来保管。

　　（五）学习契约评价

　　学习契约（Learning Contract）也称为学习合同，学习契约最早可以追溯至1922年美国学者帕克赫斯特（H. Parkhurst）就教育者与学习者之间责任分配问题而提出的"教育签约"思想。但直到20世纪70年代，美国成人教育大师M. 诺尔斯（M. Knowles）综合独立研究、个性化教学、自我导向学习以及终身学习理论才形成了"学习契约"的基本思路和方法。① 学习契约是一种由学习者与教师共同协商、设计、实施和评价的学习活动的书面协议。在学习过程中，契约可以不断被修正，它强调的是教师和学生在学习进程中双方持续协商与学生自己完成对学习进行评价的过程。具体说来，学习契约是学习者和教育者为学习活动所需达到的等级程度的协商制订的书面协议，它确定了学习者的目标、达到目标的方法和策略、验证成绩依据的标准及学习活动进行的时间。

　　学习契约作为一种书面协议，它同时兼具学习计划和合约的属性，又具有自己的特征。首先，目标差异性。学习契约虽然具有一个明确的课程目标，但是每个学习者的自身情况与学习能力是有差异的，因而，学习者可以根据自身状况制订差异性的目标。其次，内容个性化。学习契约不等同于学习计划，它具有结构性、开放性的特点。因此在契约内容的选择上，学生根据实际情况与学习目标，通过与教师和家长协商，制订出个性化的契约内容。契约内容是学习评价的重要内容和依据。第三，制定协商性。学习契约的订立过程不是教师的个人独断决定过程，它是师生、家长三方共同商议、"讨价还价"的过程，以确保订立的学习契约能最大程度地满足学生的学习需求，激发他们的学习动力。最后，目标的契约性。学习契约是维系教师和学生，以及学生之间的一种明确的责任义务关系，要求订立双方共同遵守，以保证较高的效用。经过协商所确定的学习目标和内容，一经写入学习契约，便具有了刚性的约束力。图7.3是学习契约的构成要素和设计要求。②

---

①　Lemieux C. M., " Learning Contracts in the Classroom: Tools for Empowerment and Accountability", *Social Work Education*, 2001, Vol. 20, No. 2.

②　*Learning Contracts*, http://home. twcny. rr. com/hiemstra/contract. html.

表7.3 学习契约的构成要素及要求

元素	设计要求
学习者姓名及详细信息	清楚、明晰
课程名称与级别	界定清楚所学课程的级别对于清晰地设置级别标准非常重要
学习目标	学习目标不一定要以最后学习结果的形式陈述出来，但一定要与学习者的学习需求相关（包括知识、技能、态度等方面）
确定目标实现依据	依据可以有多种形式：档案袋、项目、影碟、学习者所做作品等。如果指导教师签订此契约，也就表示他同意了此学习成果的表现形式
得分标准	具体、清晰可采取量规的形式，突出评价的倾向性
验证依据的标准	不同类型的目标有不同的依据标准
学习资源及策略	学习资源的获得是双向的：学习者既可以通过各种途径查找所需资源，也可以通过教师的帮助获取资源，如教师检查契约初稿、提供图书馆没有的资料或引荐被访问者等。同时，这一部分也可以包括其他更为复杂的方面，如以什么形式完成合作任务（个人作业或小组合作）、在小组合作中任务怎么样分配等
时间	包括契约的起始日期、每项活动的具体时间、反馈时间。根据具体情况允许时间有一定弹性
签名	只有当学习者及指导教师双方都签了字，契约才能真正生效。通常，学习者保留副本，教师保留正本。教师签字表明教师认可学习者的学习结果并将予以相应的成绩和评价

学习契约的样式有表格式、自学式、提纲式、同伴辅助式四种。不论哪一种形式的契约，都需包含上述元素及设计要求。

学习契约评价就是当师生双方订立完契约后，双方即开始承担契约上所写的内容，教师在契约实施的整个过程中，要监控和指导学生学习的整个过程。在契约开始前，教师要向学生明确地说明拟定契约的目的；实施过程中，若发现学生的契约内容与实际情况不符，可单独与学生沟通，修正并确认内容；实施结束后，师生双方要共同对学习过程和效果进行检查。待学习任务结束，学习契约将是教、学双方检验和评价任务完成得如何的主要依据。由于学习契约允许学生自己参与了保证书的签订，了解预期的工作任务，因而有助于学生在较长的时间内根据契约的内容来评价自己的学习，保持积极的自律，反过来也能激发学生的学习动机与学习热情。[①]

---

① 杨九民、梁林梅：《教学系统设计理论与实践》（第二版），北京大学出版社 2014 年版，第 200 页。

参考文献

一、中文类

（一）工具书类

1. 中国大百科全书总编辑委员会本卷编辑委员会编：《中国大百科全书》（教育卷），中国大百科全书出版社 1985 年版。

2. 张春兴编著：《张氏心理学辞典》，东华书局 1989 年版。

3. 顾明远主编：《教育大词典》（第六卷），上海教育出版社 1990 年版。

4. 章人英主编：《社会学词典》，上海辞书出版社 1992 年版。

（二）中文著作类

1. ［美］奥苏伯尔：《教育心理学：认知观点》，任夫松译，人民教育出版社 1978 年版。

2. ［前苏联］列·符·赞科夫：《和教师的谈话》，杜殿坤译，教育科学出版社 1980 年版。

3. 冯忠良：《学习心理学》，教育科学出版社 1981 年版。

4. 南京师范大学教育系编：《教育学》，人民教育出版社 1984 年版。

5. ［美］L. H. 克拉克等：《中学教学法》（上），赵宝恒等译，人民教育出版社 1985 年版。

6. 李咏诗：《教学原理》，远流出版社 1985 年版。

7. 高玉祥：《个性心理学概论》，陕西人民教育出版社 1985 年版。

8. ［加］江绍伦，邵瑞珍等译：《课堂教育心理学》，江西教育出版社 1985 年版。

9. ［美］罗伯特.M.加涅：《学习的条件》，傅统先、陆有铨译，人民教育出版社 1985 年版。

10. ［美］B.S.布鲁姆：《教育目标分类学：第一册认知领域》，罗黎辉译，华东师范大学出版社 1986 年版。

11. ［前苏联］巴班斯基主编：《教育学》，李子卓等译，人民教育出版社 1986 年版。

12. 高觉敷主编：《西方心理学的新发展》，人民教育出版社 1987 年版。

13. 郑杭生主编：《社会学概论新编》，中国人民大学出版社 1987 年版。

14. 布鲁姆等：《教育评价》，邱渊等译，华东师范大学出版社 1987 年版。

15. ［德］伽达默尔：《赞美理论》，夏镇平译，生活·读书·新知三联书店 1988 年版。

16. ［前苏联］瓦西留克：《体验心理学》，黄明等译，中国人民大学出版社 1989 年版。

17. ［美］D.R.克拉斯沃尔，B.S.布卢姆等编：《教育目标·分类学第二分册：情感领域》，施良方、张云高译，华东师范大学出版社 1989 年版。

18. 朱文雄：《班级经营》，复文图书出版社 1989 年版。

19. ［美］克龙巴赫：《通过评价改进教程》，陈玉琨等译，人民教育出版社 1989 年版。

20. 吴清山等：《班级经营》，心理出版社 1990 年版。

21. 邵瑞珍主编：《学与教的心理学》，华东师范大学出版社 1990 年版。

22．［美］埃金等：《课堂教学策略》，王维诚等译，教育科学出版社 1990 年版。

23．［德］第斯多惠：《德国教师培养指南》，袁一安译，人民教育出版社 1990 年版。

24．［美］霍思顿：《动机心理学》，辽宁人民出版社 1990 年版。

25．中央教育科学研究所比较教育研究室编译：《简明国际教育百科全书·教学卷》（下），教育科学出版社 1990 年版。

26．［德］雅斯贝尔斯：《什么是教育》，邹进译，生活·读书·新知三联书店 1991 年版。

27．［美］洛雷塔·A.马兰德罗、拉里·巴克：《非语言交流》，孟小平等译，北京语言学院出版社 1991 年版。

28．王一川：《审美体验论》，百花文艺出版社 1992 年版。

29．邹进：《现代德国文化教育学》，山西教育出版社 1992 年版。

30．［日］池田大作：《我的人学》，潘金生、庞春兰译，北京大学出版社 1992 年版。

31．陈桂生：《教育原理》，华东师范大学出版社 1993 年版。

32．陈安福、张洪泰：《中学心理学》，高等教育出版社 1993 年版。

33．施良方主编：《学习论——学习心理学的理论与原理》，人民教育出版社 1994 年版。

34．张祖忻等编著：《教学设计：基本原理与方法》，上海外语教育出版社 1994 年版。

35．泰勒：《课程与教学的基本原理》，施良方译，人民教育出版社 1994 年版。

36．李咏吟、单文经：《教学原理》（修订版），台湾远流出版事业股份有限公司 1995 年版。

37．金一鸣：《教育原理》，安徽教育出版社 1995 年版。

38．腾守尧：《对话理论》，扬智文化事业股份有限公司 1995 年版。

39. 胡学增等：《现代教学论基础》，陕西人民出版社 1996 年版。

40. 施良方：《课程理论：课程的基础、原理与问题》，教育科学出版社 1996 年版。

41. 田慧生等：《教学论》，河北教育出版社 1996 年版。

42. 联合国教科文组织国际 21 世纪教育委员会：《教育——财富蕴藏其中》，联合国教科文组织国际教育发展委员会、华师大比较教育研究所译，教育科学出版社 1996 年版。

43. ［美］约瑟夫·科克尔曼斯：《海德格尔的〈存在与时间〉》，陈小文等译，商务印书馆 1996 年版。

44. 张大均主编：《教学心理学》，西南师范大学出版社 1997 年版。

45. 施良方、崔允漷主编：《教学理论：课堂教学的原理、策略与研究》，华东师范大学出版社 1997 年版。

46. 邵瑞珍主编：《教育心理学》，上海教育出版社 1997 年版。

47. ［美］丹尼尔·戈尔曼：《情感智商》，耿文秀、查波译，上海科技出版社 1997 年版。

48. 皮连生：《智育心理学》，人民教育出版社 1997 年版。

49. ［前苏联］巴赫金：《文本、对话与人文》，《巴赫金全集（第四卷），河北教育出版社 1998 年版。

50. 钱建昌等主编：《现代教育技术教程》，湖南师范大学出版社 1998 年版。

51. 金生鈜：《理解与教育——走向哲学解释学的教育哲学导论》，教育科学出版社 1997 年版。

52. 吴立岗主编：《教学的原理、模式和活动》，广西教育出版社 1998 年版。

53. 施良方、崔允漷主编：《教学理论：课堂教学的原理、策略与研究》，华东师范大学出版社 1999 年版。

54. 刘小枫选编：《舍勒选集》，上海三联书店 1999 年版。

55．郑日昌等：《心理测量学》，人民教育出版社 1999 年版。

56．熊川武：《反思性教学》，华东师范大学出版社 1999 年版。

57．刘显国：《反馈教学艺术》，中国林业出版社 1999 年版。

58．田慧生、李如密：《教学论》，河北教育出版社 1999 年版。

59．［德］海德格尔：《存在与时间》，陈嘉映、王庆节合译，生活·读书·新知三联书店 1999 年版。

60．［德］博尔诺夫：《教育人类学》，李其龙译，华东师范大学出版社 1999 年版。

61．［德］汉斯—格奥尔格·加达默尔：《真理与方法——哲学解释学的基本特征》，洪汉鼎译，上海译文出版社 1999 年版。

62．李晓文、王莹：《教学策略》，高等教育出版社 2000 年版。

63．冯忠良等：《教育心理学》，人民教育出版社 2000 年版。

64．朱小蔓：《教育的问题与挑战》，南京师范大学出版社 2000 年版。

65．陈厚德编著：《基础教育新概念——有效教学》，教育科学出版社 2000 年版。

66．袁振国主编：《教育研究方法》，高等教育出版社 2000 年版。

67．［美］小威廉姆 E. 多尔：《后现代课程观》，王红宇译，教育科学出版社 2000 年版。

68．卢家楣主编：《情感教学心理学》，上海教育出版社 2000 年版。

69．郑金洲编著：《课堂教学指南》，华东师范大学出版社 2000 年版。

70．［美］R. G. Miltenberger：《行为矫正的原理与方法》（上册），胡佩诚等译，中国轻工业出版社 2000 年版。

71．石中英：《知识转型与教育改革》，教育科学出版社 2001 年版。

72．李定仁、徐继存主编：《教学论研究二十年》，人民教育出版社 2001 年版。

73．［美］罗伯特·G·欧文斯：《教育组织行为学》，窦卫霖等译，华东师范大学出版社 2001 年版。

74. ［美］保罗·弗莱雷：《被压迫者教育学》，顾建新等译，华东师范大学出版社 2001 年版。

75. 彭聃龄主编：《普通心理学》，北京师范大学出版社 2001 年版。

76. 皮连生主编：《教学设计——心理学的理论与技术》，高等教育出版社 2001 年版。

77. 王建刚：《狂欢诗学—巴赫金文学思想研究》，学林出版社 2001 年版。

78. 李如密：《教学风格论》，人民教育出版社 2002 年版。

79. 饶可扬、王延玲：《新课程教学设计——生物》，辽宁师范大学出版社 2002 年版。

80. 刘长华：《数学新课程教学设计》，辽宁师范大学出版社 2002 年版。

81. ［德］威廉·狄尔泰：《精神科学引论》（第一卷），童奇志、王海鸥译，中国城市出版社 2002 年版。

82. 莫雷：《教育心理学》，广东高等教育出版社 2002 年版。

83. ［美］加里·D.鲍里奇：《有效教学方法》，易东平译，江苏教育出版社 2002 年版。

84. 王策三主编：《教学认识论》，北京师范大学出版社 2002 年版。

85. 石中英：《教育学的文化性格》，山西教育出版社 2003 年版。

86. 靳玉乐：《新课程改革的理念与创新》，人民教育出版社 2003 年。

87. 徐英俊：《教学设计》，教育科学出版社 2003 年版。

88. 周军：《教学策略》，教育科学出版社 2003 年版。

89. 张大均：《教与学的策略》，人民教育出版社 2003 年版。

90. 张大均主编：《教育心理学》，人民教育出版社 2003 年版。

91. 赵奎英：《混沌的秩序》，花城出版社 2003 年版。

92. 徐国平、黄向阳主编：《以学生发展为本的小学课堂教学策略》，中国广播电视出版社 2003 年版。

93. 刘家访：《有效课堂管理行为》，四川教育出版社2003年版。

94. 梁漱溟：《东西文化及其哲学》，商务印书馆2003年版。

95. W. James Popham：《促进教学的课堂评价》，国家基础教育课程改革"促进教师发展与学生成长的评价研究"项目组译，中国轻工业出版社2003年版。

96. 王希华：《现代学习理论评析》，开明出版社2003年版。

97. 刘志军：《走向理解的课程评价》，中国社会科学出版社2004年版。

98. ［法］埃德加·莫兰：《复杂性理论与教育问题》，陈一壮译，北京大学出版社2004年版。

99. 高慎英、刘良华：《有效教学论》，广东教育出版社2004年版。

100. 翟学伟：《中国社会中的日常权威：关系与权力的历史社会学研究》，社会科学文献出版社2004年版。

101. 杨莲菁、王钢：《对话》，上海教育出版社2004年版。

102. 魏清主编：《中学有效教学策略研究》，上海三联书店2005年版。

103. 林存华、张丽娜：《参与教学》，福建教育出版社2005年版。

104. 熊川武、江玲：《理解教育论》，教育科学出版社2005年版。

105. 杨九俊：《小学语文课堂诊断》，教育科学出版社2005年版。

106. 郭德俊：《动机心理学：理论与实践》，人民教育出版社2005年版。

107. 杜萍编著：《课堂管理的策略》，教育科学出版社2005年版。

108. ［美］桑德拉·黑贝尔斯：《有效沟通》，李业昆译，华夏出版社2005年版。

109. ［英］爱德华·泰勒：《原始文化》（重译本），连树声译，广西师范大学出版社2005年版。

110. ［美］J.布罗菲：《激发学习动机》，陆怡如译，华东师范大学出版社2005年版。

111. ［美］特里·K.甘布尔，迈克尔·甘布尔：《有效传播》，熊婷婷译，清华大学出版社 2005 年版。

112. 靳玉乐：《对话教学》，四川教育出版社 2006 年版。

113. 汪凤炎、燕良轼：《教育心理学新编》，暨南大学出版社 2006 年版。

114. 孟繁华主编：《赏识你的学生》，海南出版社 2006 年版。

115. 王海芳：《学生发展性评价的操作与案例》，中国轻工业出版社 2006 年版。

116. 蒋碧艳等：《学习评价研究：基于新课程背景下的实践》，华东师范大学出版社 2006 年版。

117. 邓友超：《教师实践智慧及其养成》，教育科学出版社 2007 年版。

118. 李臣之等：《综合实践课程教学论》，广东高等教育出版社 2007 年版。

119. 王鉴：《课堂研究概论》，人民教育出版社 2007 年版。

120. 赵亚夫主编：《历史课堂的有效教学》，北京师范大学出版社 2007 年版。

121. Paul D. Eggen，Donald P. Kauchak：《学习与教学策略》，伍新春、朱瑾等译，北京师范大学出版社 2007 年版。

122. 加里·R.莫里森，史蒂夫·M.罗斯，杰罗尔德·E.肯普：《设计有效教学》，严玉萍译，中国轻工业出版社 2007 年版。

123. 裴娣娜：《教学论》，教育科学出版社 2008 年版。

124. 皮连生主编：《教育心理学》（第三版），上海教育出版社 2009 年版。

125. 陈琦、刘德儒主编：《教育心理学》（第二版），高等教育出版社 2011 年版。

126. 张大均、郭成编：《有效教与学的策略》，人民教育出版社 2011 年版。

127．冯忠良、冯姬：《教学新论：结构化与定向化教学心理学原理》，北京师范大学出版社 2011 年版。

128．陈迪姝：《化学课程与教学论》，科学出版社 2013 年版。

129．杨九民、梁林梅：《教学系统设计理论与实践》（第二版），北京大学出版社 2014 年版。

130．［美］罗伯特·J. 马扎诺：《教学的艺术与科学：有效教学的综合框架》，盛群力等译，福建教育出版社 2014 年版。

131．赵艳平：《为学而教：中小学课程改革实践与思考》，知识产权出版社 2015 年版。

（三）中文期刊论文类

1．胡克英：《教育与个性发展》，《教育研究与实验》1989 年第 2 期。

2．张引：《西方课堂气氛研究评述》，《外国教育研究》1989 年第 1 期。

3．［美］T. M. 歇尔孟：《大学优秀教学的探讨》，《高等教育研究》1989 年第 1 期。

4．沙麟：《浅议课堂教学中师生的情绪生活》，《普教研究》1992 年第 5 期。

5．李康：《教学策略及其类型探析》，《西北师大学报（社会科学版）》1994 年第 2 期。

6．沈贵鹏、戴斌荣、宋素珍：《初中课堂口头言语互动研究》，《教育理论与实践》1994 年第 1 期。

7．程晓樵、吴康宁等：《教师课堂交往行为的对象差异研究》，《教育评论》1995 年第 2 期。

8．冯建华：《小比大好，还是大比小好》，《教育研究与实验》1995 年第 4 期。

9．田慧生：《浅谈课堂座位的编排设计及其教育学意义》，《上海教育科研》1995 年第 6 期。

10．张爱卿：《论人类的行为的动机》，《华东师范大学学报（教育科学版)》1996 年第 1 期。

11. 伍宁：《课堂教学时空构成的社会学分析》，《教育研究与实验》1996 年第 2 期。

12. 董志强：《"我"之追问及审美体验中"我"之存在》，《社会科学研究》1997 年第 1 期。

13. 叶澜：《让课堂焕发出生命活力——论中小学教学改革的深化》，《教育研究》1997 年第 9 期。

14. 程红、张天宝：《论教学的有效性及其提高策略》，《中国教育学刊》1998 年第 5 期。

15. 陈琦、张建伟：《建构主义学习观要义述评》，《华东师范大学学报（教育科学版)》1998 年第 1 期。

16. 张华：《论道德教育向生活世界的回归》，《华东师范大学学报（教育科学版)》1998 年第 1 期。

17. 方彤：《中外家庭作业的是是非非》，《教育研究与实验》1998 年第 2 期。

18. 李寿欣、宋广文：《西方认知方式研究概观》，《国外社会科学》1999 年第 1 期。

19. 郝若平：《试论常模参照测验与标准参照测验》，《山东教育科研》1999 年第 4 – 5 期。

20. 肖川：《高校有效教学的目标与特征》，《高等教育研究》1999 年第 3 期。

21. 高慎英：《论教学策略的实质、生成与建构》，《教育理论与实践》2000 年第 7 期。

22. 张璐：《略论有效教学的标准》，《教育理论与实践》2000 年第 11 期。

23. 傅维利、王维荣：《关于行为主义与建构主义教学观及师生角色观的比较与评价》，《比较教育研究》2000 年第 6 期。

24．李哲：《学习者认知风格的差异性与外语教学》，《外语教学》2000 年第 3 期。

25．顾援：《课堂管理刍议》，《教育理论与实践》2000 年第 12 期。

26．宋广文等：《学生认知方式及其教育应用的研究与进展》，《华东师范大学学报（教育科学版）》2000 年第 4 期。

27．裴娣娜：《主体参与的教学策略：主体教育·发展性教学实验室研究报告之一》，《学科教育》2000 年第 1 期。

28．王少华：《试论教师人格在师生交往中的教育价值》，《教育研究与实验》2000 年第 4 期。

29．赵石屏：《练习量·有效练习·重复度》，《中国教育学刊》2001 年第 3 期。

30．刘世稳：《关于中小学家庭作业问题的调查与思考》，《现代中小学教育》2001 年 2 期。

31．姚利民：《大学有效教学特征之研究》，《现代大学教育》2001 年第 4 期。

32．叶子、庞丽娟：《师生互动的本质与特征》，《教育研究》2001 年第 4 期。

33．沈建：《体验性：学生主体参与的一个重要维度》，《中国教育学刊》2001 年第 2 期。

34．亢晓梅：《师生课堂互动行为类型理论比较研究》，《比较教育研究》2001 年第 4 期。

35．马增彩：《论教育价值取向的工具性》，《教育参考》2001 年第 7/8 期。

36．刘立明：《国外有效教学研究述评》，《现代中小学教育》2002 年第 12 期。

37．张璐：《再议有效教学》，《教育理论与实践》2002 年第 3 期。

38．王雪：《沟通·理解·发展——谈谈如何构建新型师生关系》，

《北京教育》2002 年第 4 期。

39．钱守旺：《小学数学教材呈现策略的研究与实践》，《湖北教育》2002 年第 9 期。

40．王慧：《关于有效教学提问策略的思考》，《河南师范大学学报（教育科学版）》2002 年第 1 期。

41．吴康宁：《教师是"社会代表者"吗——作为教师的"我"的困惑》，《教育研究与实验》2002 年第 2 期。

42．李志：《试论学习动机在课堂教学中的评定》，《教育探索》2002 年第 1 期。

43．陈时见：《课堂管理：意义与变革》，《教育科学研究》2003 年第 6 期。

44．孙燕：《做一个倾听者》，《教书育人》2003 年第 2 期。

45．曾琦：《学生课堂参与现状分析及教育对策—对学生主体参与观的思考》，《教育理论与实践》2003 年第 8 期。

46．高伟：《体验：教育哲学新的生长点》，《湖南师范大学教育科学学报》2003 年第 4 期。

47．刘惊铎：《体验：道德教育的本体》，《教育研究》2003 年第 2 期。

48．刘立明：《再论国外有效教学研究》，《现代中小学教育》2003 年第 5 期。

49．林丰勋、孟庆茂：《中学生的思维风格与人格特质的关系》，《心理发展与教育》2003 年第 4 期。

50．陈顺洁、华卜泉：《对话教学的概念与要素》，《现代中小学教育》2003 年第 2 期。

51．沃建中等：《认知风格理论研究的进展》，《心理与行为研究》2004 年第 4 期。

52．姚利民：《有效教学涵义初探》，《现代大学教育》2004 年第 5 期。

53．姚利民：《论有效教学的特征》，《当代教育论坛》2004 年第

11 期。

　　54．田汉族：《交往教学论的特征及理论价值》，《教育研究》2004
年第 2 期。

　　55．潘洪建：《当代知识观及其对基础教育改革的启示》，《教育研
究》2004 年第 6 期。

　　56．吕宪军、王延玲：《新课程标准和教材的分析与把握》，《中国
教育学刊》2004 年第 2 期。

　　57．王延玲、吕宪军：《论教学目标设计理论与实践应用研究》，
《东北师大学报（哲学社会科学版）》2004 年第 1 期。

　　58．蔡敏：《论教学过程中的学生情感评价》，《中国教育学刊》
2004 第 3 期。

　　59．于世华、谢树平：《动态生成的教学过程设计》，《天津师范大
学学报（基础教育版）》2004 年第 4 期。

　　60．唐斌：《教材内容如何呈现给学生？——美术教材结构个案分
析（上）》，《首都师范大学学报（社会科学版）》2004 年第 5 期。

　　61．唐斌：《教材内容如何呈现给学生？——美术教材结构个案分
析（下）》，《首都师范大学学报（社会科学版）》2004 年第 6 期。

　　62．蔡明忠：《创新内容呈现方式　实施多样学习策略》，《中小学
教师培训》2004 年第 5 期。

　　63．卢炳惠、张学华：《论新的学生观》，《教育探索》2004 年第 6 期。

　　64．杨宁：《从自我调节学习的角度看家庭作业》，《课程·教材·
教法》2004 年第 11 期。

　　65．周小宋、李美华：《美国课堂管理中的新方法：行为契约》，
《比较教育研究》2004 年第 5 期。

　　66．钟建斌：《新课程理念下的数学课堂交流策略》，《内蒙古师范
大学学报（教育科学版）》2004 年第 2 期。

　　67．王初明：《自我概念与外语语音学习假设》，《外语教学与研

究》（外国语文双月刊）2004 年第 1 期。

68．贺雯：《教师教学风格的调查研究》，《心理科学》2005 年第 1 期。

69．陈晓端、Stephen Keith：《当代西方有效教学研究的系统考察与启示》，《比较教育研究》2005 年第 8 期。

70．龙宝新、陈晓端《有效教学的概念重构和理论思考》，《湖南师范大学教育科学学报》2005 年第 4 期。

71．易金务：《略论政治理论课的讲授技巧》，《高等教育研究学报》2005 年第 4 期。

72．杨翠蓉、张振新：《论有效的课堂讨论》，《今日教育》2005 年Z1 期。

73．王猛：《讲究课堂讨论艺术　努力提高教学效率》，《教育艺术》2005 年第 5 期。

74．张霞儿：《论中学语文课后作业的有效创新》，《宁波大学学报（教育科学版）》2005 年第 6 期。

75．黄小芬：《新课程标准下的作业设计》，《教学月刊》（小学版）2005 年第 4 期。

76．庞丽娟、洪秀敏：《教师自我效能感：教师自主发展的重要内在动力机制》，《教师教育研究》2005 年第 4 期。

77．刘儒德：《学生的学习观及其对学习的影响》，《教育理论与实践》2005 年第 5 期。

78．王淑芹、王爱霞：《英国中小学公民教育课程之管窥》，《现代中小学教育》2005 年第 9 期。

79．王鉴：《课堂教学的有效性问题研究》，《宁夏大学学报（人文社会科学版）》2006 年第 1 期。

80．胡庆芳：《美国有效教学原则及能力要求的教学论意义探寻》，《上海教育科研》2006 年第 5 期。

81．丛立新：《讲授法的有罪推定》，《中国教师》2006 年 1 期。

82. 王克兰：《课堂讨论的时机及应注意的问题》，《山东教育》2006 年第 34 期。

83. 蒙妮奎·博卡尔兹：《学习动机的激发原理》，刘瑛译，《远程教育》2006 年第 1 期。

84. 王攀峰：《"学习与生活共同体"的建设原则初探》，《课程·教材·教法》2006 年第 6 期。

85. 范丽恒：《国外教师期望研究综述》，《心理科学》2006 年第 3 期。

86. 范丽恒：《国外教师差别行为的研究现状与展望》，《华北水利水电学院学报（社会科学版）》2006 年第 3 期。

87. 吴刚平：《价值层面的有效教学观念探析》，《全球教育展望》2007 年第 4 期。

88. 宋秋前：《有效教学的涵义和特征》，《教育发展研究》2007 年第 1 期。

89. 孙泽文：《互动教学：理论基础、实施原则和相关策略》，《内蒙古师范大学学报（教育科学版）》2007 年第 10 期。

90. 周先进、靳玉乐：《教师教学观念转变的条件与策略》，《课程·教材·教法》2007 年第 11 期。

91. 邱杨、高荣国：《以知识可视化表征改善学习内容的呈现》，《江苏教育学院学报（自然科学版）》2007 年第 4 期。

92. 王克武：《新课标不排斥讲授法》，《阅读与鉴赏》（教研版）2007 年第 9 期。

93. 赵尧军、毛学梅：《有效讲授五要诀》，《四川教育》2007 年第 6 期。

94. 郑青岳：《讲授教学如何体现探究精神》，《教学月刊》（中学版）2007 年第 1 期。

95. 黄桂平：《活用讲授法课堂更精彩》，《思想理论教育》2007 年第 10 期。

96．朱玉梅：《语文课堂讨论的五种方式》，《广西教育》2007 年第12A 期。

97．赵静、陈娟：《当前中小学作业状况的调查与分析——以浙江省象山县为例》，《教育科学论坛》2007 年第 10 期。

98．张金福：《倾听——师生沟通的有效方式》，《当代教育科学》2007 年第 16 期。

99．章伟央：《学生课堂参与的影响因素及方法研究》，《湖州师范学院学报》2007 年第 4 期。

100．张家军、马吉宏：《论和谐师生关系的含义、特点及建构》，《天津市教科院学报》2007 年第 1 期。

101．孙泽文、雷呈勇：《互动教学模式的特点、类型与实施环节的研究》，《内蒙古师范大学学报（教育科学版）》2008 年第 4 期。

102．屈林岩：《学习理论的发展与学习创新》，《高等教育研究》2008 年第 1 期。

103．章建跃：《"创造性使用教材" ≠ "脱离教材"》，《中小学数学》（高中版）2008 年第 12 期。

104．沈小碚、郑苗苗：《论对话教学的时代特征》，《西南大学学报（社会科学版）》2008 年第 3 期。

105．周东明：《论对话教学的心理意义和应用策略》，《青岛大学师范学院学报》2008 年第 1 期。

106．李小红：《论教师促进教学对话的策略》，《当代教育科学》2008 年第 17 期。

107．郑金洲：《教育反哺刍议》，《教育研究》2008 年第 5 期。

108．范丽恒，金盛华：《国外教师期望效应研究进展与当代教育启示》，《华北水利水电学院学报（社科版）》2008 年第 1 期。

109．侯小英、姚雪飞、卜忠利等：《初中科学实验教学中利用发展性评价促进学困生发展的探索》，《上海教育科研》2008 年第 8 期。

110. 沈丽娜：《加涅信息加工学习理论概述》，《中国校外教育》2009 年第 1 期。

111. 李康、李强、侯永广：《试论教学的前策略》，《电化教育研究》2009 年第 12 期。

112. 李兴武：《新课程背景下化学教学内容的加工和呈现策略》，《教育理论与实践》2009 年第 3 期。

113. 童顺平：《论对话教学的课堂重构——基于对话精神的探究》，《漳州师范学院学报（哲学社会科学版)》2009 年第 4 期。

114. 霍雅娟：《论信息时代的中国古代文学教学》，《教育与职业》2009 年第 26 期。

115. 王文娟：《对教师期望效应的反思》，《现代教育科学》2009 年第 6 期。

116. 孟慧、梁巧飞、时艳阳：《目标定向、自我效能感与主观幸福感的关系》，《心理科学》2010 年第 1 期。

117. 王笃勤：《论英语教学设计中的过程设计》，《课程·教材·教法》2010 年第 10 期。

118. 王立忠：《先行组织者及其在我国基础教育英语教科书中的运用》，《湖南师范大学教育科学学报》2010 年第 2 期。

119. 张卫青、徐宝芳：《中学地理教材分析方法研究》，《内蒙古师范大学学报（教育科学版)》2011 年第 8 期。

120. 杨立刚：《教师教学风格与学生学习风格的相关性研究》，《教学与管理》2011 年第 7 期。

121. 余文森：《有效教学三大内涵及其意义》，《中国教育学刊》2012 年第 5 期。

122. 杨启亮：《为教学的评价与为评价的教学》，《教育研究》2012 年第 7 期。

123. 彭琼、王警可：《学习动机理论综述》，《社会心理科学》

2013 年第 5 期。

124．陆学政：《挖掘公式推导过程的"显性价值"》，载《中国数学教育》2013 年第 11 期。

125．何小亚、李耀光：《初中生数学态度量表的编制及信度效度检验》，《数学教育学报》2013 年第 2 期。

126．张维民、武和平：《英语阅读课中的支架教学》，《基础英语教育》2013 年第 2 期。

127．杨爱国：《高中语文"少教多学"课堂教学设计策略》，《中学语文》2014 年第 12 期。

128．王宏：《先行组织者教学策略在初中数学教学中的实践》，《数学教学通讯》2014 年第 34 期。

129．刘波：《对话教学中话题设计的要求与策略》，《素质教育大参考》2014 年第 10A 期。

130．燕国材：《非智力因素与教育改革》，《课程·教材·教法》2014 年第 7 期。

131．赵耸婷、许明：《家长参与：英国学校教育改革的新亮点》，《外国教育研究》2014 年第 1 期

（四）学位论文

1．李忠梅：《高中教学有效教学研究》，硕士学位论文，河北师范大学 2005 年。

2．郭运江：《高中教学有效教学研究》，硕士学位论文，河北师范大学 2005 年。

3．田馨：《新课程下教师课堂教学行为评价指标体系初探》，硕士学位论文，贵州师范大学 2005 年。

4．郑媛媛：《高中化学教师有效教学研究》，硕士学位论文，内蒙古师范大学 2006 年。

5．唐美玲：《新课程背景下中学英语有效教学策略研究》，硕士学

位论文，湖南师范大学2007年。

6. 陈磊：《中学物理课堂有效教学策略研究》，硕士学位论文，山东师范大学2008年。

7. 朱珠：《视域融合下的语文教学》，硕士学位论文，四川师范大学2008年。

8. 李红梅：《课堂交流研究》，硕士学位论文，河南大学2010年。

9. 刘丽娜：《学生课堂参与研究》，硕士学位论文，华东师范大学2012年。

10. 王淑杰：《小学语文教师课堂倾听差异分析》，硕士学位论文，云南师范大学2015年。

11. 吴德芳：《论"后现代思想"视野下的教学》，博士学位论文，华东师范大学2003年。

12. 艾兴：《建构主义课程研究》，博士学位论文，西南大学2007年。

二、英文类

（一）英文著作类

1. R. Tyler, *Basic Principles of Curriculum and Instruction*, Chicago: University of Chicago Press, 1949.

2. Witkin H. A., " Origins of Cognitive Style", In: Sheerer C. (Ed), *Cognition, Theory, Research, Promise*, New York, NY: Harper and Row, 1964.

3. D. P. Ausubel, F. G. Robinson, *School Learning*, Holt, Rinehart and Winston, Inc, London, New York, Sydney, Toronto, 1969.

4. L. V. Johnson & M. A. Bany , *Classroom Management*, New York: Macmillan, 1970.

5. B. Weiner, W. Runquist, P. A. Runquist and et. al, *Discovering Psychology, Science Research Associates*, Inc. Chicago, Toronto, Sydney, Paris,

1977.

6. Cooper, H. M. , *"Models of Teacher Expectation Communication"*, In: J. Dusek, V. C. Hall, &W. J. Meyer(Eds.) , *Teacher Expectancies,* Hillsdale. NJ: Lawrence erlbaum, 1985.

7. Emmer. E. T. , "Classroom Management", In: Dunkid, M (Ed.) , *The International Encyclopedia of Teaching and Teacher Education,* Oxford: Pergamon, 1987.

8. F. Percival, *A Handbook of Educational Technology,* London: Kogan Page; New York: Nichols Pub, 1988.

9. K. lemlech , *Classroom Management: Methods and Techniques for Elementary and Secondary Teachers,* New York Inc: Longman, 1988.

10. Csikszentmihalyi, M. , *Flow: The Psychology of Optional Experience,* New York: Harper&Row, 1990.

11. Sadker MP and D. M. Sadker. , *Teachers, Schools and Society,* New York: Mc Graw – Hill, 1991.

12. Cushner, K. , McClelland. A. , &Safford, P. , *Human Diversity in Education,* New York: McGraw Hill, 1992.

13. Babad, E. , " Pygmalion – 25 Years After Interpersonal Expectations in the Class", In: P. D. Blanck(Ed) , *Interpersonal Expectations: Theory Research and Applications,* New York: Cambridge University Press, 1993.

14. Doll, W. E. , *A Post – modern Perspective on Curriculum,* NY: Teachers College Press, 1993.

15. Jacobsen D. , Eggen P. , Kauchak D. , *Methods for Teaching,* New York: Macmillan Publishing Company, 1993.

16. D. Pratt, *Curriculum Planning,* Harcourt Brale Jovanovich, Inc, 1994.

17. Schunk Dale H. , *Learning Theories: an Educational Perspective,* En-

glewood Cliffs, N. J. : Merill, l996.

18. Kyriacou, C. , *Effective Teaching in Schools: Theory and Practice,* Starley Thornes Publishers, 1997.

19. Geogra, B. and Atkins, M. , *Effective Teaching in Higher Education,* London: Routledge, 1998.

20. Logie . R. H, Gilhooly. K. J. (ed), *Working Memory and Thinking,* Hove: Psychology Press, 1998.

21. Riding R. , Rayner S. , *Cognitive Style and Learning Strategies,* London: David Fulton Publisher, 1998.

22. Burden, P. R. & Byrd, D. H. , *Methods for Effective Teaching,* the United States of America: Allyn & Bacon, 1999.

23. Koshy, V. , *Effective Teaching of Numeracy for The National Mathematics Framework,* London: Holder and Stoughton, 1999.

24. Good, T. L. , & Brophy, J. E. , *Looking in Classroom(8th ed.),* New York: Harper & Row, 2000.

25. Socherman. , R. E. , *A Study Measuring Teacher Efficacy and Teacher Expectation for Elementary School Students Exhibiting Different Dimensions of Behavior,* Doctor Dissertation, University of Georgia, 2000.

26. Reeve, J. , "Extrinsic Rewards and Inner Motivation", In C. Evertson, C. M. Weinstein & C. S. Weinstein (Eds), *Handbook of Classroom Management: Research, Practice, and Contemporary Issues,* Mahwah, NJ: Erlbaum, 2006.

27. McCaslin, M. Bozack, A. R. , Thomas, A. et al, "Self – regulated Learning and Classroom Management: Theory, Research, and Consideration for Classroom Practice", In C. Evertson, C. M. Weinstein, & C. S. Weinstein (Eds.) , *Handbook of Classroom Mmanagement: Research, Practice, and Contemporary Issues,* Mahwah, NJ: Erlbaum, 2006.

（二）英文期刊论文类

1. K. A. Feldman, The Superior College Teacher from the Students' View, *Research in Higher Education*, 1976, 5(3).

2. Morganett, L., Good Teacher – student Relationships: a Key Element in Classroom Motivation and Management, *Education*, 1991, 112(2).

3. McCaslin, M., & Good, T. L., Compliant Cognition: The Misalliance of Management and Instruction Goals in School Reform, *Educational Research*, 1992, 21(3).

4. Voelki, Kristin E., School Warmth, Student Participation, and Achievement, *Journal of Experimental Education*, 1995, 63(2).

5. Koppi, A. J. etc, Effective Teaching and Learning in a High – tech Environment, *Innovations in Education and Training International*, 1997, 34(4).

6. Liu N. F., Littlewood. W., Why Do Many Students Appear Reluctant to Participate in Classroom Learning Discourse? *System*, 1997, 25(3).

7. R. Ballantyne et al., Researching University Teaching in Australia: Themes and Issues in Academics' Reflections, *Studies in Higher Education*, 1999, 24 (2).

8. Astin W A. Student Involvement: a Developmental Theory for Higher Education, *Request Psephology Journal*, 1999, 40(5).

9. Young, S. & Shaw, D., Profiles of Effective College and University Teachers, *Journal of Higher Edueation*, 1999, 70 (6).

10. Epstein, J. I., & Van Voorhis, F. L., More than Minutes: Teachers' role in Designing Homework, *Educational Psychologist*, 2001, 36(36).

11. Lemieux C. M., Learning Contracts in the Classroom: Tools for Empowerment and Accountability, *Social Work Education*, 2001, 20(2).

12. Kerssen J., Sustaining the Desire to Learn: Dimensio of Perceived

Instructional Facework Related to Student Involvement and Motivation to Learn, *Western Journal of Communication*, 2003, 67(4).